“十二五”职业教育国家规划教材
经全国职业教育教材审定委员会审定

U1076764

创新旅游管理系列教材

旅游策划实务

第二版

总主编◇王忠林
主　编◇郎富平　顾雅青

华东师范大学出版社
上海

图书在版编目(CIP)数据

旅游策划实务/郎富平,顾雅青主编. —2 版. —上海:华东师范大学出版社,2014.7
创新旅游管理系列教材
ISBN 978-7-5675-2427-9

Ⅰ.①旅… Ⅱ.①郎…②顾… Ⅲ.①旅游规划-高等职业教育-教材 Ⅳ.①F590.1

中国版本图书馆 CIP 数据核字(2014)第 179653 号

创新旅游管理系列教材
旅游策划实务(第二版)

主　　编　郎富平　顾雅青
项目编辑　孙小帆
审读编辑　王兆根
责任校对　邱红穗
版式设计　卢晓红
封面设计　孔薇薇

出版发行　华东师范大学出版社
社　　址　上海市中山北路 3663 号　邮编 200062
网　　址　www.ecnupress.com.cn
电　　话　021-60821666　行政传真 021-62572105
客服电话　021-62865537　门市(邮购)电话 021-62869887
地　　址　上海市中山北路 3663 号华东师范大学校内先锋路口
网　　店　http://hdsdcbs.tmall.com

印 刷 者　上海盛隆印务有限公司
开　　本　787×1092　16 开
印　　张　14.5
字　　数　303 千字
版　　次　2015 年 1 月第二版
印　　次　2024 年 2 月第十次
书　　号　ISBN 978-7-5675-2427-9/F·293
定　　价　32.00 元

出 版 人　王　焰

(如发现本版图书有印订质量问题,请寄回本社客服中心调换或电话 021-62865537 联系)

“创新旅游管理系列教材”编写委员会

主　任：

金炳雄（浙江旅游职业学院）

委　员：

周春林（南京旅游职业学院）

匡家庆（南京旅游职业学院）

陈增红（山东旅游职业学院）

周　彦（山东旅游职业学院）

王忠林（浙江旅游职业学院）

陈贵超（桂林旅游高等专科学校）

罗清德（桂林旅游高等专科学校）

朱承强（上海旅游高等专科学校，上海师范大学旅游学院）

徐永清（郑州旅游职业学院）

总序

近年来，随着职业教育的蓬勃发展，教材的编写与出版也蔚为大观。是否找准定位、真正契合职业教育课程体系和人才培养的实际需求，并区别于学术型本科院校教材，几乎成为职业教育教材是否优劣的命门。如今摆在我们面前的这套教材，我以为，它在追求创新和优秀的道路上呈现出了最大努力。

总体来看，这套教材有以下几个亮点：

一、认可度高。2013年年初，教育部职业教育与成人教育司开展“十二五”职业教育国家规划教材选题立项工作。这套高职高专创新旅游管理系列教材顺利通过立项和评审，获得很高认可。这套教材的推出，将进一步规范和提高我国高等职业院校的旅游管理专业教学水平，从而对我国旅游产业的人才培养和可持续发展产生积极深远的影响。

二、编写实力强。这套教材的编委会和具体编写团队成员均来自以“中国旅游院校五星联盟”为主的实力强劲的相关高职旅游院校，在编写方面，可以说，既做到了高瞻远瞩、立足未来旅游专业适用人才培养的方向，又做到了结合当下职业院校旅游管理专业课程设置和就业需求的实际。

三、契合专业教学标准。该套教材的编写贯彻和实施了2012年年底教育部职业教育与成人教育司颁布的《高等职业学校专业教学标准(试行)》，集行业内资深专家和高职院校优秀一线教师的理论积淀和实践经验于一体，立足于教材的科学性、创新性、实用性，注重产教结合，深入浅出，体现了高等职业教育的特色和应用型专业的典型特征。

希望这套高职高专创新旅游管理系列教材对我国高职院校培养应用型的旅游从业人员有所裨益，为我国高等职业教育旅游管理专业的建设和人才培养起到推动和引导作用。

全国旅游职业教育教学指导委员会秘书长　韩玉灵

前言

高等职业教育必须紧跟行业发展的实际需求，高等职业教育的教材也必须贴近行业实践与操作流程，才能培养出符合时代发展与企业发展需要的高技能应用型专业人才。本教材就是以此为指引，紧跟高等职业教育课程的改革步伐，针对旅游营销与策划等专业行业人员职业发展能力的要求，教材编写组总结了7年多的课程教学改革经验与服务行业的企业经验，并在相关产学合作课题的基础上，本着系统性、科学性、适用性、导向性、先进性的原则，编写了这本《旅游策划实务》。

本教材体例新颖，内容编排科学。在编写过程中，以高等职业教育的特性和学生的学习认知规律为基础，以认识旅游策划、掌握旅游策划与创新思维技巧为基础，着重编写了旅游产品策划、节事活动策划、景区项目策划、旅游形象策划、旅游网络营销策划、旅游促销策划等最为时尚、最为重要、最为紧缺的内容，基本上形成了"1＋6"的课程项目体系。除了第一个基础性项目外，其余六个项目可平行推进，有利于推进项目化教学改革。

我们结合旅游策划的实际工作任务和对专业技术人员的能力要求，按照浙江旅游职业学院国家示范性骨干高职院校的重点建设项目《旅游策划实务》的教学改革所提出的要求，在内容上以专业学生将来要从事的相关工作内容和本专业教学要求的知识、能力标准为依据，进行了必要的整合。教材采用了本章导学、学习目标、任务流程、专题实训、本章小结、讨论与思考、扩展技能训练等环节，既让学生掌握了该项任务的基础知识，又让学生能按照实际工作任务流程展开学习，既设计了诸如"想一想"、"试一试"等临时性练习任务，又设计了扩展技能训练等巩固性练习任务，既提供了常规教材的参考文献与网站，又提供了专题实训的资料索引服务（Email：langfp@163.com），以求更加接近岗位的实际并及时做好复习总结。

本教材的实训内容均来自校企合作单位的真实任务，包括杭州西溪国家湿地公园、杭州宋城旅游发展股份有限公司、深圳欢乐谷、浙江省旅游发展研究中心、杭州大山艺景旅游策划有限公司等。

本教材由七个项目组成，由浙江旅游职业学院郎富平和顾雅青任主编。参加编写的有：浙江旅游职业学院郎富平老师（项目一、二、三、四），顾雅青老师（项目五、六、七），杭州西溪国家湿地公园市场部叶向卿副总监（项目二），深圳欢乐谷市场部叶文玺（项目三），杭州大山艺景旅游策划有限公司李俊总监（项目四），浙江省旅游发展研究中心毛水根主任（项目五、六），杭州宋城旅游发展股份有限公司景区管理部赵雪璎（项目七）。全书由郎富平设计大纲和体例并总纂、统稿，对部分内容进行了修改和增补。华东师范大学出版社孙小帆老师对教材的编辑、审核提供了帮助；浙江旅游职业学院教务处罗峰副处长对教材的编写进行了悉心指导；浙江旅游职业学院TC智苑旅游策划工作室方慧仙、王琳芳同学对资料的搜集作出了贡献。在此，一并表示衷心的感谢！

编写过程中由于时间比较仓促，加之水平有限，书中的疏漏在所难免，恳请广大师生、读者不吝赐教，以便今后不断完善。

编者

2014 年 1 月

目录

项目一

认识旅游策划

本章导学

2013年10月1日起,《中华人民共和国旅游法》正式开始实施。该法规定:"旅行社组织、接待旅游者,不得指定具体购物场所,不得安排旅游者购物","导游和领队禁止向旅游者索取小费,诱导、欺骗、强迫或者变相强迫旅游者购物或参加另行付费旅游项目等","旅行社组织、接待旅游者,不得安排另行付费旅游项目"。由此,国内大部分旅行社的大部分业务及传统旅游购物点受牵连。面对此情此景,传统的旅行社与导游该怎么办?传统的旅游购物点该怎么办?旅游景区在转型升级过程中是否蕴含着极大的机遇?

事实上,任何一个人或企业在发展过程中,都会碰到类似的偶然或必然的事件,将会对其未来的发展产生较大的影响。如果没有事先做好"谋划",就会"不进则退",乃至"被洗牌"或"灰飞烟灭"。如果提前做好"谋划",未雨绸缪,则"危"中带"机",转危为安或快速发展都有可能。事实上,在市场竞争中,企业要想取胜,不"谋"别人,别人就会"谋"你,这就是策划的辩证法。"树欲静而风不止",要想立于不败之地,就只有将策划进行到底。时至今日,旅游业的竞争已经从旅游资源竞争发展到旅游智业竞争,好的景区(点)需要策划,好的节事活动需要策划,好的品牌形象等都需要策划。可以说,旅游业已经迈入了策划驱动、创新推动的时代。

通过本项目的学习与实践，要求学生掌握如下专业能力与方法能力：

1. 专业能力目标

- 能真正理解策划的涵义与类型，识别未来可能遇到的实践任务类型；
- 能深入理解旅游策划的涵义与类型，掌握旅游策划需要完成的任务；
- 能掌握旅游创新的运作原理，剖析创新思维枷锁的深层次原因。

2. 方法能力目标

- 能利用创新思维原理进行特定主题的头脑风暴；
- 能逐步提升自己的创新思维能力，开拓自身的视野；
- 能组织团队成员开展特定主题的创新思维活动。

重点掌握策划、旅游策划、旅游总体策划、旅游深度策划、短期旅游策划、中期旅游策划、长期旅游策划、旅游战略策划、形式创新、功能创新、思维定势、发散思维、想象、灵感思维等关键术语。

任务1　认识策划的概念与分类

一、策划的概况

（一）策划的重要性

每一件成功的事件后面都有一个精心的策划！

策划与其说是一种设计、一种安排、一种选择，或是一种决定，倒不如说它是一张改变现状的规划蓝图，它并不如你想象的那样困难，也不是你以为的那样复杂。策划不过是一场演出，策划家便是这场演出的导演。对某个产品而言，他可以点石成金，可以立断生死，甚至可以把一个毫不起眼的物品，变成一个炙手可热的产品。任何人都能在妇女用品商店里找到时髦，在博物馆里找到历史，而创造性的策划家却能在五金店里找到历史，在飞机场上找到时髦。

“没有市场，就创造一个市场出来”，这就是策划人的精神。

（二）策划的发展历史

追本溯源，策划活动并不是近代的产物，它已有几千年的历史。相对于策划活动而言，“策划”一词比较晚出，并且在古代常常以“策”、“谋”、“筹”、“算”、“划”等单个字来表达策划之意。要理解什么是策划，还得从“策”、“划”的单个字意开始。

想一想　中国古代有哪些“策划大师”或谋士？有哪些经典的成语或典故？

1. 策

根据《辞海》和《现代汉语词典》，“策”的释义主要包括如下几种：①指马鞭，古代赶马用的棍子，一端有尖刺，如策马；②通“册”，指古代用于写字的竹片或者木片，即记事之书，这些记事的竹片或者木片成编后称谓“策”，如简策；③指古代考试的一种文体，多就政治和经济问题发问，应试者作答，如策试、策问、对策等；④指我国数学上曾经用过的一种工具，形状跟“筹”相似。如清代初期，把乘法的九九口诀写在上面以计算乘除和开平方；⑤指拐杖，如扶策而行；⑥指计谋、办法，如上策、献策、束手无策；⑦姓的一种，如蒙古族的策·乌力吉；⑧前面的七种释义都是作名词，第八种是作动词用，指计算、谋划、筹划，如策反、策应。

2. 划

根据《辞海》和《现代汉语词典》，“划”的释义主要有如下几种：①指用尖锐的东西把别的东西分开或在表面上刻过去、擦过去，如划根火柴、手上划了一个口子等；②指拨水前进，如划船、划桨；③指合算，如划得来、划算；④指划分，如划界、划定红线范围；⑤指划拨，如划付、划账；⑥指计划，如筹划。

（三）策划的概念

“策划”的成词，主要是取“策”字的第⑧义，即计算、谋划、筹划和“划”字的第⑥义，即计划，其词义主要是指计划、筹划、谋划。当然，这只是“策划”的词义。事实上，现代意义上的“策划”是一门科学，更是一种艺术。21世纪是策划的世纪，作为“第四产业”（或称知识产业）中一个神奇的“生产驱动力”，策划这种古老、神秘而又充满生机的筹谋活动，已经进入了产业化运作时期，并已发展成一门独立的科学，越来越广泛地受到人们的重视和利用。

现代学者对策划的研究日益重视，但对策划的内涵和外延的理解角度不同、标准不一，归纳起来，主要有以下几种。

1. 策划就是出谋划策、筹划和谋划

周黎民先生在其《公关策划》一书中写道：“策划，也称作策画，是出主意、想办法、出谋划策，它与谋略、创造、运筹、决策紧密相关。”

2. 策划是一种创造性的思维活动

刘振明先生在其《商用谋略：策划老手》一书中指出：“策划的涵义应该是：为实现特定的目标，提出新颖的思路对策，并制定出具体实施方案的思维活动，策划归根结底是一项创造性的思维活动。”这种定义强调和突出的是策划的“活动”特征。

3. 策划是一种战略体系和一个系统工程

王承英在其编著的《策划为王》一书中认为：“策划是企业为达到商业目标所特别构筑的企业发展总体规划战略体系，是创造企业优势与创造竞争优势的系统工程。”

4. 策划是一种程序，是一种沟通企业的方式或工具

美国《哈佛企业管理丛书》中的《企业管理百科全书》一书，在阐述策划概念时写道：“策划是一种程序，在本质上是一种运用脑力的理性行为。”策划的步骤是以假定目标为起点，然后订出策略政策，以及详细的内部作业计划，以求目标之达成；最后还包括策划成效的评估及反馈，而返回到起点，开始下一个策划的循环。

5. 策划即是管理

在管理学中，策划与组织、计划、决策等职能一起，共同构成了管理的职能。策划能影响管理者的决策、预算、调整、意见沟通、机构等问题，简言之，策划即是管理。

6. 策划是左右将来行动路线的决策

哈罗德·库兹(Harola Koontz)和希瑞·奥多纳(Cgril D'Donnell)的《管理原理——管理功能的分析》一书认为:"策划是管理者从各种方案中选择目标、政策、程序及事业计划的机能。因此,策划也就是左右将来行动路线的决策。它是思维之过程,是决定行动路线之意识,是以目的、事实及深思熟虑所作判断的基础的决定。"

以上关于策划的定义都有自己的特色,也都不同程度地存在着不足。或内涵和外延过于传统、过于狭窄,难以和现代多层次、多角度的策划需要相融合;或过分强调和突出了思维主体运用知识、智慧和能力进行思考运筹的过程,而忽略了思维活动的成果;或过于强调"谋"与"断"的分离,而忽略了"谋"与"断"的相互制约。

本教材倾向于这样一种定义:人们为了达到特定的目的,在调查分析相关信息的基础上,对未来的工作或事件进行科学、系统的筹划和部署的一种创造性思维活动。

想一想 你觉得怎样来定义"策划"比较好?

二、策划的分类

策划的科学分类是一项系统工程,其分类依据取决于策划的存在形态、表现形态、应用领域等。策划的形成和演进,本质上即是多种类型的历史文化、社会制度、国民心理结构、经济结构、产业结构、企业形态的一种缩影。缘于不同的视角,策划可以有多种分类标准和分类方案。

(一) 按策划的层次划分

1. 总体策划

总体策划是指从宏观层次上对事情作战略性的部署和安排,主要解决思路问题,确定大方向、划分大步骤、制定大方针,基本上不涉及操作层面的细节。

2. 深度策划

深度策划主要是解决操作性问题,即从微观层面对单个的项目、单独的某一个阶段等进行详细的计划,并且按照这一计划能够直接实施。

想一想 党的十一届三中全会顺利召开,以邓小平同志为首的党中央正式确立了改革开放战略,这属于什么层次的策划?结合旅游业发展实际,哪些又是属于深度策划?彼此之间有明确的分界线吗?

(二) 按策划目标的时间长短划分

1. 短期策划

短期策划一般是指从策划谋略思想的提出到策划的完全实施,时间不超过一年的策划,比如景区"狂欢节"单项促销活动的策划、国庆"黄金周"的旅游产品策划、酒店的圣诞主题活动策划等。

2. 中期策划

中期策划一般是指从策划谋略思想的提出到策划的完全实施,时间不超过三年的策划。比如某景区一个建设期为两年的景点开发策划、某旅游主管部门提出的乡村旅游整改三年行动计划、新生景区企业的一个三年营销布局策划等。

3. 长期策划

长期策划一般是指从策划谋略思想的提出到策划的完全实施，时间超过三年的策划。比如企业文化建设策划、某地旅游业发展战略研究等。

(三) 按策划的内容划分

1. 政治策划

政治策划是指为了达到某种特定的政治目的，特别是为了强化政府权威、树立政府形象、提高政府工作效率、提高政治地位、赢得选举等，依据各种条件而进行的一些思维策划活动。比如乌克兰的橙色革命，即西方国家及其非营利组织利用乌克兰内部的贪腐现象，给予反对派一系列的信息技术、资金等支持，最终扶持亲西方的领导人赢得选举。

2. 军事策划

军事策划是指为了达到某种特定的军事目的，特别是关于作战的目的、方式、时机的选择，依据各种条件而进行的一些思维策划活动。比如诸葛亮利用空城计智退曹军、李世民利用玄武门之变夺得帝位等。

3. 经济策划

经济策划是指为本国、本地区、本企业的经济发展而进行的策划。在经济策划中，根据更加具体的内容所涉及的不同经济部门，又可以分为工业策划、农业策划、商业策划、旅游策划、交通策划等。

4. 文化策划

文化策划是指在社会文化领域，针对有关文化及其相关问题所采取的策划行为，包括一般文化策划和具体文化策划。一般文化策划主要指针对总体的文化发展方向、发展措施、发展步骤等进行的策划。具体文化策划主要指针对微观的文化领域所进行的策划，如影视策划、图书策划、体育策划、新闻策划等。

除了以上三种常用的分类方法之外，还有学者根据策划机构、策划目的、策划服务的对象等标准对策划进行分类。

任务 2　认识旅游策划的概念与类型

一、旅游策划的概念与任务

(一) 旅游策划的概念

结合前述策划的概念与内涵，旅游策划的概念可定义为：旅游相关团队或个人为了达到特定的旅游发展目标，在综合调查分析相关信息的基础上，依托创新思维，整合各类旅游资源，实现资源、环境、交通与市场的优化拟合，实现旅游业发展目标的创造过程。

(二) 旅游策划的任务

根据旅游策划的概念，其任务为：针对明确而具体的目标，确立特定主题或内涵的项目内容，形成游憩方式、产品内容、主题品牌、商业模式，从而形成独特的旅游产品，或全面提升和延续老旅游产品的生命力，或建构有效的营销促销方案，并促使旅游地获得良好的经济效益、社会效益、文化效益和生态效益。

想一想

2011 年 3 月 30 日，国务院常务会议通过决议，自 2011 年起，每年 5 月 19 日为"中国旅游日"。设立"中国旅游日"旨在强化旅游宣传，培养国民旅游休闲意识，提升国民生活质量，推动旅游业发展。作为"中国旅游日"的发起地——中国宁海，自 2011 年起就在每年 5 月 19 日当天免费开放县域内的所有旅游景区，并带动了全国其他各地旅游景区纷纷效仿。在特定日期或特定背景下，旅游景区展开暂时性的免费开发活动，其策划目的有哪些？

二、旅游策划的主要类型

（一）按层次划分

1. 旅游总体策划

在旅游规划或项目建设之前导入总体旅游策划，可以解决深度研究、确立核心吸引力和准确定位市场、主题、形象等问题；优化拟合资源、环境、交通与市场等，形成表现吸引力的产品形态，落实战术和行动计划。

2. 旅游深度策划

一个好的规划，必然要高屋建瓴，高瞻远瞩。由于规划的任务在于把握规划的长期发展目标，在涉及产业要素配套、用地控制与平衡、经营与管理等方向性的大问题，存在操作性上的欠缺。因此，在旅游规划或概念性策划完成之后，需要进一步进行旅游深度策划，以将总体规划或策划的大理念，转变为具体的产品、项目和行动计划。

（二）按时间长短划分

1. 短期旅游策划

短期旅游策划一般是指从策划创意的提出到策划方案的出台、再到策划方案的实施不超过一年的旅游策划。短期旅游策划比较适应于各类节会活动策划、宣传促销活动策划、招商活动策划等能够在短时间内策划并实施到位的策划。

2. 中期旅游策划

中期旅游策划是指从策划创意的提出到策划方案的出台、再到策划方案的实施一般在一年以上，但不超过三年的策划。中期策划比较适应于客源市场策划、企业形象策划、企业管理策划等方面的策划。

3. 长期旅游策划

长期旅游策划是指从策划创意的提出到策划方案的出台、再到策划方案的实施超过三年的策划。长期策划比较适应于政府旅游发展战略策划、企业品牌策划、景区（景点）转型升级策划等长期性的投资与发展事项的策划。

（三）按内容不同划分

1. 旅游战略策划

旅游战略策划是指为了旅游业的长远发展和总体利益所进行的策划。战略策划是一个系统工程，它涉及方方面面的工作，需要各种配套的准备工作。战略策划的时间一般要求也比较长，从时间上来看，战略策划一般属于中长期策划。旅游战略策划既适用于政府机关、旅游管理机构，也适用于旅游企业。

2. 旅游管理策划

旅游管理策划是指以加强政府对旅游行业管理、旅游公共服务管理和旅游企业经营管理等为目标而进行的旅游策划。旅游管理策划的目标是加强管理，目的是以最小的管理成本换取最大的旅游收益。

3. 旅游营销策划

旅游营销策划是指以提升策划者或委托策划者的形象，增强其市场竞争力、扩大市场销售为目标所进行的策划。旅游营销策划方案通常包括旅游产品定位、市场定位、价格定位、渠道定位、促销手段等内容，是增强旅游业竞争力的重要方式，也是目前旅游界使用得比较多的一种策划方式。

4. 旅游公关策划

旅游公关策划是指以加强旅游业与社会特别是与游客的沟通，增强旅游业的社会信任度、美誉度，树立良好的公众形象为目标所进行的策划。旅游公关策划首先要考虑的对象是游客，其次是媒体，然后才是与策划者或委托策划者相联系的各行各业。

5. 旅游广告策划

旅游广告策划是指以增强旅游广告的效果为目标所进行的策划。旅游业是个关联产业，也是面向公众的产业，广告是旅游业扩大销售、增强影响的重要手段，虽然旅游广告策划的目标仅仅是做好旅游广告，但它仍需要有充分的市场调研和高水准的广告创意设计。

6. 旅游形象策划

旅游形象策划是指以提升旅游企业形象为目标所进行的策划，也可以称之为旅游企业形象战略或旅游企业形象识别系统策划。旅游企业形象策划包括旅游企业理念识别(MI)策划、旅游企业行为识别(BI)策划和旅游企业视觉(VI)策划三大方面。

7. 旅游品牌策划

旅游品牌策划是指以打造旅游强势品牌为目标所进行的策划。在旅游市场竞争日益加剧的今天，品牌的竞争也日益加剧，强势品牌已经成为在市场竞争中获胜的王牌。旅游品牌的策划按其所涉及的范围又可分为旅游城市品牌策划、旅游饭店品牌策划、旅行社品牌策划、旅游景区(景点)品牌策划、旅游商品品牌策划等。

8. 旅游活动策划

旅游活动策划是指以开展某项特定主题旅游活动为目标所进行的策划。随着现代旅游业的发展，旅游产品的主题化、旅游消费的体验化日益明显。主题鲜明、内容丰富、普适性强的旅游活动必然深受客源市场的欢迎，也将同步带来旅游企业或旅游目的地的巨大收益。

想一想 有哪些旅游城市是靠大量的旅游主题活动来吸引游客的？

9. 旅游招商策划

旅游招商策划是指以加速旅游地的发展、加快旅游业的开发、扩大旅游业相互之间和旅游业与相关行业之间的合作为目标所进行的策划。旅游招商已经成为加快旅游业发展的一个十分重要的途径,旅游招商策划也就成了旅游策划的一个十分重要而又特别的类型。

10. 旅游产品策划

旅游产品策划是指以整合、建设、推广、组织游客感兴趣的旅游产品为目标所进行的策划。旅游者进行旅游不管是随团旅游还是自助旅游,产品的选择总是必不可少的。为游客提供符合其个性需求的旅游产品是旅游业的重要职责,也是旅游策划的重要内容。

(四) 按策划对象划分

根据旅游策划所指向的对象,旅游策划可以分为城市旅游策划、乡村旅游策划、海洋旅游策划、景区(景点)旅游策划、旅游饭店策划等等。

试一试 请尽可能多地列举你所看到过或听到过的旅游策划名称,并将其归类。

任务3 掌握旅游策划的原则与程序

一、旅游策划的基本原则

(一) 创新性原则

既然旅游策划是一项创新思维活动,那么旅游策划的创新性必然是其首要原则。换句话说,如果旅游策划不具有创新性,也就没有必要进行旅游策划。所谓创新性原则,主要体现在形式创新与功能创新两个方面。

1. 形式创新

所谓形式创新,是指将已有的旅游内容或元素(如活动、项目、文化等)引入,保持其基本功能不变,但是在表现形式上给予较大的创新。目前,主题公园里面见过最多的过山车就是被创新演化成多种同类的项目,如深圳的雪山飞龙、香港海洋公园的越矿飞车、苏州乐园的古旧金矿矿车等,均属于不同程度的形式创新,其实质就是过山车。

2. 功能创新

所谓功能创新,是指重新策划或设计一个之前所没有的内容或元素,或将原有的内容或元素进行功能拓展。如杭州市在旅游资源开发过程中,将一些特色社区、老旧厂房、仓库码头等均在功能上进行了创新,成为独具特色的旅游接待产品。

(二) 特色性原则

旅游的本质就是追求与自己原有的生活环境、生活习俗、工作状态等不同的感受和观感。而当前的市场环境,在已经明显处于买方市场的情况下,旅游企业要想在既有的众多旅游供给市场中脱颖而出,就必须创造出与其他旅游企业所不同的东西。简单而言，就是在旅游策划过程中，要坚持“人无我有，人有我优，人优我特”。而要做到这一点，必须做好两大基础工作：一是围绕策划的主题内容，系统搜集、分析当前该主题内容的发展现状与特色；二是全面分析评价策划实施主体的优势、劣势、机遇与挑战，以寻求最佳的特色发展路线。

（三）人本性原则

旅游策划是一项典型的对客服务，无论是景区项目策划、旅游产品策划、旅游节事活动策划，还是旅游形象策划、旅游促销策划等，其最终目的均是以满足人们的精神和文化需求为目标。因此，旅游策划应“以人为本”。一方面，要满足策划发起人的心理需要。作为一名策划者，既要了解策划发起人（或委托方）的心理需要，又要满足方案实施者的心理需要，才能确保策划方案的顺利实施，推动企业活动目标的实现。另一方面，要充分了解策划方案实施对象的心理需要，往往就是游客的心理需要，才能更好地提升硬件与软件的服务设施、水平，提高游客的满意度。

（四）可行性原则

旅游策划并不是天方夜谭，而是一项现实性较强的工作，要求在经济、技术、效益、人力、社会等各方面均有可操作性。首先，要进行周密的考察和资料收集，充分利用所能获得的一切信息，进行严谨和科学的分析，对未来的发展形势作出准确的研判；其次，旅游策划应立足微观实际，从策划发起人自身的资源禀赋、资金设备、人力物力、市场基础等方面来评价和衡量所开展的旅游策划方案是否具有一定的现实性；再次，可以采取逐步推进的办法，通过小范围内试运营，看是否能取得较好的效果，根据试验效果再决定是继续修改完善还是直接推广实施。

（五）一致性原则

首先，要坚持短期效益与长期效益的一致性。无论是短期的旅游活动策划、旅游促销策划，还是长期的战略策划，其根本目的都可能是为了推进企业的健康、持续、快速发展或旅游目的地的转型升级。因此，在进行旅游策划时，一定要洞察策划发起人或委托方的长远发展目标，不能就事论事。其次，要坚持局部利益和整体利益的一致性。比如在进行景区项目策划的时候，不仅要服务全国的、区域的旅游经济发展需要，不能盲目地不切实际地超前发展，应从整体功能定位与共同的利益诉求来进行策划设计；景区项目的建设风格也要与周边生态环境总体相符，不能过于突兀。

（六）前瞻性原则

既然旅游策划是一项针对未来的创新活动，那么旅游策划必须对未来各种发展、变化的趋势进行预测，必须对所策划的结果进行事前事后的评估，也就是说，旅游策划必须具有前瞻性。只有如此，才能使策划的成果符合未来实际发展的需求，才能在未来出现意外情况时作出有效的应急处理措施。比如在进行旅游节事活动策划时，就必须综合考虑节事活动举办期间可能出现的天气变化、人流量变化、安全事故发生等突发事件。

想一想 在进行旅游策划时，还应坚持哪些原则呢？能否举例说明？

二、旅游策划的核心程序

在进行旅游策划时，可根据是否委托第三方单位分为无委托策划和有委托策划。所谓无委托策划是指该项旅游策划由策划的发起人或主体自身进行。所谓有委托策划，是指该项旅游策划由策划发起人委托第三方单位进行。无委托策划和有委托策划各有优缺点。无委托策划的优点是策划组成员对自身情况较为熟悉，而且可以节约费用；缺点是对行业整体形势或其他行业不太了解，容易落入狭隘、偏执的思维定势，难以提出新的创意。有委托策划的优点是可以借助外部智力资源，特别是经验丰富的专业策划机构，能够达到更好的策划效果；缺点是外部专家团队对委托方的情况并不熟悉，提出的创意可能缺乏可操作性，并且需要支付一笔不菲的费用。

无委托策划和有委托策划的区别在于无委托策划不需要招投标程序或筛选策划单位的过程，而旅游策划的其他程序都差不多(见图 1－1)。

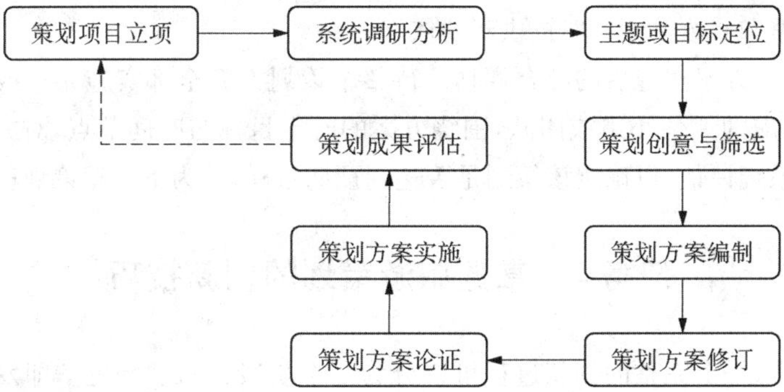

图 1－1 旅游策划的核心程序

第一，旅游策划的项目立项。在确立旅游策划项目或明确委托单位之后，就应着手组建旅游策划项目团队，明确项目推进的日程安排，落实任务分工。在组建项目团队时，应根据具体策划项目的不同，组建由相关专业背景的专家或企业人士、政府人士共同构成的团队。

想一想 假如你是某专业策划机构的项目负责人，在接到某旅游主题公园委托的《××旅游景区××××年度旅游市场营销策划》项目时，你该组建一个什么样的专业团队？其学科背景或人员组成有何要求？

第二，项目团队成员要展开系统调研分析。系统调研分析是指在特定的项目环境下，系统地收集、分析和报告有关项目信息的过程。旅游策划要作出正确的决策，就必须通过项目调研，准确及时地掌握资源、市场和环境情况，使决策建立在坚实可靠的信息基础之上，才能降低策划案的风险程度。

第三，策划主题定位或发展目标的确立。这是旅游策划的核心与灵魂。在特定的策划背景下，通过对现状条件的综合分析与评价，需要提出明确的主题定位或策划目标。

第四，围绕主题或目标展开创意，并根据其可行性进行创意筛选。旅游策划团队成员依据前面既定的主题定位与发展目标，提出具体的实施创意和方法。然后根据现行的技术、经济、环境、法律等各个方面进行可行性筛选，并最终确定可供操作的创意。

第五，编写旅游策划文书的初稿。在第二至第四步的基础上，编写旅游策划案的初稿。编写方案通常由项目负责人制定并分解落实，各项目组成员根据负责人的要求共同完成初稿的编写，并由项目负责人统筹审核。

第六，旅游策划文案的试验、讨论、反馈与修改。在方案初稿的基础上，可通过试验或试行、邀请相关专家或部门相关人员参与讨论，并形成对方案的反馈、修改意见。项目团队根据反馈或修改意见，对策划方案进行完善。

第七，组建方案评审专家组审核方案。在前期方案修改完善的基础上，可邀请相关专家或部门相关人员组成评审或论证专家组，对方案最后的实施进行综合评估，包括方案在技术上是否达到策划任务书的要求、在未来执行过程中的风险系数等等。

第八，旅游策划方案的实施阶段。基于动态策划的思想，在实施过程中，还可以根据具体的实施情况，及时发现方案中的失误或外界条件的变化，起到反馈信息的作用，为进一步调整和修改策划方案提供新的依据。

第九，策划方案实施后的综合评估。待整个策划方案全部实施完毕或在实施过程中，可组建相应的评估小组或团队，围绕方案的既定目标与时间节点，对方案实施的综合效益进行系统评估，以确定该策划是否达到预期目标，并为下一轮策划奠定基础。

任务4　掌握旅游策划的创新技巧

一般而言，一个完整的创新过程可以分为三个阶段：一是“问题”，即发现了现实工作或生活中需要解决的某个问题；二是“构想”，即在头脑中构想解决这个问题的方法；三是“实施”，即把头脑中构想的解决方案付诸实践，从而使问题得到完满的解决。在这三个阶段中，最重要也是最困难的就是头脑中的“构想”，即创新思维的阶段。旅游策划的核心技术或方法就是创新思维。因此，创新思维是进行旅游策划的依托，是旅游策划方案产生的源泉，也是我们后面任务学习的前提。

一、创新思维的原理

（一）创新思维对象的性质

在依托创新思维进行旅游策划的时候，首先要研究创新思维的对象。创新思维对象，就是指人的思维所指向的目标，或者想解决问题的客体。从创新的角度来研究思维对象，其根本的特点就是“无穷多”，这个特点具体表现为三个方面：无穷多的数量、无穷多的属性和无穷多的变化。

1. 无穷多的数量

现实世界中，每时每刻都存在着无穷多的事物，产生着无穷多的现象。在自然界，大到日月星辰，小到尘埃微粒，无穷多的事物散布在我们周围；在人类社会，春雨秋风，集会游行，工作生活，有无穷多的事件发生在我们周围；在思维领域也一样，无穷多的理念、观点、理论、学说储存在人类的头脑中。所有这些客观的事物和主观的现象，都有可能成为我们创新思维的对象。换句话说，创新的素材遍地都是，创新的机会是无穷多的，只要我们善于观察，勤动脑筋，思考任何一种事物或现象都能够产生创新。

对于创新思维对象数量上的无穷多，还可以从另一个方面来理解。当我们的头脑只思考一个问题或者一个事物的时候，也同样面临着数量无穷多的可供思考的对象。因为客观事物总是以这样或那样的方式相互联系着、制约着。比如一个旅游景区，为了提高旅游者的满意度，塑造良好的市场品牌形象，有哪些因素需要考虑到呢？

首先，从景区的可进入性来说，其因素有：距航空港的路程、距长途车站或火车站的路程、距客运码头的路程、距高速公路互通口的路程；主干道路与次干道路的通达度；景区内部的游步道与停车场等；

其次，从景区内部的停车场来说，其因素有：停车场的面积、停车场的分区、停车场的管理、停车场的收费、停车场的配套服务等等；

第三，从停车场的收费价格来说，其因素有：总体价格水平、质量价格比、与其他景区停车收费的比较、旅游淡旺季的价格差异等；

第四，从管理员的服务来说，其因素有：员工的仪容仪表、管理员的态度、业务技能、服务方式和内容、对游客利益的关心程度、游客的反应等；

第五，从停车场的物质设施来说，其因素有：进口与出口的设置、停车卡或停车券的设计、停车收费计时系统、周边绿化、清洁卫生程度等；

……

如果我们需要设计或整改一个高等级的旅游景区，那么需要考虑的因素其实是无穷多的。而这里面的任何一项东西，都可以作为创新的对象。

想一想 根据A级景区评定、星级饭店评定等国家标准，结合自身学习特长，请列举在A级景区创建或星级饭店建设过程中，有哪些因素属于创新整改的对象？哪些比较重要？

在旅游策划中，一个地理空间上拥有无穷多数量的旅游资源，每个旅游资源都有可能成为该地旅游项目创新或产品创新的来源。如浙江临海古城，总长6000多米，至今已有1500多年，有靖越门、兴善门等城门城墙和4个瓮城、8个敌台、13只烽火台。临海古城为千年府治，融儒学与佛、道化为一体，城墙北枕大固山，南接巾子山，前绕灵江，东滨东湖，人称“江南八达岭”，与北京八达岭长城有“姐妹城”之美称。城内拥有大成殿、龙兴古寺、紫阳古街、巾山群塔、东湖琉秀、华胥洞等景点……这其中的每一个城门、每一条古街、每一个古建、每一个节会、每一个人物、每一个店铺等都有可能成为临海古城旅游的创新要素。

2. 无穷多的属性

从整体上来说，创新思维的对象有无穷多；从每一个具体的思维对象来说，它所具有的属性也是无穷多的。所谓“思维对象的属性”，也就是每一种事物或现象所具备的性质或特征。这种性质使得一个事物区别于其他的事物。当两个以上的事物在一起做比较的时候，它们各自不同的属性就能够充分地显示出来。也是在创新过程中，彰显

“人无我有”的重要信息来源。

> **想一想** 一根竹子，有多少种属性呢？

比如一块普通的面包，它有多少种属性呢？有长条形的、白面做的、温热的、烤黄的、松软的、有香气的、有甜味的、特定面包厂生产的、特级师傅做的、在特定时候做的等等。又比如你自己，又有多少种属性呢？我是男性/女性，是中等身材、高鼻子、黑头发，是平板足、态度和蔼，既是儿女又是学生，既是同学又是队友，还是乘客、旅客、顾客、观众、消费者、观者、某学会委员等等。

所有的事物和现象都具有无穷多的属性，且都是区别于其他事物或现象的独一无二的东西。无穷多的属性导致在旅游策划创新中比较难把握，这就需要策划者对无穷多的对象及其各个属性都有比较深入的了解，尤其是对对象本身。在进行旅游策划的时候，养生是我们现代主题策划中经常会碰到的素材或主题。无论从哪个方面来讲，吃可以养生、住可以养生、行可以养生、游可以养生、购可以养生、娱也可以养生。单就吃而言，它有无穷多的属性，如吃的食材、烹饪方式、进食时间、进食体量、进食环境、进食心情……这每一个属性都为我们旅游策划创新提供了不同的视角。

3. 无穷多的变化

当我们眼盯着一件物品，想对它进行改良的时候；当我们面临一个棘手的难题，绞尽脑汁想解决它的时候，也许我们并没有注意到，这件物品和这个难题，是一直处在变动之中的。辩证法告诉我们，世界并不是由事物组成的，而是由过程组成的。任何事物都是处在不断发展变化之中的，其中的某个环节或某个时段为我们旅游策划的发挥提供了机会，这些发展变化与时间呈现出一定的规律。这种发展变化在旅游策划中表现为两种情况，即周期性(季节性)和随机性。如武汉大学的樱花、盛夏的内蒙古草原、秋天北京香山的红叶、冬季的亚布力滑雪场，都在特定的时间里为我们提供了极大的创新思路。当然，也有部分利用事物变化随机性发展旅游的例子，比如沙漠中的海市蜃楼、特殊地点的流星雨、佛教胜地的佛光等。

> **想一想** 请仔细观察身边的事物或现象，表述其在不同季节或状态下的特征属性。基于此，我们在策划前期综合调研过程中，应该注意什么？

(二) 创新思维主体的特征

创新思维的对象或客体很多，那么，又由谁去探索这些事物或问题以便获得创新呢？这就是创新思维的主体问题。创新思维主体，简单地说，就是人的头脑，是有理智、能思维、可以进行创新活动的司令部。科学实验和生活经验都已经证明，人类的大脑并不像一块“白板”，而是更像一块调色板。大脑把外界输入的各类信息经过调色处理之后，进而画出一幅幅色彩鲜艳的图画。每个人的大脑都拥有许多种调色笔，其中较为重要的几种是实践目的、价值模式和知识储备。严格意义上讲，旅游策划创新思维的主体应该是旅游策划者，但是，由于我们策划的目标指向旅游者或旅游市场，所以创新思维的主体实际上是旅游策划者和旅游者的共同体。

1. 实践目的

大脑中的实践目的，就是我们在思考事物或者解决问题时，所要达到的目标，其语言表达式就是："为了……"每个人在做任何事情的时候，都预先有一个明确的目的。这个目的就像灯塔一样，指挥着我们的思考和行为，并且自己能够意识到目的的存在，并能想象目的实现以后的美好情景。

你报名参加专业社团，是为了学到更多的知识；我竞选班团干部，是为了服务全班同学，或者是为了提高自己的管理能力；他夜以继日地搞些小发明，也许是为了讨好女朋友……于是，我们的头脑就产生了"偏心眼"：对于符合自己实践目的的事物和问题，将会给予加倍的关注；而对于那些与实践目的无关的东西，那就对不起了，一律拒之于千里之外。

想一想 为什么"熟视"却"无睹"？某些事物一千次、一万次地出现在我们的视域内，我们却"视而不见"。

熟视无睹的根本原因就在于那些事物不符合我们的实践目的，大脑感到没有必要去理睬它们。对于旅游者，每一次出行或旅游，都有其特定的动机或目的，也就是旅游者在选择旅游地之前的实践模式。作为一个旅游策划者，在进行旅游策划时就必须考虑到旅游者的这些实践目的，明确特定细分群体或市场的出游目的。

2. 价值模式

每个人都不是生活在真空中的，都必须与外界的事物和观念打交道，都会对外界产生某种需求。在各种各样的外界事物和观念中，有些能够满足我们的需要，对我们有用；而另一些则不能满足我们的需要，对我们没有用。有用的东西，就是"有价值的"，而没有用的东西，就是"没价值的"。相应地，用处大的东西，其"价值"就大，而用处小的东西，其"价值"也就小。于是，头脑在对外界的事物、信息和问题进行接收和思考的时候，便依照其价值顺序进行排列：首先处理价值最大的，其次处理价值中等的，最后处理价值小的，而对于没有价值的东西则采取不理不睬的态度。

想一想 为什么你策划或设计的作品，别人并不一定都欣赏？

事实上，同一种东西，在你看起来很有用，价值大，但是在别人看起来则不一定有用，甚至毫无价值。这就是人与人之间在价值观上的差异。当人们面临选择的时候，他就会把外界的事物或观念按照其价值的大小排列出一个顺序，也就是排列出一个主次、轻重、缓急的次序。这种次序，就是所谓的"价值模式"。

价值模式的差异对于创新思维具有重要的意义。首先，人们的价值模式不同，对于同一个事物或者同一个问题就会产生不同的看法。有些时候，创新就是从那些不同的看法中出现的。其次，对于个人来说，价值模式的转变就意味着一种创新的产生，意味着他面前的世界"旧貌换新颜"，他的行为方式往往也会产生相应的改变。

想一想 既然每个人的价值模式都有可能不同，那么我们在开展旅游策划或前期调研的时候，应该注意哪些问题？

对于旅游者而言，其价值模式取决于其旅游的实践目的。最能满足旅游者实践目的的旅游地，对其来说价值就最大，第二位能满足其实践目的的旅游地，对其来说价值就次之，依此类推。因此，旅游策划必须以旅游者的价值模式为基准，学会换位思考。旅游策划的目的，不仅要让旅游地对旅游者具备一定的吸引力或部分地满足旅游者的实践目的，而且要让旅游地攀升到旅游者价值模式的顶端，成为最能满足其旅游实践目的的旅游地。

3. 知识储备

在进行任何一项创新思维之前，我们大脑中总要有一些预备性的知识。大脑把这些知识当作铺垫或者跳板，然后构想出改进物品或解决问题的新方法。

著名物理学家费米在一次讲演中曾经提到这样一个问题："芝加哥市要多少位钢琴调音师？"然后，费米自己解答说："假设芝加哥有 300 万人口，每个家庭 4 口人，而全市三分之一的家庭有钢琴，那么芝加哥共有 25 万架钢琴。每年有五分之一的钢琴需要调音。那么，一年共需调音 5 万次。每个调音师每天能调好 4 架钢琴，一年工作 250 天，共能调好 1000 架钢琴，是所需调音量的五十分之一。由此推断，芝加哥共需要 50 位钢琴调音师。"这是一个典型的"连锁比例推论法"，在解决实际问题和获得思维创新的过程中经常被采用。在这种推论中，需要很多预备性知识作基础。比如，你应该知道"有钢琴家庭"所占的比例、调音师的工作效率、工作时间等。同样的问题适合于旅游策划，比如我们需要多少名产品销售员？

值得注意的是，知识自身就隐含着某种价值观念，并构成一种特定的框架，从而对大脑的观察范围和思考偏向作了预先的规定。凡是与这种规定相吻合的，大脑会予以加倍关注；反之，大脑就会毫不留情地把它们拒之于大门之外。比如同一则幽默故事，英国人听了能笑出眼泪，而日本人听了则莫明其妙，因为日本人不了解故事背后的历史和文化背景。所以，每个人大脑中所思考的事物和问题，都受制于自己的知识水平。正如每个人喜欢读的书不同，除了欣赏趣味之外，其差异点主要是由知识程度决定的——谁都不愿意去读一本自己根本就读不懂的书。

没有什么比策划师更需要广博的知识了，尤其是旅游策划师。旅游策划的内容涉及经济、政治、文化、环境、地理、生物、气候、天文、心理等多个学科，旅游策划面向的对象是旅游者，他们拥有各种各样的实践目的。旅游策划者在策划旅游地之前，必须有旅游地相关的知识储备，如对古镇或古村落进行策划，需具备与其相关的民俗、古建筑、文化历史等方面的知识储备，而对宗教型旅游地进行策划需具备相应的宗教历史知识、宗教文化知识、宗教礼仪知识等。

(三) 创新思维的运行过程

根据前述分析已经知道，在思维着的大脑之外，能够成为创新思维对象的东西是无穷多的，其中的每一个对象都具有无穷多的属性，并且处在无穷多的变化之中。面对着外界对象的三种"无穷多"，我们的大脑怎么办呢？

事实上，我们的大脑有很多办法对付“无穷多”。我们的大脑利用“实践目的”、“价值模式”、“知识储备”等内容，使三个“无穷”变成了三个“有穷”，成为新的观念、创新方法或解决问题的方案。即通过“对象选取”、“属性抽象”和“动态截取”三种战术加以各个击破。

试一试

将全班同学划分为四个小组（分别为 When 时间组、Who 人物组、Where 地点组和 What 事件组）。要求时间组的同学每人罗列 10 个时间，且该时间点的选择必须具有场景意义，比如“在晚霞映染天空的傍晚”，而不能是诸如“星期二”之类的无意义时间；要求人物组的同学每人罗列 10 个人物群体，该群体在旅游客源市场上应具有代表意义，比如“一对金婚夫妇”，而不能是诸如“张三”之类的无意义人物；要求地点组的同学每人罗列 10 个具有旅游休闲意义的空间，比如“在西湖断桥上”、“在度假酒店的阳光咖啡吧”等，而不能是诸如“路边”之类的无意义地点；要求事件组的同学每人罗列 10 个具有参与性的旅游事件或活动，比如“边品茗、边欣赏风景”。完成后，按小组收齐后，由各小组派 1 名代表，按照“在××时候，××人，在××地方，做××”的顺序随机朗读各自小组成员的思考成果。并分析，哪些是可行的，哪些是不可行的。

1. 从无穷多的对象中选取一部分

面对周围无穷多的事物和观念，我们的大脑首先对它们进行筛选，每次只选取一个或少数几个对象，被选取的对象进入大脑参与创新。而其余没有被选取的对象，便遭到了被摒弃的命运。经过这样的处理，本来数量无穷多的可供创新思维的外界对象，就变成数量有限的少数几个对象了，头脑就能够对它们进行深入而细致的思考。

比如请几位学生坐在教室里，专心致志地听老师讲课。他们可以一边听课一边记笔记。当然，他们不可能把老师讲的每一句话都记下来。如果分别请他们复述一下老师的讲课内容，复述的结果也许会令你大吃一惊。你发现不同学生的复述差别很大，而且复述差别的程度与学生之间在观念和文化方面的差别程度成正比。也就是说，学生之间的差距越大，他们复述之间的差距也越大。这就是大脑对外界对象选择的结果。由于每个人在实践目的、价值模式、知识储备等方面不完全相同，因而各人对同一群对象的选取也不会完全相同。你认为老师讲的 A 观点很重要，因而留下很深的记忆；另外一位有可能会认为 B 观点才是重要的，而 A 观点毫无独特之处；还有一位也许会认为 A 和 B 都无足轻重，而 C 才是至关重要的观点……如此等等。

从创新思维的角度来说，准确地选取与特定问题有关联的外界对象，是获得创新的基本前提。大脑的思维能力毕竟是有限的，不可能处理无穷的信息。问题在于，我们的大脑应该牢记着，进入创新思维过程的对象并非所有的对象，还有无穷多的对象因为没有获得入场券而只能呆在大脑之外。在一定的情况下，打破常规，扩大选取范围，把原先摒弃的对象重新纳入选取，则是创新思维的重要形式之一。据说，爱迪生在制作电灯泡的发光丝时，几乎试用了他能够找到的所有材料，包括人的头发。

理论上讲，旅游地的每一类资源都有可能构成对旅游者的最大吸引。但是，在特定的时间、旅游者需求发展的特定阶段，各个资源对旅游者呈现出不同的吸引力。因此，在策划旅游项目的时候，就必须舍弃那些在当前吸引力弱、吸引范围小的资源，选择那些吸引力强、影响范围大的资源为核心进行策划。例如千岛湖在旅游业发展初期的时候重视生态观光旅游资源的开发，而近几年随着旅游休闲度假市场的兴起，中高端高尔夫旅游、滨湖休闲度假旅游、游艇旅游、环湖骑行旅游等新兴旅游产品得到了大力推进。

2. 从无穷多的属性中抽象一部分

外界的事物是直接以个体的形式存在的。大脑所思考的每一种对象和问题，都具有无穷无尽的属性。不过，我们的大脑可以用“属性抽象”的方法来解决这个问题。所谓抽象，就是从每个对象所具有的无穷多属性中抽取出一种或几种属性，大脑只思考这一种或几种经过抽象而来的属性。这样一来，无穷多的属性就变为数量有限的属性了。

与抽象相对应的动作是“舍象”，即舍去对象中其余未被抽取的无穷多属性而暂时不予思考。抽象和舍象是同一个思维行为的两种不同方法，抽象出某几种属性，也就意味着舍象了其余无穷多的属性。比如“饥不择食”中的极度饥饿者看见客观的食物，只选取了它的一种属性——充饥性，而对于食物的色、香、味、形等属性全都舍弃了，未纳入思考的范围。这是由饥饿者的实践目的和价值模式所决定的。

抽象是人们认识外界事物必不可少的手段，因为大脑无法处理具体事物无穷多的属性。抽象使得事物变得简单，不同事物之间的共同性便显示出来了。广而言之，任何两种以上的事物，无论其差别多么巨大，都能在它们中间找出共同点，也就是抽象出共同的属性。这也是创新思维经常使用的具体方法之一。另一方面，当我们能够把曾经舍象的属性捡起来，重新加以认真思考的时候，往往可以发现一个新天地，产生新的创意。

从无穷多的属性中抽象一部分，在旅游策划中也是经常使用的。如位于中国东南沿海，作为浙江省省会城市、长江三角洲南翼中心城市、国家首批命名的重点风景旅游城市和历史文化名城的杭州市，素以“人间天堂”、“文化之邦”、“丝绸之府”、“鱼米之乡”享誉天下，近年来又提出了培育美食、茶楼、疗休养、演艺、化妆、保健、女装、婴童、运动休闲、工艺美术等十大特色潜力行业。就杭州本身而言，其属性有很多，如观光、度假、休闲、美食、求学、居住、创业、疗养……但在旅游的发展中杭州抽象了其中的休闲属性。

3. 从无穷多的变化中截取一小段

外界的对象每时每刻都在发生着无穷无尽的变化，变化的速度可快可慢，变化的延续使得事物成为一串长长的过程。我们的大脑采取了“动态截取”的手段，把连续变化中的事物一段一段地剖开，从一个或几个剖面来思考事物，从而把事物无穷的变化转化成了有穷的变化；把动态的事物凝固成了静态的事物。对外界事物的“动态截取”还有一种含义，就是忽略其微小的变化。只要事物没有发生本质性的重大变化，我们都可以认为事物是静止的。

究竟哪些变化属于“细小的”而可以忽略不计，哪些变化是“本质属性的”必须予以考虑呢？换句话说，我们大脑对处在变化中事物的“截取点”应该定在哪里呢？创新思维就在这里出现了。如果能够打破常规，变更一种“截取点”，那就会产生一种不同寻常的观念。客观事物的发展是持续不断的，而发展的阶段则是由大脑的思考来划分的。

比如空气，我们可以利用当前环境污染尚严重的时候，恰当地推出森林养肺的功能型产品，而在其他时候是不可能推出这样的产品的。

二、创新思维的枷锁

（一）创新思维枷锁的含义和特点

阻碍创新思维的因素有许多种，最主要的要数大脑中束缚思维创新的各种枷锁，也就是思维定势。所谓思维定势，是指大脑在筛选信息、分析问题、作出决策的时候，总是自觉或不自觉地沿着以前所熟悉的方向和路径进行思考，而不另辟新路。这种熟悉的方向和路径就是一个人的思维定势。思维定势的形成，与现实社会的文化传统和个人的独特生活经历有着密切的关系，且具有很大的惯性，一旦定型之后就极难改变。因为支撑思维定势的，是思维主体所具有的实践目的、价值模式和知识储备等内在因素。

想一想 为什么人们常说“江山易改，本性难移”？

创新思维枷锁就是一种思维定势，是存在于大脑当中的认知框架，也可以说，它是大脑所习惯使用的一系列工具和程序的总和。思维主体在加工处理来自外界的各类对象时，必定要使用这些工具和程序。一般来说，创新思维枷锁有两个特点：一是它的形式化结构，二是它的强大惯性。所谓形式化结构，就是指空洞无物的模型，没有现实的思维过程，也就无所谓思维定势。所谓无比强大的惯性，主要表现在两个方面：一是新定势的建立，二是旧定势的消亡。一般来说，某种思维枷锁的建立要经过长期的过程，而一旦建立之后，它就能够不假思索地支配人们的思维过程、心理态度乃至实践行为，具有很强的稳固性甚至顽固性。

创新思维枷锁有许许多多种，对旅游策划影响较为普遍的是从众型思维枷锁和权威型思维枷锁。

想一想 某市公安局局长跟一名老头在茶馆下棋，双方正斗得难解难分之际，一名男孩跑进来，气喘吁吁地对公安局局长说：“你爸跟我爸吵起来了。”这时候老头指着小男孩问公安局局长：“他是谁？”公安局局长说：“他是我儿子”。请问，这两位吵架的人与公安局长是什么关系？

（二）从众型思维枷锁

1. 从众型思维枷锁的形成

从众，就是跟从大众、追随大伙、随大流，它是思维枷锁中最常见、最重要的因素之一。思维从众倾向比较强烈的人，在判断是非的时候，往往是附和多数、人云亦云，缺乏自己的独立思考和创新观念。在“从众枷锁”的指导下，别人怎么做，我也怎么做；别人怎么想，我也怎么想。

想一想 人为什么会有从众心理？如何利用大众群体的从众心理来实现一些关键的“决策表决”？

思维上的“从众定势”，使得个人有一种归宿感和安全感，能够消除孤单和恐惧等有害心理。另外，以众人之是非为是非，人云亦云随大流，也是一种比较保险的处世态度。你想，自己跟随着众人，如果说得对、做得好，那自然会分得一杯羹；即使说错了、做得不好也不要紧，无须自己一人承担责任，况且还有“法不罚众”的习惯原则。从众型思维枷锁对旅游业的影响也是非常明显的，主要体现在低水平的重复建设。20世纪末21世纪初，我国各地一窝蜂建世界公园、蜡像馆、西游记宫，即是最好的例证。目前，各地大力发展农家乐、美丽乡村建设也是如此，有特色、有内涵的不多。

2. 弱化从众型思维枷锁

一般来说，创新思维能力强的人，大都具有“反潮流”的精神，而思维从众倾向比较强的人，也正是创新思维能力相对较弱者。根据国外的创新思维训练的成功经验，弱化思维从众倾向、增强思维反潮流精神，应该从以下几个方面入手。

(1) 相信真理往往掌握在少数人手中

不论生活在哪种社会、哪个时代，最早提出新观念、发现新事物的，总是极少数人，而对于这极少数人的新观念和新发现，当时的绝大多数人都是不赞同甚至激烈反对的。为什么会这样呢？因为每个社会中的大多数人都生活在相对固定化的模式里，他们很难摆脱早已习惯了的思维框架，对于新事物新观念总有一种天生的抗拒心理。比如，哥白尼因反对传统的“地心说”而提出“日心说”就遭到了普通民众的反对。

求“新”是游客出游的众多动机之中非常重要的一个，这里的“新”有两层涵义：一是新开发的或者新型的旅游景区(景点)，二是旅游者未曾到过的旅游景区(景点)。“真理往往掌握在少数人手中”在旅游策划中主要是指第一层涵义，即在旅游资源逐渐开发殆尽和旅游正成为人们一种生活方式的现代，能够对旅游者构成强大吸引力的往往是少数几个新开发的或者新型的旅游景区(景点)，旅游活动中的新内容。

(2) 要有“光荣孤立”的心理准备

“反潮流”是要付出代价的。新观念的倡导者和新事物的发现者们，几乎都不同程度地有一种孤独寂寞、不被人理解的感觉，像著名哲学家尼采和伟大的文学家鲁迅等。在特别保守、特别反动的时代或环境里，创新者则被大家当作洪水猛兽，受到群体的严重惩处。

因此，在思维和观念上的“孤立”并不一定是坏事，勇于创新的人们是不害怕这种孤立并以此为荣的。况且，与那些更不幸的创新先驱们相比，“孤立”只是对于思维创新的最微不足道的惩罚而已。在旅游策划过程中，很多情况下，你的方案一经提出就得不到他人的认同或认可，这会让你感到非常的孤立。此时，倘若换一个角度来思考，可能恰恰是你的方案突破了其他人大脑中那种统一的束缚，实现了创新。

想一想 在今后的小组学习讨论过程中，如果小组其他成员都不赞成你的方案或观点，你该怎么办？

(3) 承认“一致同意”并非好事

思维的从众定势有利于惯常思维，有利于群体的一致行动，这是它的优越性所在。

但是,从众定势并不利于个人独立思考和创新意识。如果团队中有一名创新力极强的领军人物则尚可,若集体无创意,则意味着团队的死亡。

旅游是一个综合性的产业,旅游项目所涉及的内容之广、部门之多是其他任何项目都无法比拟的。基于这样的前提,每个开发商或投资商都希望旅游项目的方案能够获得"一致同意",形成合力开发旅游。但是,作为旅游策划者要在欢呼自己的方案获得如此高认可的同时,在大脑中要保持一种"一致同意并非好事"的警醒。

(4) 做到众人皆醉我独醒

社会上的清醒者,那些最早起来创新的人,怎样使自己与周围的人群既保持一致,又使得大家不能扼杀自己的新思想?如果你不和周围的人保持某种程度上的一致,那么,你就会很孤立,你的新思想就无法推行;如果你与周围的人群过分地保持一致,那么,你自己的新思想也就被忽略、被扼杀了。悉尼歌剧院的诞生也就是芬兰籍美国建筑师依洛·沙尔兰"众人皆醉我独醒"的结果。1956年,悉尼音乐学院的总监向政府提议建造一个歌剧院,作为城市的标志。澳洲政府采纳了他的意见,向海外发出了征集悉尼歌剧院设计方案的广告。丹麦37岁的年轻建筑设计师约翰·乌特松在看到女儿切开的橘子时突发灵感,将橘子瓣与悉尼港的帆船联系了起来,于是设计并寄出自己的设计草案,但在首轮筛选就遭到了淘汰。作为评选团专家之一,芬兰籍美国建筑师依洛·沙尔兰要求查看所有的方案,当他看到约翰·乌特松的方案后,立刻欣喜若狂,并力排众议,在评委间进行了积极有效的游说工作,最终确立了其优胜地位。试想一下,如果依洛·沙尔兰像其他的评委一样沉浸在最终的那几个独具匠心的构思和超群脱俗的设计里面,而没有做到众人皆醉我独醒,现在的悉尼也就少了一个传世之作。

(三) 权威型思维枷锁

1. 权威型思维枷锁的形成

有人群的地方总会有权威,权威是任何时代、任何社会都实际存在的现象。人们对权威普遍怀有尊崇之情,在思维领域,不少人习惯于引证权威的观点,不加思考地以权威的是非为是非;一旦发现与权威相违背的观点或理论,便想当然地认为其必错无疑。这就是权威型思维枷锁。

思维中的权威枷锁只能来自于后天的社会环境,是外界权威对思维的一种制约,主要通过三条途径:一是儿童在走向成年的过程中所接受的"教育权威";二是由于社会分工的不同和知识技能方面的差异所导致的"专业权威";三是由于权力的大小和职位的高低所导致的"领导权威"。

(1) 教育权威

对于弱小而且无知的儿童来说,家庭、学校和社会都是不可抗拒的外在力量。这些力量构成了一个个的权威,这些权威们用一系列的"必须做……""应该做……""不能做……"等来教育儿童。而当后天教育与儿童的自然天性发生冲突的时候,儿童也会以各种方式加以反抗。但是反抗的结果往往是以儿童的失败而告终,这从反面又教育了儿童:权威的力量是不可逾越的,只能无条件地遵从。于是,从不敢反抗,到不愿反抗,进一步到根本想不起来去反抗……如此久而久之,在儿童的思维模式中,由教育所造成的权威定势就最终确立下来了。

(2) 专业权威

是由深厚的专门知识所形成的权威，即“专业权威”。一般来说，出于时间、精力和客观条件等方面的限制，个人在自己的一生中，通常只能在一个或少数几个专业领域内拥有精深的知识，而对于其他大多数领域则知之甚少甚至全然无知。这就是“闻道有先后，术业有专攻”的道理。

(3) 领导权威

是由权力的大小和职位的高低所导致的“领导权威”。所谓领导权威即影响力，由职务权威（即权力）和信任权威（即威信）构成。职务权威是组织和人民赋予的，具有强制性、外在性，它是由领导者的职位和社会观念决定的。对于一个领导者来讲，职务权威是外来的东西，当在其位时，它与你结合在一起，一旦职位解除，它就自然和你分离。信任权威则是领导者在实践活动中逐渐形成的，具有渗透性和内在性，是由领导者的品德、才能、实践经验、思想水平、群众关系、执政能力、工作方法等因素产生的。在一般情况下，职务是个常数，不论哪个领导者，只要是同一等级和同一范围的领导职位，就具备相同的权力，相同的职务权威。而信任权威则是一个变量，它可因领导者素质的不同而有所差异，也可以因一个领导者在不同时间和空间所具有的不同的政治素质和业务素质而有所差异，所以决定领导权威大与小、高与低的是信任权威，是人格的力量。

2. 审视权威的真实性

为了进行创新型思考，就必须打破以权威为准的思维枷锁。根据国外成功的思维训练方案，要想弱化思维中的权威倾向，首先要对思考中所涉及的“权威”进行一番严格的审查，审查的具体内容包括以下五个项目。

(1) 是不是本专业的权威

一个人只要在一个特定的专业里作出重大的贡献，就会被人们推崇为权威。而一旦被推崇为权威，他的影响力就会超出本专业领域之外，以致大家认为他的言论在他的专业之外也具有权威性，这种现象被称为“权威的泛化”。面对社会上这类权威漫天“泛化”的奇怪现象，我们在进行创新思考的时候，应该时刻提醒自己：他本来是哪个专业的权威？他对这个题目有深入的研究吗？他那些不假思索、脱口而出的话对于这个题目究竟有多大的价值？经过这样一番思考，我们能够发现，许多貌似“权威”的言论，其实不过是一些没经过深入思考的、不着边际的泛泛之谈。

想一想　可以通过哪些途径来判断某专家是否是该领域内的权威？

目前，旅游还是一门非常年轻的学科，在旅游规划、策划界，真正出生于旅游专业的专家、学者屈指可数。目前承担旅游策划、规划项目的大部分学者并非具有旅游专业背景，他们或来自地理专业，或来自历史专业，或来自经济学专业，或来自于哲学专业……来自这些领域的权威在分析与其本专业相关的旅游问题时，尽管十分深刻、到位，但限于旅游专业知识的有限性，往往会造成规划不到位、策划不切实际。

(2) 是不是本地域的权威

即便是本专业的权威，我们还需要审查他的地域属性。因为每个地域都有自己的特殊情况，适用于甲地的权威性言论，不一定适用于乙地。比如，西方式的企业管理权威，不一定能管理好中国式的企业；国外的资深旅游规划专家，并不一定能做好国内的旅游规划。因此，当听到某种权威性论断的时候，请想一想，那位权威专家是哪里的？他对本地很熟悉吗？他的论断符合本地的实际情况吗？经过这样的审查，也许能够发现，不少的"权威性论述"仅仅适用于一个极其狭小的空间范围，一旦超出这个范围，其"权威性"立刻就丧失殆尽。

在旅游策划过程中，本地的旅游权威能够深入、准确地把握旅游地的自然地理、人文历史、社会经济等本体要素，但是也容易存在"不识庐山真面目，只缘身在此山中"的不足，且主观性较强。而外地的旅游权威通常能够"跳出旅游地看旅游地"，具有更加宽广的视野和对市场更加客观地把握的优点，但也存在对旅游地本身的把握不够到位的缺陷。因此，在旅游策划的过程中要善于发挥各自的长处，使策划方案既切合本地实际又能适应市场发展。

(3) 是不是当今最新的权威

任何权威都只是一时的权威，而没有永久的权威。随着时间的推移，旧权威不断让位于新权威，今天的权威取代了昨天的权威，而明天的权威又将取代今天的权威。特别是近几十年以来，各门自然科学和社会科学都在迅猛发展、日新月异，新材料、新事实、新结论不断涌现，使得权威的"折旧率"也在不断加速，某个权威在"权威的宝座"上呆不了多久，就会被新的权威赶下去。如果能注意到这一点，也许会大大减弱我们对各类权威的敬畏心态。

因此，我们在面对权威的时候，还要审查一下他的时间性。如果他是几十年前甚至几百年前的权威，他的言论也许早已过时，只具有历史价值而不再具有权威价值，那么也就没有必要过分认真地对待那些已经失效的言论。权威的时效性对旅游的影响并没有像其他领域那么明显，但是旅游者需求的变化也要求旅游策划的权威要准确把握旅游发展的方向和旅游者需求变化的趋势。

(4) 是不是借助外部力量的权威

权威的产生过程有时是很微妙的。在不少领域，被外界公认的权威往往并不是本领域中的顶尖人物，他们是借助某种外部力量才上升为权威的。比如，他可以借助政治的力量，在某一领域里身居要职，便很容易成为这个领域的权威；再比如，他可以借助经济的力量，也能够很快地出人头地；还有，他可以借助新闻媒体的"宣传"、"包装"，甚至借助投机钻营、拉帮结派等不正当的手段，在很大程度上也能够越过那些只懂埋头做学问的人，而登上"权威"的宝座。

想一想 请百度搜索"张悟本事件"，分析其能行骗成功的原因是什么。

因此，我们在审查某个权威的时候，一定要审查一下他的历史，看看他能够成为权威，是凭借自身的学术实力，还是凭借非学术的外部力量。我国旅游业是一个政府主导型产业，政府的旅游导向、政府的旅游政策方针以及政府中某些官员的意志也就构成了旅游策划中的"领导权威"。所以，我们在进行旅游策划的时候，不能不假思索地完全照搬,要正确理解和采纳这些权威科学合理的建议和意见。

(5) 其言论是否与权威自身利益有关

在现实生活中,每个人都存在于一定的社会关系中,都隶属于一定的利益集团。这种社会关系和利益关系必然会在每个人的思想和言论上打下深深的烙印。因此,即便是一位真正的权威,而且是在他的专业领域内发表意见,我们也需要审查一下,看看他的论断是否与他自身的利益有关。比如,某位科学家发明了一种营养品,那么他自己对这种营养品的评价就失去了权威性,这和行政司法领域中的"回避制度"是同一个道理。

总起来说,我们应该尊重权威,但是不能迷信权威。为了打破思维定势、保持头脑的灵活和思维的创新,我们必须对进入思考范围内的权威先来一番彻底的审查。

三、创新思维的培养

创新思维有许多技术层面的问题,为了打破思维枷锁、扩展思维视角、激发思维潜能,我们还需要培养一定的创新思维。

(一) 发散思维

所谓发散思维,又称辐射思维、放射思维、扩散思维或求异思维,是指大脑在思考时呈现的一种扩散状态的思维模式,它表现为思维视野广阔,思维呈现出多维发散状。如利用"一题多解"、"一事多写"、"一物多用"等方式,培养发散思维能力。不少心理学家都认为,发散思维是创造性思维最主要的特点,是测定创造力的主要标志之一。常见的发散思维包括横向思维、侧向思维、逆向思维、立体思维等。

1. 横向思维

横向思维是相对于纵向思维而言的。纵向思维是按部就班的逻辑思维,即从纵向的发展上延伸,依照各个步骤和发展阶段进行思考,从上一步想到下一步,从而设想、推断出再下一步的发展趋势,确定研究内容和目标。比如,在挖井的时候,越挖越深,不见水不收工。横向思维是非逻辑的跳跃式思维,它将运用毫不相关的信息,试图开辟多条路径,采用不同的方法,寻找新的解决路径。仍以挖井为例,此处不见水,那么就换个地方挖。因此,横向思维,又称为多路思维。掌握和运用横向思维,策划者必须要扩大视野的范围,提高感知事物的敏感性。对于旅游策划者而言,通常可以学着从不同的季节、不同角度、不同游客群体等视角来剖析旅游资源,以求得新的创意。

试一试 小王买来一个大西瓜,他只切了四刀,就给全组九个人每人一块,可是吃完后却留下了十块西瓜皮,你知道小王是怎样切的吗?

2. 侧向思维

侧向思维又称为旁通思维,是发散思维的又一种表现形式。侧向思维的思路、思维方向不同于正向思维、多向思维或逆向思维。它是沿着正向思维的旁侧开拓出新思路的一种创造性思维。简单地讲,侧向思维就是利用其他领域里的知识和信息,从侧面迂回地解决问题的一种思维形式。

想一想

19世纪30年代，莫尔斯(美国)发明了有线电报(电磁式电报机)，但因信号会在传递中衰减，无法远距离传送信息。他作了种种尝试，还是解决不了问题。一天，他终于从驿站中获得了启发，即马累了可以换，信号减弱了可以放大，在沿线设置若干个放大站后，果真解决了问题。从驿站换马的例子中，你能举出：目前哪些事件与此事例相似？还有哪些事件可以从此事例得到启发并改进之？

3. 逆向思维

逆向思维又称为逆反思维，是与正向思维或常规思维相反的方向，即以对立、颠倒、逆转、反面等方式去认识问题或需求解决问题的思维或方案。总之，逆向思维就是从相反的方向去思考问题，探寻解决问题的方向。逆向思维在现实生活中的作用十分广泛，是创造性思维的重要形式之一。常见的逆向思维类型有原理逆向、属性逆向、方向逆向、尺寸逆向和常识逆向。

试一试

有一只升力只有十几斤重的氢气球，你能否用一根普通的杆秤(秤与秤砣共重一斤)巧妙地称出这只气球的升力？

4. 立体思维

立体思维要求人们在思考问题时，要跳出点、线、面的限制，能从上下左右、四面八方去思考问题，即把常规的平面型思维模式扩展到空间，把二维思考扩展到三维思考，排除固定观念，突破一切框框，从全方位进行新的思考。

试一试

①两个爸爸、两个儿子在一起分三个烧饼，每人要分到一个，怎么分？②用6根火柴棒搭出4个三角形来。③用9根火柴棒搭出3个正方形和2个三角形来。

(二) 想象

想象是大脑在过去感知的基础上对所感知的形象进行加工、改造，创建出新形象的心理过程。其生理基础是大脑中原有的没有关联的事物经过重新组合、搭配，构成新的有联系事物的思维过程。想象在旅游策划中非常重要，比如可以转换角色，把自己当成游客来评价所策划项目是否符合市场需求。想象的主要方法包括原型启发法、类比法、联想法。

1. 原型启发法

该方法是利用已知并熟悉的事物为启发原型，与新思考的对象相联系，从相似关系中得到启发而解决问题的一种想象方法。原型与思考对象之间，必须有相类似的特征，有时二者之间跨度太大，想象的难度就高、想象成果水平也高，这就是为什么我们不赞成“牛顿叫苹果砸出个万有引力定律”简单说法的道理。

2. 类比法

根据两个对象某些属性相同或相似，而且已知其中一个对象还具有其他属性，从而推出另一个对象也应具有其他属性的思维方式，即为类比法。类比法有直接类比法、拟人类比法、象征类比法和幻想类比法。

3. 联想法

联想是由一个事物想到另一个事物的心理过程。联想法是在创造过程中运用概念语文属性的衍生意义的相似性，来激发创造性思维的方法。联想可以唤醒沉睡的记忆，把当前的事物与过去的事物有机地联系起来，产生创造的设想。联想法具体又包括接近联想法、相似联想法、对比联想法、强行联想法、置换联想法、因果联想法等。

(1) 接近联想法

接近联想法又叫相关联想，是将两个时间上或空间上接近的概念加以对照产生联想，这是逻辑推理中不可缺少的环节和途径。如玻璃——镜子——理发店——服装店——模特——演员——话剧——电视——《康熙王朝》……

想一想 请在"挤牛奶与粉笔"、"沙子与火车"之间添加若干个词，使其彼此间在时空上接近。

(2) 相似联想法

相似联想法即具有相似的特点、性质或功能的事物形成的联想。它与接近联想不同，它不受两个事物是否接近的限制。如在形状方面相似，有西瓜——帽、蝴蝶——结。在旅游策划过程中，经常可以利用自然界的某些主题物品策划具有相似形状或性质、功能的旅游服务接待设施或娱乐设施，如苹果状的小木屋。

想一想 袋鼠的腿前短后长，人类有何可借鉴的地方？

(3) 对比联想法

对比联想法又叫相反联想，即把两个完全相反的观念、事物或现象进行对比、对照，形成联想。如黑——白、水——火、大——小、过去——现在——未来等。

想一想 天上的飞机、地下的地铁；水上的邮轮、水下的潜艇；长丝与短纤维；功能众多的超级电脑与学生学习机；宽大的休闲服与紧身时装……这一切构成了反向对比联想，从对立得到启迪。你能说出黑与白中对应的事物吗？

(4) 强行联想法

强行联想法是指把无关的事物强制性地联系起来进行创造性思考，从而产生新的观念、新的思路、新的概念。

想一想 你能说出凳子、筷子、本子、票子、儿子、车子、房子、绳子、疯子、裤子……物品之间的联系吗？

(5) 置换联想法

置换联想法是指把具有同样功能的不同事物联系起来，实行相互之间的替代。在各种置换中，可以原理置换、结构置换、材料置换、工艺置换、方法置换等。总之，研究的是对象置换。比如湖南卫视最早推出的水上大冲关活动，可否在森林里、沙漠中或者悬崖边举行？

想一想 旅游景区的沙滩上到处都是纸杯和饮料袋，有什么办法利用它们呢？

(6) 因果联想法

因果联想法是指由于事物之间存在的因果关系而引起的。如由冰想到冷、由风想到凉、由科技想到经济发展等。

想一想 老年人有哪些独特的生理、心理特征？在开发面向老年人旅游产品时，应配套哪些设施或提供哪些服务？

(三) 灵感思维

1. 灵感思维的概念

所谓灵感思维，又称顿悟，它是人们借助直觉启示所猝然迸发的一种领悟或理解的思维形式。诗人的“神来之笔”、军事指挥家的“出奇制胜”、思想家的“豁然贯通”、科学家的“茅塞顿开”等，都说明了灵感的这一特点。它是在经过长时间的思索，问题没有得到解决，但是突然受到某一事物的启发，问题却一下子解决的思维方法。灵感来自于信息的诱导、经验的积累、联想的升华、事业心的催化。

2. 灵感思维的特征与应用

(1) 灵感思维的特征

灵感具有突发性、偶然性、独创性、瞬时性等特征。①突发性：灵感往往是在出其不意的刹那间出现，使长期苦思冥想的问题突然得到解决；在时间上，它不期而至，突如其来；在效果上，突然领悟，意想不到。这是灵感思维最突出的特征。②偶然性：灵感在什么时间可以出现，在什么地点可以出现，或在哪种条件下可以出现，都使人难以预测而带有很大的偶然性，往往给人以“有心栽花花不开，无意插柳柳成阴”的感觉。③独创性：独创性是定义灵感思维的必要特征。不具有独创性，就不能叫灵感思维。④瞬时性：灵感的产生往往是闪现式的，而且稍纵即逝，它所产生的新线索、新结果或新结论使人感到模糊不清。

(2) 灵感思维的应用

灵感通常包括外部机遇引发的灵感(另辟新径、触类旁通、豁然开朗、原型启示、见微知著、巧遇新迹、急中生智)和内部积淀引发的灵感(如自由遐想、久思而至、梦中惊成、潜意识活动产生的思想闪光)。其具体应用主要包括：①久思而至，是指思维主体在长期思考竟日不就的情况下，暂将课题搁置，转而进行与该研究无关的活动。而恰好是在这个“不思索”的过程中，无意中找到答案或线索，完成久思未决的研究项目。②梦中惊成，梦是以被动的想象和意念表现出来的思维主体对客体现实的特殊反映，是大脑皮层整体抑制状态中，少数神经细胞兴奋进行随机活动而形成的戏剧性结果。并不是所有人的梦都具有创造性的内容。③自由遐想，是指研究者自觉放弃僵化的、保守的思维习惯，围绕科研主题，依照一定的随机程序对自身内存的大量信息进行自由组合与任意拼接。经过数次乃至数月、数年的意境驰骋和间或的逻辑推理，完成一项或一系列课题的研究。④急中生智，即情急之中做出了一些行为。结果证明，这种行为是正确的。⑤另辟新径，即思维主体在科学研究过程中，课题内容与兴奋中心都没有发生变化，但寻解定势却由于研究者灵机一动而转移到与原来解题思路相异的方向。⑥原型启示，即在触发因素与研究对象的构造或外形几乎完全一致的情况下，已经有充分准备的研究者一旦接触到这些事物，就能产生联想，直接从客观原型推导出新发明的设计构型。⑦触类旁通，即人们偶然从其他领域的既有事实中受到启发，进行类比、联想、辨证升华而获得成功。⑧豁然开朗，主要是通过语言表达的一些明示或隐喻获得，其中的思想点化，一般来说要“有求”、“存心”、“善点”和“巧破”等四个条件。⑨见微知著，即从别人不觉得稀奇的平常小事上，敏锐地发现新生事物的苗头，并且深究下去，直到做出一定成就为止。⑩巧遇新迹，即由灵感而得到的创新成果与预想目标不一致，属意外所得。

本章小结

所谓策划，就是人们为了达到特定的目的，在调查分析相关信息的基础上，对未来的工作或事件进行科学、系统的筹划和部署的一种创造性思维活动。

策划的科学分类是一项系统工程，其分类依据取决于策划的存在形态、表现形态、应用领域等。策划的形成和演进，本质上即是多种类型的历史文化、社会制度、国民心理结构、经济结构、产业结构、企业形态的一种具体而微的缩影。缘于不同的视角，策划可以有多种分类标准和分类方案。

旅游策划是指旅游相关团队或个人为了达到特定的旅游发展目标，在综合调查分析相关信息的基础上，依托创新思维，整合各类旅游资源，实现资源、环境、交通与市场的优化拟合，实现旅游业发展目标的创造过程。策划学和旅游学构成了旅游策划最基本的理论基础。旅游策划的任务主要是针对明确而具体的目标，建设特定主题或内涵的项目内容，形成游憩方式、产品内容、主题品牌、商业模式，从而形成独特的旅游产品，或全面提升和延续老旅游产品的生命力，或建构有效的营销促销方案，并促使旅游地获得良好的经济效益、社会效益、文化效益和生态效益。

按照不同的标准，旅游策划可以分为不同的类型。按照层次可以分为总体旅游策划和深度旅游策划；按照时间的长短可以分为短期旅游策划、中期旅游策划和长期旅游策划；按照旅游策划所指向的对象分为城市旅游策划、乡村旅游策划、海洋旅游策划、景区（景点）旅游策划、旅游饭店策划等等。

在旅游策划过程中，应坚持创新性原则、特色性原则、人本性原则、可行性原则、一致性原则、前瞻性原则。其核心程序包括旅游策划项目立项、系统调研分析、主题或目标定位、策划创意与筛选、策划方案编制、策划方案修订、策划方案论证、策划方案实施以及策划成果的评估等。

旅游创新实质上也就是旅游策划的创新，策划的过程也就是思维创新的过程。一般来说，一个完整的创新过程可以分为三个阶段：一是“问题”，即发现了现实生活中需要解决的某个问题；二是“构想”，即在头脑中构想解决这个问题的方法；三是“实施”，即把头脑中构想的解决方案付诸实践，从而使问题得到完满的解决。在创新过程的这三个阶段中，最重要也是最困难的就是头脑中的“构想”，即创新思维的阶段。

在依托创新思维进行旅游策划的时候，首先要研究创新思维的对象，它具有无穷多的数量、无穷多的属性、无穷多的变化三个根本特点。其次要研究创新思维的主体，要求具有实践目的、价值模式和知识储备等三个方面的重要特征。在创新思维的运行过程中，针对外界对象的三个“无穷多”，头脑需要采用各种战术加以各个击破，它们就是“对象选取”、“属性抽象”和“动态截取”。

阻碍创新思维的因素有许多种，最主要的要数头脑中束缚思维创新的各种枷锁，也就是思维定势，其中对旅游策划影响较为普遍的是从众型思维枷锁和权威型思维枷锁。只要策划者相信真理往往掌握在少数人手中、有“光荣孤立”的心理准备、承认“一致同意”并非好事、做到众人皆醉我独醒，从众型思维枷锁对其影响就会减弱。根据国外成功的思维训练方案，要想弱化思维中的权威倾向，首先要对思考中所涉及的“权威”进行一番严格的审查，审查的具体内容包括以下五个项目：是不是本专业的权威、是不是本地域的权威、是不是当今最新的权威、是不是借助外部力量的权威、其言论是否与权威自身利益有关。

创新思维有许多技术层面的问题，为了打破思维枷锁、扩展思维视角、激发思维潜能，我们还需要一定的思维技术。常用的思维技术主要包括发散思维、想象、灵感思维等。

讨论与思考

1. 旅游策划与旅游规划之间的联系与区别是什么？
2. 旅游策划有着怎样的发展趋势？
3. 结合创新对象的性质，如何理解景区形象策划中“无穷多的数量”？
4. 旅游产品的创新可以从哪几个方面来考虑？
5. 创意创新对现代旅游产业发展的影响有哪些？
6. 请运用逆向思维，设计以“不做广告”为名义的广告。

扩展技能训练

请以竹子或水果为主题，充分发挥创意思维，设计一个面积约为5000亩的主题景区，要求提供景区平面图（手绘稿）和创意思维发散图。

本章导学

产品是任何一个消费市场和任何一个产业发展的细胞单元，旅游产品更是旅游企业与旅游者之间产生市场交易的核心载体与互动纽带。对于旅游者来说，好的旅游产品必须满足其旅游需求，使其获得难忘的旅游消费体验，让其感受物有所值。对于旅游企业而言，旅游产品更是企业一切经营管理活动的起点和中心，企业正是通过策划、生产、销售能满足旅游市场需求的旅游产品，来获得生存和发展所必需的收益。

同时，随着国内城乡居民生活消费水平的不断提高，旅游消费能力也不断增强，旅游者也日益追求旅游产品消费的个性化、体验化与智慧化，旅游市场细分日益明显，旅游产品体系与类型日益多样化。

通过本项目的学习与实践,要求学生掌握如下专业能力与方法能力:

1. 专业能力目标

- 能有效识别旅游产品的类型及其市场需求量、需求特征;
- 能依据不同分类方式,设计完整的旅游产品体系;
- 能根据实际情况,设计特定主题或任务的旅游产品。

2. 方法能力目标

- 能利用多种途径搜集特定主题的文献资料;
- 能比较分析既有旅游产品的优劣势;
- 能利用创新思维原理开展特定主题产品的头脑风暴。

重点掌握旅游产品,核心产品,配套产品,衍生产品,扩展产品;旅游产品策划,产品概念,旅游产品组合及其长度、深度、宽度和关联度等关键术语。

任务1　认识旅游产品

什么是旅游产品?游客需要什么类型、价位、特征又符合其需求的旅游产品?只有了解了这些,才能真正做好旅游产品的策划。因此,在正式开展旅游产品策划的项目之前,我们要先来认识一下旅游产品,包括旅游产品的内涵与外延、旅游产品的层次构成、旅游产品的类型及其特点等。

一、旅游产品的内涵

(一)产品

所谓产品,是指能够提供给市场,被人们使用或消费,并能满足人们某种需求的任何东西(如一辆汽车、一碗面条、一本书),包括有形的物品、无形的服务、企业文化、品牌或它们的组合。产品一般可以分为三个层次,即核心产品、形式产品、延伸产品。核心产品是指整体产品提供给购买者的直接利益和效用;形式产品是指产品在市场上出现的物质实体外形,包括产品的品质、特征、造型、商标和包装等;延伸产品是指整体产品提供给顾客的一系列附加利益,包括运送、安装、维修、保证等在消费领域给予消费者的好处。

想一想　是不是所有的产品都包含有形的物品、无形的服务、企业文化、品牌或它们的组合?随着时代的不同,是怎样变化的?

无论是历史上,还是当前社会,很多企业要么仅仅生产有形的物品、要么仅仅生产无形的服务,也可能既生产有形的物品、又生产无形的服务。唯独旅游业比较特殊,无论在什么时候,无形的服务必然是其产品生产的重要组成部分。当游客向旅行社购买包价旅游产品时，他们不仅购买了景区、饭店、餐馆、航班等产品的使用权，他们也同时购买了多项服务，旅行社为他们制定游览线路、安排宾馆和交通，沿途为他们提供帮助等。事实上，当游客决定向旅行社购买旅游产品，而不是选择自助游时，目的就是为了得到这些服务。

（二）旅游产品

对于不同的主体而言，旅游产品的内涵是有所不同的。因此，我们可以从两个角度理解旅游产品的概念，即旅游产品的消费购买方和旅游产品的生产提供方。

从旅游消费需求的角度看，旅游产品是指旅游者为了获得物质与精神上的满足和实现旅游过程，支付一定货币购买的有形的物质产品和无形的服务。

从旅游企业供给的角度看，旅游产品是指能够提供给客源市场并引起人们的注意、获取、使用或消费，以满足人们的旅游欲望或需要的任何东西，包括各种有形物品、设施设备、个性服务、组织文化和想法。

无论从哪个角度看，旅游产品都既包括旅游资源和设施等有形产品，也包括各种服务、企业文化等无形产品。因此，旅游产品的策划既包括了通常作为核心旅游吸引物的旅游资源的开发与策划，也包括让旅游者充分体验旅游资源魅力的配套设施设备的设置，当然还包括贯穿于旅游活动始终、构成旅游体验重要部分的旅游服务体系设计等。

二、旅游产品的层次构成

分别从企业与旅游者两个角度认识了旅游产品的内涵，归纳起来，即旅游产品包括资源、设施和服务这三项构成要素。旅游者真正需要的是不是也是这三项要素的组合呢？这需要我们从四个层次上研究旅游产品：核心产品、配套产品、衍生产品和扩展产品（见图 2-1）。

图 2-1

产品的层次构成

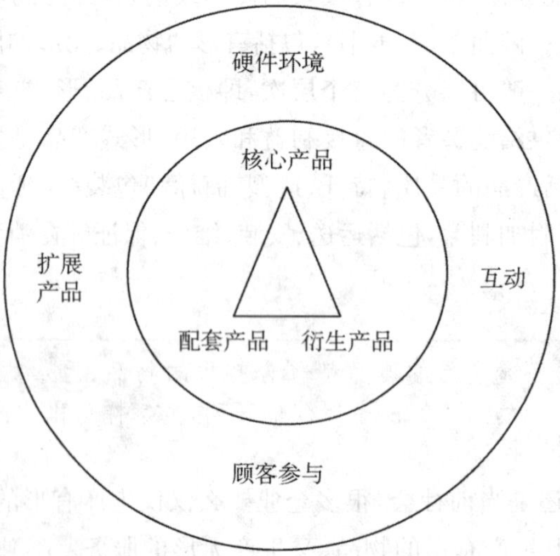

想一想 通过网络搜索德清洋家乐，谈谈乡村旅游产品中核心产品是什么。

(一) 核心产品

真正打动旅游者购买企业旅游产品的核心是什么？这就是旅游产品最核心、最基本的层次——核心产品。正像所有成功的牛排馆都深谙“别卖牛排，卖咝咝声”、咖啡馆“别卖咖啡，卖香味”一样。对于旅游而言，旅游者真正的需要并不一定是美妙的景观，也不一定是舒适的服务，而是在特定情形下因美妙景观、人物或活动等而产生的审美愉悦，是由恰当的服务而感受到的轻松惬意。旅游产品策划必须能够识别旅游产品给特定旅游者带来的核心利益。

想一想 你认为有哪些因素会影响旅游者的满意度？其中哪些是客观因素？哪些是主观因素？哪些是最重要的因素？这些因素可以通过旅游产品的策划予以解决吗？

虽然在特定情形下，部分旅游者的满意度并不受旅游资源的品级、景观的美妙程度与服务技能的娴熟程度等影响，但是大部分旅游者的满意度还是直接与美妙的景观、恰当的服务直接相关。因此，旅游产品的核心利益必须依托有形的旅游资源才能得以彰显，这个资源即为旅游吸引物。旅游吸引物是指一切能够对旅游者产生吸引力的旅游资源及各种条件，它是旅游者选择旅游目的地的决定性因素，也是一个区域能否进行旅游开发的先决条件和构成旅游产品的基本要素。旅游吸引物可以是某个物质实体，如名山大川、文物古迹，也可以是某个事件或习俗，如泸沽湖的走婚习俗、蒙古族的那达慕大会。旅游吸引物的区位、数量和质量等因素的综合很大程度上决定了旅游产品的市场规模。

想一想 德清洋家乐作为长三角地区最为时髦的旅游产品之一，其核心利益所依托的旅游吸引物是什么？与《旅游资源分类、调查与评价》(GB/T 18972—2003)相冲突吗？

(二) 配套产品

配套产品是指旅游者在购买消费核心产品时必须提供的配套物品或服务。没有配套产品，旅游者就无法消费核心产品或者旅游体验会大受干扰。例如，某游客因马尔代夫的“蓝天白云、水清沙白、椰林树影”而去休闲度假，则该游客在消费马尔代夫优质自然资源的同时，必然需要有内部交通、度假小屋、特色餐饮、海洋娱乐等配套设施。因此，在策划旅游产品时，除了需要了解目标细分市场对产品核心利益的期望，还需要了解他们对配套产品的相应要求。

(三) 衍生产品

衍生产品是针对核心产品所追加的代表额外利益的产品部分，它起到与竞争产品相区别的作用。作为一个完整的旅游产品，它一定包含核心产品和配套产品，这样才能使旅游者充分体验其核心利益，但并不是每个旅游产品都包含衍生产品。例如，杭州黄龙饭店等客人入住登记后，酒店的智能管理系统就能自动引导该游客进入客房；部分旅游景区也逐步推进智慧景区的建设，利用手机 APP 软件、二维码、无线网络等信息技术，进一步提升管理水平与个性化服务水平。这些，都是整个旅游产品中的衍生产品。

想一想 配套产品和衍生产品在整个旅游产品中的地位与作用关系如何？两者之间可以互相转换吗？

事实上，配套产品和衍生产品的边界并不总是很清楚。对不同的目标细分市场而言，在不同的产品竞争中，它们可以相互转换。例如，在 21 世纪初期，宽带网络刚刚进入办公场所和家庭时，酒店客房提供宽带上网服务是一项衍生产品，它可以吸引更多需要方便上网的商务型游客，酒店提供这项服务就是为了支持作为核心产品的客房。而现在，大部分酒店（含经济型连锁酒店）都提供宽带上网服务，甚至是免费的无线网络服务。因此，大部分游客已经将酒店配备网络服务作为配套产品，而不再是衍生产品了。

想一想 仔细阅读《旅游景区质量等级的划分和评定》(GB/T 1775—2003)，哪些内容属于景区产品的配套产品？哪些属于衍生产品？

理想的产品策划必须使核心产品设计具有竞争优势，并且拥有不容易被竞争对手复制的衍生产品。值得注意的是，衍生产品应该具有专业的水准，以保证整个旅游产品的质量。提供非专业的衍生产品，有可能导致画蛇添足、弊大于利的后果。也就是说，作为整个产品的配套产品或衍生产品，其产品质量必须与核心产品一致，否则就会张冠李戴。例如，某主题游乐型旅游景区，基本上不具备幽静的休闲度假条件，而硬要推出针对游客的配套休闲或住宿型产品，其结果可想而知。

要确保衍生产品发挥竞争优势，就必须针对目标细分市场的旅游消费行为特征，系统、科学地设计并积极落实并实施到位，他们必须满足甚至超过游客的期望，才能收到积极的效果，真正履行衍生产品在产品整体中的功能——提供更多的竞争优势。

(四) 扩展产品

扩展产品通常包括可进入性或易得性、消费氛围、旅游者与服务人员的互动、旅游者参与，以及旅游者之间的互动等可以强化旅游体验的因素。旅游产品的策划应尽力强化扩展产品的功能。但有很多因素不受企业的直接控制，有时甚至是计划外的产品内容，例如旅游团队中一位游客因为随身携带的休闲娱乐装备丢失，导致无法参与景区组织的具体活动，而对整个团队游客的旅游体验造成了影响，并留下了不好的印象和回忆。

从策划的角度看，核心产品提供了旅游产品策划的主题或焦点，它是产品存在的基础，也是给旅游者一个购买的理由；配套产品是将产品核心价值转移给旅游者所必不可少的；衍生产品是竞争市场中使产品保持竞争优势的重要内容。

三、旅游产品的类型

旅游产品是一个以旅游者的消费需求为中心的整体概念，通常包括“吃、住、行、游、购、娱”等六大功能要素。需求不同,对旅游产品的功能要求不同,对各个要素的组合要求也不同,于是形成了不同类型的旅游产品;地域不同,旅游产品的功能、形态及表现方式也不同;价格不同,旅游产品的质量等级也存在较大差异。

(一) 旅游产品的功能分类

按照旅游产品的功能,可以将其划分为观光游憩旅游产品、休闲度假旅游产品、文化娱乐旅游产品、商贸购物旅游产品等。

1. 观光游憩旅游产品

观光游憩旅游产品是指旅游者以观赏和游览自然风光、名胜古迹、城市风光、节庆赛事等为目的的旅游产品,它构成了世界旅游产品的最主要又最基础部分。通过观光旅游可获得美的享受,愉悦身心,有利健康。观光游憩旅游产品又可分为传统观光游憩旅游产品和新兴观光游憩旅游产品两种,前者主要有自然风光、城市风光、名胜古迹等,后者主要包括国家公园、主题公园、野生动物园、海洋观光、城市观光等。

想一想 进入新世纪以来,各种新型旅游产品不断涌现。是否意味着观光游憩旅游产品已经没有市场了?为什么?

2. 休闲度假旅游产品

休闲度假旅游产品是指旅游者利用非工作时间进行休养、消遣和娱乐的旅游产品,强调休闲和度假。要求旅游企业利用休闲度假旅游地自然景色优美、气候温和宜人、住宿设施令人满意、娱乐设施齐全完善、餐饮富有特色、交通便捷、通讯便利等条件,消除旅游者因工作带来的紧张与疲劳,调节身心健康。休闲度假旅游产品有海滨度假、乡村度假、森林度假、野营度假、滑雪度假、高尔夫度假、游艇度假、温泉度假等众多种类,已成为国内外最受旅游者欢迎的旅游产品之一。

想一想 你家乡的旅游业发展如何?适合发展休闲度假旅游产品吗?为什么?

3. 文化娱乐旅游产品

文化娱乐旅游产品是指以旅游者了解、参与异国他乡文化或某类主题文化为目的的旅游产品,通常蕴涵着较为深刻而丰富的文化内涵或较为突出的主题内涵。文化旅游可以使旅游者对异国他乡的文化艺术、风土人情、生活方式进行比较全面的了解,以扩大视野、丰富知识。产品种类繁多,主要有民俗旅游、艺术欣赏旅游、博物馆旅游、怀旧旅游、修学考察旅游、宗教旅游等。娱乐旅游产品可使旅游者对某类主题文化内涵深入了解,可以是传统文化民俗,也可以是现代乃至未来特定主题的文化活动。

4. 商贸购物旅游产品

商贸购物旅游产品是指以满足人们经营洽谈、商务活动、交流信息、商品购物等需要的旅游产品类型。它强调旅游设施和服务的舒适、便捷和档次,活动计划性强,包括参加会议、奖励旅游、大型商业性活动、公务出差、节庆会展等众多类型。商贸购物旅游产品是传统性比较强的产品类型，但随着现代旅游经济的发展，商贸购物旅游越来越频繁，相关旅游设施和服务也迅速向现代化发展。目前，商贸购物旅游在现代旅游产品结构中占有重要地位。

想一想 按照旅游产品的功能不同，除了上述四种旅游产品外，还有哪些细分旅游产品？

(二) 旅游产品的要素分类

旅游产品是一种综合性产品，由饭店、餐馆、景区、交通等企业生产的单项产品组合而成。旅游者根据自己的需要购买旅游产品时，既可以选购整体旅游产品，也可以购买组合产品中不同的单项产品。按照综合性旅游产品的组成要素，可将旅游产品分为旅游餐饮产品、旅游住宿产品、旅游交通产品、旅游游览产品、旅游购物产品和旅游娱乐产品等种类。

1. 旅游餐饮产品

2012年5月，中央电视台播出美食类系列纪录片《舌尖上的中国》，迅速成为大江南北的热点话题。因此，餐饮美食必然是游客关注的产品内容之一。旅游餐饮产品有两个层次的功能：首先是为了满足旅途中的基本生理需要；其次还包含着品尝异国他乡的风味美食，体验不同地区、不同民族的饮食文化差异的需要。所谓“民以食为天”，中国饮食文化历史悠久、源远流长，民众基础深厚。在策划旅游餐饮产品时，应当注重地方特色饮食文化的开发，使其对旅游者产生文化吸引力，实现第二个层次的功能。

想一想 既然游客对异国他乡的美食特别感兴趣，是否意味着只要提供本地特色餐饮就可以了？这样可行吗？

2. 旅游住宿产品

旅游住宿产品主要是为了满足旅游者休息、恢复体力等基本生理需要。但在现代旅游活动中，住宿设施在满足旅游者基本生理需要之外，还设有购物、康体、娱乐等丰富多样的服务项目，以满足旅游者精神享受的需要。特别是在度假旅游中，度假酒店通常是旅游者活动的中心点，它通常向旅游者提供多种选择的综合性旅游产品。一些著名的度假酒店本身就是一个独立的旅游吸引物，如迪拜的帆船酒店、新加坡滨海湾金沙酒店等。

住宿设施的多少和服务质量的高低，往往成为评价一个国家或地区旅游接待能力的重要指标。旅游者需求的多层次性决定了旅游住宿设施也必然是多种多样的。就使用特点而言，旅游住宿设施分为汽车旅馆、商务酒店、会议酒店、度假酒店、公寓式酒店、经济型连锁酒店、乡村民宿等；按质量等级分，我国有从一星级饭店到五星级饭店五个档次，它们有严格的星级质量标准，不同星级的饭店所提供的服务项目也存在较大的差异。值得注意的是，近年来国内外主要旅游城市均出现了特色文化主题酒店，即酒店是以某一特色文化为主题，来彰显酒店的建筑风格和装饰艺术及特定的文化氛围，让顾客获得富有个性的文化感受；同时将服务项目融入特色文化主题，以个性化的服务取代一般化的服务，让顾客获得欢乐、知识和刺激。

扩展阅读

法云安缦酒店位于杭州西湖西侧的山谷之间，毗邻灵隐寺和永福寺。这里的住宅可追溯至百年以前，以传统做法和工艺修缮一新，砖墙瓦顶，土木结构，屋内走道和地板均为石材铺置。

整个法云安缦酒店的设计概念为“18世纪的中国村落”，尽量保持了杭州原始村落的木头及砖瓦结构，房间以不同形式遍布于整个小村庄中。甚至侍者的制服都使用了与村落极为合拍的土黄色。几乎所有的42套客房都不准备电视，房间内整体的灯光都比较暗，只在必须用到照明的地方才会使用，在这里，灯的功能被退回到18世纪中国村落的蜡烛时代。

酒店拥有47栋独立的院落，每个院落都在门帘处标有自己的名字：乐陶、清泉、芳兰、逍遥、若水疗、吟香阁、法云舍等，它们或是客房、餐厅或者茶室，分布在600米长的法云径两侧。法云径连接永福寺与灵隐寺，朝香客人依然可以通过该小径来往于永福寺与灵隐寺庙。服务及基本设施包括美食餐厅、翻译服务、临时保姆服务、SPA、健身中心、自行车租赁、高尔夫等，房客还可以让酒店安排参与佛寺早课。

注：摘自法云安缦酒店官方网站 http://www.amanresorts.com/amanfayun/home.aspx。

3. 旅游交通产品

旅游交通产品能为旅游者提供由常驻地到旅游目的地的往返服务及在旅游区内的往返服务，其核心功能是帮助旅游者实现空间位移。旅游者购买旅游交通产品，是购买了从一地安全地到达另一地的交通服务，而不是交通工具本身，旅游交通部门在旅途过程中为旅游者提供的特殊体验也构成了旅游交通产品的一部分。一个国家或地区的旅游交通产品越丰富越优良，就越有利于旅游业的发展。事实上，随着旅游者消费观念的转变，旅游交通工具以及道路交通设施亦逐步成为新型的旅游吸引物，如浙江宁海的国家登山健身步道与徐霞客古道，国内外诸多游客慕名而来。

想一想

目前，国内很多城市纷纷效仿杭州，推出城市公共自行车的免费租赁服务，已然成为到访游客解决内部交通的重要方式，也成为一种重要的旅游产品类型。该举措对促进地方旅游经济有什么作用？

4. 旅游游览产品

旅游游览产品主要指旅游吸引物。游览观光是旅游活动的核心内容和主要目的，游览观光的对象就是各种旅游吸引物。旅游资源是旅游吸引物的基础条件，一个国家或地区的旅游业兴旺与否，一方面取决于它客观上拥有旅游资源的丰富程度，另一方面还取决于它在主观上开发、利用和保护这些旅游资源的程度和合理性。旅游者的兴趣爱好多种多样，其旅游动机也各不相同，单一的旅游资源、单调的游览产品难以满足旅游者的多层次需求。因此，多元化进行旅游资源开发和旅游景点建设是一种趋势，这主要表现在三个方面：一是强调自然资源、人文资源的综合开发；二是强调相关互补的旅游景点组合；三是注重旅游资源的创新性开发。

想一想 从古诗“横看成岭侧成峰”一句中，你觉得在旅游资源的创新开发过程中，应注意什么？

5. 旅游购物产品

旅游购物产品是指旅游者在旅游活动中所购买的对旅游者具有实用性、纪念性、礼品性的各种物质形态的旅游商品。旅游者到达旅游目的地后大都要购买一些旅游纪念品、工艺美术品、土特产品及生活用品。这些商品大部分在旅游结束后留作纪念、欣赏或使用，或作为馈赠亲友的礼品，具有某种纪念意义。旅游购物产品从某种意义上是旅游活动的延伸。在吃、住、行、游、购、娱等旅游收入中，前四项收入是基本消费，而旅游购物产品是非基本消费。只要旅游者喜欢，他的购物消费是没有上限的。从这点看，旅游购物产品可挖掘的经济效益潜力巨大。因而世界上旅游业发达的国家和地区都十分重视发展旅游购物，鼓励旅游者在短暂的旅游期间购买本国或本地区的产品，以增加整体的经济效益。

想一想 2013 年 10 月 1 日起，《中华人民共和国旅游法》正式实施，对传统旅游购物点造成了极大的冲击。请问，未来在旅游产品设计过程中，如何设计旅游购物产品才较为合理？

6. 旅游娱乐产品

旅游娱乐产品是指满足旅游者在旅游活动过程中娱乐需要的产品。旅游者在旅途中，特别是晚间，需要通过娱乐来放松精神，加深旅游者之间的交流。因此，旅游娱乐产品成为大多数旅游者的一种基本需要。娱乐产品的体验化、多样化、新颖化、趣味化和知识化，可以充实旅游产品的内涵，从而更广泛地吸引具有各种爱好的旅游者，为旅游目的地增加旅游效益。

扩展阅读

《宋城千古情》已经成为国内乃至国际最著名的演艺旅游产品之一，其重要原因就在于找准了市场定位，把握住了国内外旅游者对夜间旅游娱乐产品需求的态势。

“白天看庙，晚上睡觉”，尽管杭州是全国著名的旅游城市，但在《宋城千古情》问世之前，夜间旅游消费相对贫乏。因此，宋城景区决定在白天演出的基础上，增加夜间演出，使该表演增加到每天 5 场左右。于是，来杭州的游客白天在各景点能感受到静态的历史人文积淀，晚上又能欣赏到《宋城千古情》新颖生动、如梦如幻的艺术视听享受，并很快改变了杭州原来单一的观光旅游格局。

四、旅游产品的特点

与大多数产业的产品相比，旅游产品具有几个明显不同的特性。这些特性使得旅游产品的策划也具有了与其他产品策划所不同的侧重点。因此，我们还必须清楚地认识到旅游产品的特殊性。

（一）有形与无形的统一性

大多数产业的产品都以有形产品为主、以无形服务为辅，它们看得见、摸得着，有时还能被闻到、被品尝。有形产品有重量、占空间，如一辆山地车、一双登山鞋、一盒牛奶都是有形产品。而旅游产品则是有形与无形产品的统一体。部分旅游产品是有形的，比如你在酒店所用的美食、你所购买的旅游商品；而大部分旅游产品是无形的，如景区的导游讲解、乘坐飞机飞行、乘游船观光、参观艺术博物馆或观赏名山大川等体验过程，游客均只能一次性体验，而不能据为己有。虽然飞机的舱位、旅游吸引物等都是有形的物体，但它们是用来辅助创造旅游体验的，它们决不是旅游者所追求的目标。旅游者希望从旅游中得到的是由旅游体验所带来的无形收益：快乐、放松、方便、兴奋等。在旅游中购买有形产品只是为旅游者得到他们所追求的无形体验提供一条通道而已。

因此，旅游产品的大部分内容具有无形性，少部分内容具有有形性。在旅游产品的策划过程中必须重视产品的核心利益，而且要用有效的方式尽量将其效用和优点形象地展示出来。同时，还必须认识到，同样的旅游产品对于不同的旅游者产生的体验可能是不同的。例如，商务旅游者把入住酒店看作完成工作任务的必要组成部分，而休闲度假者把它看作是逃离日常生活环境的一次体验。

想一想　以某一次旅游团队出行为例，列举哪些旅游产品兼具无形性与有形性，哪些旅游产品仅有无形性。

（二）生产和消费的同时性

大多数旅游产品是在相同的地方同时生产和消费的。当游客进入景区时，景区内部的导游讲解服务开始生产（讲解）的同时，也正是游客开始消费导游讲解服务这一产品的时候；当飞机飞行时，游客正同时消费飞行旅游产品。即旅游者参与到了同时生产和消费的环节之中。旅游产品生产和消费的同时性促使旅游企业和旅游者之间相互依赖，彼此之间可通过互动关系塑造独特的旅游体验。此外，旅游产品生产和消费的同时性，导致其产品质量很难严格控制，产品的生产过程很难完全实现标准化管理。由于不同旅游者的需求、偏好、个性各不相同，使每位旅游者都满意的旅游产品不可能有相同的质量标准。所以，旅游企业和服务人员需要针对不同的需求提供不同的个性化产品，以提高游客满意度。为了保证旅游产品能获得一个稳定的满意度，旅游产品策划将面临更高的质量要求和更加灵活的质量监控技术。

（三）不可储存性

旅游产品的无形性、生产和消费的同时性使其不存在独立的生产过程，所以具有不可储存性。只有当旅游者购买并消费时，旅游资源、设施与服务相结合的旅游产品才得以存在。有形产品有一个相当长的保存期限，在这期间它们能够被销售，其价值即会得以实现。而旅游产品不可能像普通产品那样能够被不断生产而储存起来，这意味着旅游产品在生产时，就需要考虑怎样同时将其消费掉。酒店每晚都有一定数量的客房供出租，如果晚间还有剩余客房无人入住，则销售这些客房当晚使用权的机会将永远失去，这一产品可能带来的利润也随之永远消失了。因此，旅游产品策划时要充分考虑产量相对于旅游者数量的匹配性。

想一想　鉴于旅游产品的生产与消费的同时性、不可存储性等特征，在旅游高峰期或旺季来临之前，你觉得旅游企业应该做哪些应对措施？

(四) 季节性或时间性

所谓季节性，是指旅游需求或旅游供给在一年中不同时间段呈现的波动状态。一方面，是由于旅游产品供给要素的季节性影响。比如，只有在春天才能到武汉大学赏樱花，只有在夏天才能感受到莫干山的清凉，只有在秋天才能欣赏到香山红叶，只有在冬天才能开展自然状态下的滑雪运动。另一方面，是由于旅游市场需求的季节性影响。这其中又有两层因素：客观上讲，受自然气候因素影响，游客在一年四季中的出游较有规律，每年春暖花开或秋高气爽之际，全国各地的适游指数较高，出游人数也最多；主观上讲，受各个国家或地区的放假制度影响，使得游客只能在特定时间内集中出行。旅游产品的季节性影响，必然会给旅游产品的生产带来较大压力，表现为旺季的超负荷与淡季的闲置浪费。

想一想　假如你作为旅游景区的经营管理人员，十一黄金周即将到来，为了确保整个景区的有序经营、游客的满意，你觉得应该采取哪些措施以应对大量游客的到来？

(五) 部分产品的独特性

部分有形旅游产品具有可复制性或批量生产的特点（如特色旅游商品），而大部分旅游产品，尤其是无形旅游产品均拥有竞争对手无法复制的特有资源，比如长城景区、故宫博物院、九寨山水等，没有竞争对手有能力再造一个世界奇迹，它们给旅游者带来了其他地方无法提供的独特体验。因此，旅游产品策划应尽可能地强调产品的独特性，这将有助于潜在旅游者识别产品独特的吸引力和利益，也有助于他们在同类产品中独树一帜。

想一想　随着物联网时代的到来，游客随时随地都能购买到世界各地的旅游纪念品或旅游商品。既然如此，旅游目的地还需要专门提供旅游购物产品吗？

(六) 大部分产品的同质性

不是所有的旅游企业和旅游地都有幸拥有垄断性资源，大部分旅游产品（尤其是酒店、餐馆、交通、购物产品）具有很高的同质性。各竞争的旅游企业之间、竞争的旅游城市之间提供基本相同的产品。比如，同样品牌下的经济型连锁酒店，在各个旅游城市的装修风格、服务内容因其标准化的生产过程，导致两者之间没有区别。为了使旅游产品在市场上取得成功，旅游产品策划必须非常重视同质性的问题，关键在于使你的产品与竞争对手的产品相区别，即使这种区别并不具有实际的意义。值得注意的是，除了旅游资源的垄断性带来的产品差异外，旅游产品的其他差异往往能够被很快地复制，比如优秀的服务、特殊的活动。所以旅游产品策划还需要建立一个长期的、不断更新的旅游项目库，以维持产品的差异，确保对游客的吸引力。

想一想　既然大部分旅游产品具有同质性，是否意味着主要对具有独特性的产品进行策划设计？为什么？

（七）旅游产品的互补性

旅游者基本不可能只购买单个旅游产品，对一个旅游产品的购买会引起一连串的购买行为。例如，游客到旅游景区的观赏游玩，则可能顺便会光顾景区附近农家餐馆、购物点，也可能会去附近其他景区游玩。虽然这些旅游企业的所有权是不同的，但它们的命运紧紧相连。旅游产品之间的这种密切关系就是互补性。旅游企业和旅游目的地越来越意识到这种互补性在市场竞争中的重要作用，越来越多的旅游产品策划在跨区域、跨企业、跨行业合作的背景下开展，如他们联合策划产品、联合进行市场推广。例如，经常入住某连锁酒店品牌的常客，如果得到足够积分，可以免费享受出租车或机票打折待遇；景区与附近农家乐旅游点串连起来，欣赏优美风景和体验农家民俗组合起来，丰富游客的旅游体验，增强产品的竞争力。

扩展阅读

浙东南五彩之旅是由台州的临海、温岭和温州的乐清、楠溪江、洞头五地旅游部门共同于2010年秋季发起组建的一个非营利性区域旅游合作组织。该组织宗旨是以丰富的自然资源和人文资源为依托，本着“平等、交流、合作、发展”的原则，打破地域界限，树立区域整体观念，实现“平台互搭、产品互推、客源互送、声势互造、企业互动、优惠互享、信息互通、利益互赢”，共同营造区域内旅游发展的良好环境，共创旅游产品，共塑旅游品牌，开创区域旅游经济及地方经济的新局面。以区域产品建设、品牌塑造和市场推广为主要目标任务。建立了合作组织轮值制度、联席会议制度以及固定的联络机制，确保合作组织工作有序推进。

浙东南五彩之旅地处浙江东南部，五地产品各具特色又相互融合，融合了山水文化、历史文化、田园农家文化、休闲度假文化，均积淀了浓厚的旅游欣赏及游憩价值；临海的古城、温岭的奇硐、乐清的名山、楠溪江的圣水、洞头的仙岛，又使得他们各成一体，风格迥异，独树一帜。浙东南五彩之旅分别代表五地精彩的旅游产品，具有典型的独特性或不可复制性；五地旅游资源又串游贯通、融合交织，一年四季产品不断，特色倍出，打造了休闲、精品旅游的全新概念。

任务2 掌握旅游产品策划的内容与方法

产品的生命周期理论告诉我们,任何旅游产品都有从投放市场到退出市场的过程。为了规避风险,旅游企业除了不断开发新产品以外,还同时经营多个产品项目,以形成产品组合。因此,旅游产品策划包括单项旅游产品策划和旅游产品组合策划。旅游产品的组合策划也必须建立在单项旅游产品策划的基础之上。

一、单项旅游产品策划

旅游产品策划是一项理性的思维活动,它基于详实的市场调查,始于创意形成,经过创意筛选、市场分析与定位、概念成型和市场可行性分析,为产品的后续开发或组合开发做好先导工作。

(一) 创意形成

产品的策划始于创意形成,而创意的来源则往往需要通过系统的捕捉。在旅游企业中,好的创意往往需要在众多普通想法中去发掘。寻找创意的过程应该系统化,而不是几个随意产生的“点子”,否则企业就要在寻找创意的过程中冒险,因为有些“点子”可能与企业的业务类型或者市场的需求结构不协调。为了得到源源不断的产品创意,作为一项系统的工作,企业必须选择几个好的创意源泉。

1. 旅游资源

旅游资源是旅游产品策划的原材料,是衡量旅游产品对旅游者吸引力大小的重要因素,较大程度地制约着旅游产品的功能和开发方向,是产品创意的重要前提与基础。在旅游产品的创意策划中,挖掘资源本身固有的特色十分重要,它使得旅游产品通过传承和彰显具有比较优势的资源属性以获得市场的竞争优势。如,峨眉天下秀、青城天下幽、华山天下险,这“秀”、“幽”、“险”,既是它们的资源特色,也是它们的竞争优势,使得这三座山始终保持我国旅游名山的地位。

值得注意的是,旅游资源的特色是资源自身特有的属性,并不一定都能转化为产品,即使转化为产品,也不一定能得到市场认可。所以,产品创意还不能只是分析旅游资源的特色,还要根据市场需求、分布区位、可进入性、竞争状况等各个要素进行综合考虑,将这些特色与市场需求相匹配,形成市场卖点。

练一练

达利(中国)有限公司位于杭州萧山区,距离杭州萧山国际机场约18 km、杭州火车东站与九堡客运中心均约12 km。创建于1973年,专业从事真丝绸面料的印花及染色加工、真丝绸梭织、针织服装一条龙生产及出口,产品主要销往美国及欧洲,为省级龙头骨干企业。公司总占地面积360余亩,建筑面积达25万平方米,厂区内主要有真丝绸印染、梭织服装制作和针织服装制作三大生产基地。自有品牌August Silk已成为中国在全球销量最大的丝绸女装品牌。

为响应杭州市委市政府“弘扬丝绸之府,打造女装之都”的战略目标，立足杭州市“生活品质之城”的城市品牌，公司投资7个多亿兴建了一个“时尚大气、环保节能、装备精良、技术先进、管理卓越”的“世界一流丝绸女装产业基地——达利丝绸工业园”，同时兴建了亚洲最大的太阳能集热系统，成为“中国环境保护示范单位”和“绿色模范企业”。并在2008年杭州生活品质主题点评活动的“城市美学彰显特色现象区块”中获奖，被媒体称为“中国最美的厂区”。2013年，该公司被评为浙江省第二批工业旅游示范基地。

达利公司正在致力实现“世界丝绸看中国，中国丝绸看杭州，杭州丝绸看达利”的目标，希望推动中国从“丝绸大国”真正迈向“丝绸强国”，希望成为“世界第一丝绸企业，世界级成功服装企业”！

请以“丝绸”为主题，结合公司既有旅游资源，通过对旅游资源属性的分析，列举可供开发的属性特征，提出可能开发的旅游产品，并画出发散思维图。

2. 旅游需求

游客的需求是企业最为直接的创意源泉，几乎有28%的产品创意来自对顾客的观察和征询。通过对旅游者的调查，可以了解旅游者的需求和欲望。旅游企业通过分析旅游者的问题和投诉，可以发现既有产品存在的不足、未来新产品的开发方向。管理人员和营销人员可以通过观察或与旅游者直接交谈、向旅游者发放调查问卷来听取他们的意见和建议。旅游者常常会产生对旅游体验的期望，这些期望常常就包含着新产品的创意。发现这些创意，企业就可以把它们推向市场，并从中获利。

想一想 你觉得可以通过哪些环节或手段获取旅游者的需求信息？

3. 竞争对手

所谓“知己知彼，百战不殆”，只有充分了解行业供给信息（即竞争对手的信息），才能生产出别具特色的产品或新产品。大约27%的产品创意来自对竞争对手的分析。许多旅游企业都专门派人购买或体验竞争对手的产品，借以了解其产品内容、质量水平和市场反映，以判断自己产品的竞争能力和市场地位，并决定自己是否要开发相似产品、开发新产品或改进老产品。旅游企业也非常关注竞争对手的广告和其他渠道传出的竞争信息，这些都是获取产品创意的线索。当采用竞争对手的创意时，企业应该保证至少做得和竞争对手一样好，甚至比他们做得更好。旅游企业的管理人员专门到其他同类企业消费，如餐厅管理人员常常到其他餐厅就餐，景区管理人员常常到其他景区考察，以便激发更多创意。

4. 内部来源

旅游企业可以通过正式的调查与分析过程来发现新的创意。有研究显示，超过55%的产品创意来自企业内部。旅游企业的一线服务人员和销售人员都是很好的创意来源，因为他们每天都与旅游者或公司客户直接接触，非常清楚旅游者需求的变化。

5. 分销商与供应商

分销商与市场联系紧密，能接触大量的旅游企业和客源市场，他们有许多可能引发创意的最新信息。在旅游业中，旅行社是最常见的分销商。对于景区而言，旅行社通常也是他们获取竞争对手和客源市场信息最方便的渠道。供应商能告诉企业一些新概念、新技术和新材料，这些可用于开发新产品。如饭店装修公司能告诉饭店其他饭店正在进行什么风格的装修，灯光工程公司能告诉景区其他景区的迷人灯光效果是如何产生的。

6. 其他来源

企业还应该保持与行业杂志、展销会、研讨会、政府机构、专业咨询机构、广告公司、营销调研机构、大学及科研机构等组织的接触，他们通常也会给企业带来创意源泉。

(二) 创意筛选

不是所有的创意都能转化为产品，也不是所有创意产品都能为企业带来经济效益。创意形成阶段的目的在于促进各种想法的大量涌现，而创意筛选却是要减少想法的数量，准确地抓住能转化为市场效益的好创意，尽可能剔除那些没用的、甚至可能给企业带来高风险的想法。

筛选创意需要一个合理的标准，企业需要对产品、目标市场、竞争状况分别进行分析，并对市场规模、产品价格、产品开发时间和成本以及回报率作一些粗略的估计，此外还需要考虑：这个创意与企业的战略目标是否吻合？企业有没有足够的资源（包括人力、设备、资金等）来保证创意的实现？

在创意筛选阶段，正好应该仔细地审视一下产品线的关联性问题。在策划新产品时，一个常见的错误是策划了一个与企业原有产品组合关联性不高的产品。为了加强策划中新产品与原有产品组合的关联性，我们需要考虑这项产品：是否符合企业的战略目标？是否保护和促进企业的核心业务？是否强化了企业与重要客源的联系？是否更有效地利用了现有资源？是否提高了现有产品组合的竞争力？

试一试 请以前述"丝绸"为主题的产品开发发散思维图，设计出相应的筛选标准，并提出切实可行的开发产品。

(三) 市场分析与定位

大多数旅游产品的同质性或替代性较高。因此，在旅游产品策划过程中必须要突出某些特点或属性，使其产品特征在目标细分市场的消费者心中留下深刻的印象，并最终成为顾客进行比较选择和做出购买决策的重要依据。值得注意的是，这些突出的特点或属性只是消费者心目中的印象，而不是企业对自己产品的标榜。

在产品的正式定位之前，首先要分析当前市场的供求关系。假如某一细分目标市场份额较大，但市场已经有了很多的大型的产品供应商，则你要开发同类产品并占据一席之地也较难；而某些细分目标市场份额虽然较小，但可能一直没有相应的产品供应，说不定蕴含着较大的商机。其次，要分析该目标细分市场的需求特征，包括其旅游消费需求的频率、时空特征、饮食爱好、住宿习惯等等。值得注意的是，之所以成为目标细分市场，必然拥有与其他细分市场不同的特征，这些特征才是最值得关注的。

只有充分了解并锁定了目标细分市场，并深入分析其市场供求关系及其需求特征，我们的旅游产品才能被旅游者识别并认同。而具体市场定位的途径则有很多，旅游企业的产品定位一般有六种可供选择的方法。

1. 根据产品自有特色进行定位

这是最为常见的一种定位方法，即根据自己产品的某种或几种优点，或者说根据目标顾客所看中的某种或几种利益去进行定位。例如，对于景区来说，这些优点或利益可以体现为资源优势，如独特的景观、珍贵的历史遗存、丰富的资源组合等；对于饭店来说，这些优点或利益可以体现为饭店的建筑风格、便利的交通服务、房间的装饰风格等，或者这些方面的任何组合。

2. 根据价格与质量之间的联系进行定位

采用这种方法进行产品定位的企业将产品价格作为反映其质量的标识。众所周知，价格的重要作用之一便是表征产品质量。产品性能越好，服务质量越佳，其价格也越高。例如，对于一个文化内涵突出、品牌影响巨大、服务设施俱佳的主题酒店来说，住宿价格定得高一些，会对游客起到一种知觉暗示，即他们在这里可以得到别样的乐趣。

3. 根据产品用途进行定位

企业根据产品的某种特别用途进行市场定位。例如，一家饭店拥有足够大的会展场地和完备的会议设施，则可以把自己定位在适合举办大型的会展或召开大规模的会议，当会议和会展组织者甚至某些演出活动的主办者寻找会展场所时，这家饭店就能够进入他们的候选名单，从而有了中选的可能；一个休闲农庄拥有各类动漫主题游乐设施，则可以把自己定位在适合开展亲子游活动的农庄型景区。

4. 根据产品使用者进行定位

企业通过营销努力，特别是通过公关活动，同某些社会阶层或社会名流建立起良好、紧密的顾客关系，则会为某些类型的消费者所关注。如在莎士比亚的故乡，莎士比亚剧场附近有一家餐馆，规模很小，服务方面也谈不上有什么令人称道之处，但由于同莎士比亚剧场的演员关系较好，这些演员经常光顾该餐馆，以至很多对莎剧特别是对其演员感兴趣的人也纷纷前来光顾，该餐馆因此成为前来此地观光的游客必去的地方之一。

5. 重新划分产品类别进行定位

企业可通过变换自己产品类别的归属而进行定位，从而扩大或控制自己的目标市场范围。工业企业中有很多运用这种方法进行定位的成功案例。例如，一些酿酒厂商所生产的本来是酒精含量较低的啤酒产品，但它们不将其定位为啤酒，而是定位为软饮料，使其产品打入更广阔的消费市场，有效地扩大了产品的市场规模。在旅游业，有些度假酒店不将自己定位为酒店，而定位于温泉疗养中心之类的场所，从而吸引了大量前来疗养休闲的游客。同样值得注意的是，目前国内很多乡村旅游点纷纷开展创建 A 级旅游景区活动，目的就是为了使之进入大众旅游市场，以获取更稳定的客源。

6. 借助竞争对手进行定位

企业可根据自身的发展目标与资源情况，通过对同类市场中的企业进行分析，筛选出自己的“影子”，并借助竞争对手的知名度来实现自己的定位。通常的做法是通过推出比较性广告，说明本企业产品与竞争性产品在某一个或某一些产品性能特点方面的相同之处，从而达到引起消费者注意并在其心中形成印象的目的。例如，苏州乐园早期的形象宣传口号就是“迪斯尼太远，去苏州乐园”。

(四) 产品概念成型

产品概念是指产品创意的具体化，并用能被消费者理解的术语来加以表述。要知道，旅游者要的并不是一个创意，也不在乎你是如何定位的，而是实实在在的旅游体验。如何将创意转化为旅游者的体验？在前述创意筛选、市场分析与定位的基础上，需要把产品创意进一步具体化为产品概念。有了产品概念，产品的各方面就基本确定了。具体可以从“5W1H”着手进行产品的概念成型。

1. WHY(产品核心价值)

旅游者为什么要购买你的旅游产品，这是产品的核心价值。西奥多·莱维特曾经指出：顾客并不是要买1/4英寸的钻头，而是要买1/4英寸的钻孔。产品策划必须赋予产品明确的核心价值，其核心价值是根据旅游者的需求信息来提炼的。所以，在产品策划过程中，必须站在旅游者的角度来思考问题。

2. WHAT(产品具体内容)

旅游者在消费旅游产品时，将获得何种具体的经历和体验，这就是产品的内容。它是一个非常重要的策划环节，成功的产品策划应该将产品的核心价值完整地传递给旅游者，使旅游者在经过精心策划的旅游经历中充分地体验到这一价值。从产品的功能而言，就要考虑旅游者在未来的体验过程中，具体需要哪些产品，比如吃什么、住什么、玩什么、购什么、乐什么，而这些内容都必须与产品的核心价值直接或间接相关。

3. WHO(产品目标市场)

确定谁是产品的主要消费者，这些目标市场有什么特殊的旅游需求，而这些旅游需求应该是与产品的市场定位、核心价值相匹配的。

4. WHEN(产品上市时间)

产品的上市时间主要有两点：一是产品在什么时间推出广告、上市销售，旅游者在什么时间购买，什么时间消费，如季节性旅游、假日旅游、淡季旅游、旺季旅游、周末旅游等；二是旅游者的购买频率和数量，即多久买一次、一次买多少等，如人们去热带海滨旅游的时间往往集中在冬季，并且以家庭出游和公司奖励旅游的方式居多。

5. WHERE(产品销售渠道)

确定旅游产品信息通过何种途径到达旅游者，通常需要回答以下几个问题，如是否通过旅行社销售？通过一家还是多家旅行社销售？这些旅行社需要在哪些细分市场具有优势？如果不通过旅行社销售，采用网络销售还是直接销售？

想一想

除了旅行社以外，还有哪些旅游产品的销售渠道？请列举。它们之间有区别吗？

6. HOW(如何生产产品)

产品生产的实质是旅游产品生产的初步流程设计，其中的关键是服务质量的确定。服务质量必须支持市场定位的实现，应该满足目标市场的旅游需求。评价服务质量高低的最终标准是“顾客满意度”，服务质量没有绝对的“规格”，只有相对于目标市场顾客的“适用性”。顾客满意度基于旅游者的实际体验和对旅游经历的期望两项主要因素产生。因此，策划服务质量要十分重视目标市场对旅游产品的期望。

(五) 市场可行性分析

企业一旦对产品概念做出决策，接下来就需要对该项产品是否能为企业带来预期的收益做出分析预测。旅游产品的市场可行性分析涉及潜在规模、成本和利润前景的预测，旨在确定它们是否符合企业的各项发展目标。如果符合，产品策划就取得了初步的成功，可以进入产品开发阶段了。

1. 产品市场前景

产品市场前景包括产品市场的大小、打入市场的可能性、需求的持久性、仿制的困难性、此类产品的发展趋势等。

2. 销售前景

销售前景包括产品的需求量和需求时间、产品的销售范围和目标市场、此类产品的销售数量和市场占有率、潜在旅游者数量及旅游者实际购买力、旅游者对新产品的要求和希望、季节变动对销售的影响、与企业现有产品的关系、产品的销售渠道等。

3. 竞争态势

竞争态势包括生产和销售类似产品的竞争者数量，各竞争对手的销售数量、产品系列、产品特点、产品差异程度、竞争策略、竞争变化情况、市场占有率、价格差，以及潜在竞争对手和他们加入该种新产品市场的可能性等。

4. 价格

价格包括竞争产品价格的变动情况，旅游者对此类产品价格的意见和要求，此类产品的价格弹性等。

5. 内部条件

内部条件包括企业设计、开发此项产品所需人、财、物的保证程度，企业的信誉与管理水平，所需各种服务设施的供应能力和服务质量等。

二、旅游产品组合策划

(一) 产品组合的概念

所谓旅游产品组合，指旅游企业所生产和销售的全部产品线和产品项目的组合及结构。产品项目是具有一定使用价值的单个产品，而产品线则指在技术上、结构上满足同一类需求的产品项目的集合；产品项目是组成产品线的单位。例如，某旅行社为了满足旅游者去看山的需求，策划了去黄山、泰山、华山、衡山、峨眉山等多个目的地的线路，它们一起构成了“看山”的产品线，而单独的一条线路就是一个独立的产品项目。同时，该旅游社可能还经营“看海”、“购物”、“商务”等多条产品线，这些产品线一起构成了这家旅行社的产品组合。

产品组合有一定的长度、宽度、深度和关联度。旅游产品的宽度指旅游企业所拥有的不同产品线或产品项目的数量。旅游企业增加产品组合的宽度就是增加产品线数量,扩大经营范围,实行多元化经营。旅游产品组合的长度是指各条旅游产品线中所包含的产品项目的总数。而旅游产品组合的深度则是指某条具体产品线中的每个产品项目所包含的子项目的数量。例如上例中的旅行社,如果它有"看山"、"看海"、"购物"、"商务"四条产品线,则产品组合的宽度为4;而"看山"这条产品线上有去黄山、泰山、华山、衡山、峨眉山五个产品项目,则这条产品线的长度就是5;如果去峨眉山有坐飞机、坐火车、坐汽车、坐轮船四种子项目供旅游者选择,则该产品项目的深度就是4。而产品组合的关联度是指该产品组合中各条产品线在供应方、资源条件、销售渠道、目标市场等方面的关联程度。

旅游企业增加产品组合的长度和宽度可以适应更多层次的不同需求,以吸引更多的旅游者;拓展产品组合的深度可以充分利用企业的资源,增强企业竞争力,提高经济效益;增加产品的关联度有利于企业资源的集约利用,提高其在某个产品领域或客源市场地区的声誉与品牌形象。

(二) 旅游产品组合类型选择

从旅游企业经营面向的客源市场和经营的旅游产品种类看,我们可以把旅游产品组合分为四种类型(图2-2)。

图 2-2

旅游产品组合四种类型的示意图

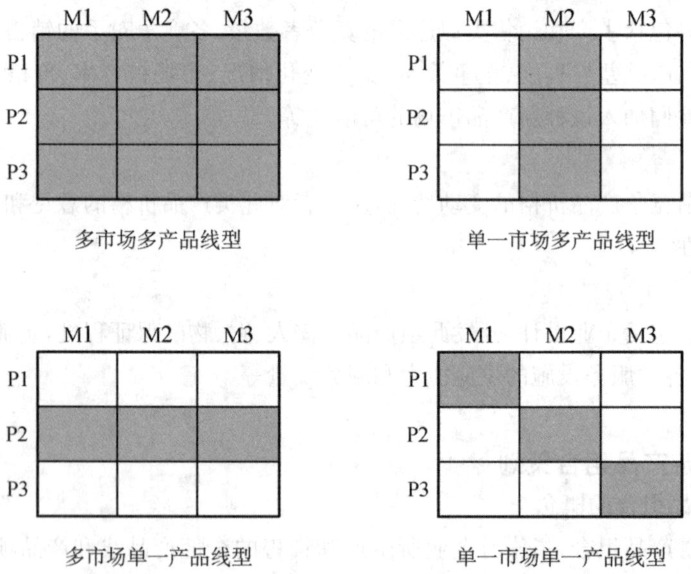

1. 多市场多产品线型

这种类型的产品组合是指旅游企业同时面对多个不同市场,经营多种产品线,又称为全面型。例如,景区可以同时面向学生市场、白领上班族市场、银发市场开展农耕体验产品、休闲养生产品和养老旅游产品等产品线。这种类型的产品组合对旅游企业的综合实力要求很高,因为同时面对多个市场推出多种产品线,经营成本增加,也要求企业有足够的人员全面兼顾，如果没有很强的综合实力是不可能做好的。因此，中小企业很少采用这种产品组合。

想一想 请列举你所熟悉的全面型旅游景区或旅游目的地，并分析原因。

2. 单一市场多产品线型

它指旅游企业向某一个特定的市场提供多种产品线。如专做奖励旅游的旅行社，他们针对公司客户这一特定市场，推出国内、国外各著名度假胜地的各种价位、不同时间长短的奖励旅游产品。采用这种产品组合的企业可以集中精力在特定的目标市场上，研究他们的特点，有针对性地采取营销策略，但缺点在于市场的规模有限，并且容易受到客观因素的影响，风险较大。

想一想 请列举你所熟悉的单一市场多产品型旅游景区或旅游目的地，并分析原因。

3. 多市场单一产品线型

这一类型的产品组合指旅游企业只生产特定的旅游产品，但却面向很多市场。例如，某山水类的景区面向不同客源市场只推出山水观光产品。经营这种产品组合的旅游企业容易进行管理、树立品牌、生产出专业化的旅游产品，但缺点是由于产品类型的单一而导致企业经营的风险加大。

想一想 请列举你所熟悉的多市场单一产品线型旅游景区或旅游目的地，并分析原因。

4. 单一市场单一产品线型

该类型指在为某一特定的市场生产特定的产品，并不是指只为一个市场生产一种产品，企业可能为另一个特定市场生产另一种特定的产品。经营这种产品组合有利于企业在不同的市场上生产适销对路的产品，扩大销售，减少风险，但缺点是经营管理的成本较高。

想一想 请列举你所熟悉的单一市场单一产品线型旅游景区或旅游目的地，并分析原因。

(三) 旅游产品组合策略选择

旅游需求在不断变化，旅游企业选择了某种产品组合类型后，还必须根据市场需求的变化、企业自身实力和资源条件的发展来调整产品组合，为企业寻找最有利的市场契机。旅游产品组合策略就是为企业动态调整产品组合的路径。

1. 产品线扩展策略

企业超出其现有的产品经营范围而增加同一产品线上产品项目的数量叫做产品线

扩展,主要包括向上扩展、向下扩展和双向扩展。

产品线的向上扩展是指企业提高生产产品的档次,由生产低档产品为主转向生产高档产品为主。企业预计高档产品的销售增长率和利润率较高而自身也具备打入高端市场的能力,就倾向于采用这种策略。采用这种策略的最大风险在于旅游者难以相信生产低档产品的企业有生产高档产品的能力,同时企业还要承受来自高档产品生产企业的反击,而且市场可能因其前期的低档印象而不认可。如某四星级度假酒店,为了提升其产品档次,不仅全面整改了相应的服务设施与设备、装饰了住宿环境,而且增设了相应的游泳池等健身设施与休闲娱乐设施,并顺利挂牌五星级酒店。

产品线向下扩展指最初定位于高端市场的企业增加其低端产品的生产。采取这种策略时,企业生产的低档产品可能会在市场上影响其高档产品的销售,使企业的高档产品形象受损。

定位于中端市场的企业决定向低档和高档市场扩展其产品线叫做产品线的双向扩展。采取这种策略对企业的综合能力要求较高,但取得成功后很可能就会占据市场的领导地位。

2. 产品线填补策略

产品线填补策略是指企业在其现有的产品线范围内增加一些产品项目,其目的主要是充分利用企业的剩余资源,增加销售量,满足消费者的不同需求,填补市场的空隙以防竞争者的侵入。采用这种策略时应注意使每个产品具备显著的差异,避免企业自己的新旧产品自相残杀。

3. 产品线削减策略

由于旅游产品销售具有比其他产品更强的季节性和易波动性,旺季时采用的旅游产品组合到了淡季往往会出现利润低甚至亏损的现象。及时削减和调整这些产品组合,把企业资源更多地用到利润高的产品上,有利于提高企业利润。当旅游旺季到来时,也应该及时调整产品组合,延长产品线以抓住市场需求扩大带来的市场机会。

任务3 旅游产品策划实训

一、实训目的

掌握进行旅游产品策划的一般步骤和每一步的关键环节。熟悉产品策划的过程,能根据资源条件、市场需求与竞争者情况等进行产品创意和筛选,能按照5W1H的框架熟练地进行产品概念成型。

二、实训要求

请根据策划背景材料的介绍,并自主查阅相关网站与资料,利用杭州西溪国家湿地公园现有的资源及未来发展方向,结合目前旅游市场需求的变化,深入分析目标旅游者的需求特征,策划符合特定目标群体的旅游产品。

三、实训背景材料

(一) 杭州西溪国家湿地公园材料

1. 简介

西溪，古称河渚，“曲水弯环，群山四绕，名园古刹，前后踵接，又多芦汀沙溆”。如今的西溪国家湿地公园坐落于杭州市区西部，横跨西湖区与余杭区两区，离杭州主城区武林门只有6公里，距西湖仅5公里。历史上的西溪占地约60平方公里，现实施保护的西溪湿地总面积约为11.5平方公里，分为东部湿地生态保护培育区、中部湿地生态旅游休闲区和西部湿地生态景观封育区。在2012年1月10日，杭州西溪国家湿地公园荣升国家AAAAA级旅游景区。

西溪湿地以其独特的风光和生态环境，形成了极富吸引力的一种湿地景观旅游资源。湿地内河流众多，水渚密布，温度适宜，雨量充沛，植被繁多，大面积的芦荡，众多飞禽走兽，到处鸟语花香，空气清新，景色宜人。在西溪，你可以泛舟湖漾港汊，可以垂钓河塘柳阴，秋风中可以观柿听芦，冬日里可以探访梅花，也可以在初春时踏青漫步，在夏日下采菱赏荷，其中的野趣妙意，真是令人流连忘返。

西溪之重，重在生态。为加强生态保护，在湿地内设置了费家塘、虾龙滩、朝天暮漾三大生态保护区和生态恢复区。入口处设湿地科普展示馆，园区内有三个生物修复池和一块湿地生态观赏区。西溪还是鸟的天堂，园区设有多处观鸟亭，给游客呈现出群鸟欢飞的壮丽景观。

西溪人文，源远流长。西溪自古就是隐逸之地，被文人视为人间净土、世外桃源。秋雪庵、泊庵、梅竹山庄、西溪草堂在历史上都曾是众多文人雅士开创的别业，他们在西溪留下了大批诗文辞章。深潭口百年老樟树下的古戏台，据说还是越剧北派艺人的首演地。

西溪民风，淳厚质朴。每年端午节在深潭口举行的龙舟胜会，历史悠久，形式独特，被誉为“花样龙舟”。烟水渔庄附近的“西溪人家”、“桑·蚕·丝·绸故事”重现西溪原居民的农家生活劳动场景，让更多的人认识和了解水乡典型的民俗。西溪湿地国家公园，是国内第一个也是唯一的集城市湿地、农耕湿地、文化湿地于一体的国家湿地公园。

2. 主要景点

(1) 福堤：“福堤”是一条南北向的长堤，全长2300米，宽7米，位于蒋村港的西面、深潭口港的东面，自南向北贯穿了整个西溪国家湿地公园，中间串起六座“福”字桥，分别名为元福桥、永福桥、庆福桥、向福桥、广福桥、全福桥。六个“福”字，寄托了西溪百姓美好的心愿，散发着无限浓郁的乡情。“河是自然，桥是文化”，福堤“六福桥”先后串接起了御临古镇、高庄、交芦田庄、交芦庵、曲水庵、洪园、河渚街、蒋村集市……众多景点，是西溪的一条文化堤，其意为杭州是“最具幸福感的城市”。

(2) 绿堤：“绿堤”是一条东西向的长堤，全长1600米，宽7米，两侧多接鱼塘，鱼塘基上植被丰富，生态环境良好，景观优美。在绿堤的东部和城市相接的区域就坐落着“一带四区”西溪湿地植物园——绿堤湿地植物群落展示带和包家埭水生植物群落展示区、西侧水生花园展示区、东侧水生花园展示区、湿地经济植物展示区。绿堤穿越了西溪的核心保护区,自西向东串起了湿地生态植物园和湿地生态主要科研科普项目……是西溪的一条生态堤,与杭州市打造生态城市相呼应。

(3) 寿堤:"寿堤"位于西溪湿地三期内,与五常港并行,南北走向,全长约 3600 米,宽 4.5 米,是西溪湿地中最长的一条堤。南起五常大道湿地三期入口处,北至文二西路南侧的水上巴士码头,两岸纵横交错的水域,百年的树木码头,形成自然天成的生态景色。将龙舌环绿、慈航送子、龙舟胜会、洪园隐秀、幔港寻幽、桥亭思母、柿林秋色、村埭田园等西溪美景串珠成链。漫步堤上,如在画中游,举目远眺,可见群山叠翠,山影与河港交相呼应,景宇肃澄,令人心旷神怡。寿堤的取意与杭州市打造健康城市的目标相一致。

(4) 秋芦飞雪:初名大圣庵,始建于宋。"庵水周四隅,蒹葭弥望,花时如雪。"陈继儒取唐人"秋雪蒙钓船"诗意,题名"秋雪"。自宋而元、明,屡有兴废。清南浔商贾周庆云从住持明圆手中购得庵址,重建大殿三楹及弹指楼,复以旧制,并增三楹置为"两浙词人祠堂",奉祀唐张志和以下词人 1044 人,后毁。2005 年重建,是西溪景区内唯一需舟楫才能到达的景点,也是西溪湿地的精华景点之一。

(5) 火柿映波:柿子树,被誉为长寿树,七绝果。前人称赞:"柿有七绝:一长寿,二多阴,三无鸟巢,四无虫蠹,五霜叶可玩,六佳果可食,七落叶可书。"每当金风送爽之时,一树树饱满次第呈现眼前。

(6) 龙舟胜会:自古以来,每年农历端午节,西溪四邻八乡之龙舟胜会于此,这一传统民俗活动至今长盛不衰。相传清乾隆帝南巡江南,曾在深潭口观赏蒋村龙舟,欣而口敕"龙舟胜会",自此西溪龙舟声名远播。每年端午龙舟胜会,深潭口和五常河道两岸人声鼎沸,热闹非常,古戏台上戏曲、武术、舞龙舞狮精彩纷呈,水中几百条龙舟来往穿梭,试比高低,象征西溪人勇猛顽强,百折不挠,追求美好生活。

(7) 莲滩鹭影:西溪综保工程,极大地改善并恢复了生态环境。西溪已成了鸟类和各种湿地生物的天堂。莲花滩生态保护区位于西溪腹地,是西溪主要的观鸟区,植被丰茂,绿水环绕,鹭鸟飞翔天际,鸣禽宛转丛林,生意盎然,野趣纷呈。

(8) 洪园余韵:洪氏家族是宋、明、清时期著名的"钱塘望族",明尚书洪钟晚年归隐于西溪五常,建洪园,为休憩吟咏之所,槿篱茅舍,小桥横溪,此后洪氏家族在五常繁衍生息数百年,涌现出了洪楩、洪升等一批历史名人。当年,洪钟承先世遗业,青缃盈积。构书楼,课子弟,闲与老农村翁究晴雨、话桑麻,怡然自乐。此次复建,尽现园内峰石崩云,花木扶疏胜景。体现宁静淡泊、远离喧嚣的归隐文化。

(9) 蒹葭泛月:该景点位于五常港东御田里。西溪环迴五常,四周一望沙汀水濑,蒹葭弥望。土风淳厚,有黄橙、红柿、紫菱、香茶之美,四时皆宜,宜秋更宜月。秋深蒹葭吐絮,遇风吹,漫天秋雪。月夜泛舟芦港,四望茫无边际,晶光摇曳,皎洁眩目,月明溪动,光漾天际。厉鹗诗云:"一曲溪流一曲烟",非亲临其境,不知其美也。明人施万于月夜泛舟西溪,有诗写道:"白露带蒹葭,月光翻在水。恍若御天风,高歌云汉里。"

(10) 渔村烟雨:地处西溪腹地,原为西溪自然村落,2005 年西溪一期综保工程中予以修缮。有西溪酿酒、婚嫁、桑蚕、渔耕等民俗农事展示及餐饮设施。其周边水塘交错，环境幽静，树木繁荫。尤适雨至，凸显“一曲溪流一曲烟”的迷人景色。

(11) 曲水寻梅：西溪梅墅位于西溪湿地公园的东南片，毗邻河渚精华“秋雪庵”景点，与附近的梅竹山庄、西溪草堂、西溪水阁等，共同构成西溪梅竹休闲区。其周围梅花成林，浑然朴野，是西溪主要赏梅区之一，重现“过客探幽休问迳，雪香深处是西溪”的意境。

(12) 高庄宸迹：高庄，又名西溪山庄，俗称西庄。始建于清顺治十四年(1657)至康熙三年(1664)之间，是清代高士奇在西溪的别墅。高士奇，杭州人。其学识渊博，能诗文，擅书法，精考证，善鉴赏，被清人比作李白、宋濂一流人物，所藏书画甚富。康熙二十八年(1689)，康熙南巡时，曾临幸西溪山庄，并赐“竹窗”二字和诗一首。现恢复的高庄由高宅、竹窗、捻花书屋、桐荫堂、蕉园诗社等建筑组成，再现了当年康熙临幸高庄的历史场景。

(13) 河渚听曲：河渚是西溪湿地的一处古地名，在西溪东北。恢复的河渚街是游客休闲、购物的场所，展示西溪特有的民俗文化和西溪物产等。可在茶馆品茗，在商铺购买西溪小花篮、蓝印花布、西溪米酒、糕团、古荡盘柿、竹笋、西溪鱼制品等土特产，在蒋相公祠堂瞻仰赈济扶贫、乐善好施的蒋氏三兄弟，在古戏台欣赏越剧表演，在龙舟展示馆参观西溪龙舟发展史，欣赏工匠的龙舟雕刻和模型制作。

(14) 洪园：以五常水乡文化，洪氏文化为内涵，是西溪国家湿地公园中具有湿地水乡特征的重要功能区块，独特而迷人的自然风光，深厚的历史文化，深郁的田园水乡风情，使得这里的“洪园余韵、龙舟胜会、蒹葭泛月、火柿映波和寿堤”成为了西溪三堤十景中独具特色的景点。

(15) 秋雪庵：位于西溪河渚湿地最中心的水域的秋庵，四面环水，只有靠小船划桨才能进入。因在孤岛之上，向东向南是一望无际的芦苇滩地，一片白茫茫的意境。明代大书画家陈继儒便取唐人诗句“秋蒙钓船”的意境，题名“秋庵”。秋庵以民国时期老照片为依据，结合周围的自然风貌和前人的文字记载和诗文意境，重新设计恢复。秋庵是“秋八景”的核心景区，也是河渚胜地的静幽之境。

(16) 深潭口：四周河港相连，呈十字交叉，水面宽广，加上独特的地理优势和环境氛围，最适宜龙舟竞划。因此，蒋村每年端午节的龙舟胜会，都设在此处，人来舟往，热闹非凡。竞划龙舟是西溪历代相传的传统民俗活动，始于唐，兴于南宋，盛于明清。它为西溪人民的生活增添了无限的乐趣，为西溪的乡俗风情增色不少。如今的深潭口河两岸间隔着两三米就有一个青石板埠头，岸上有数十户民居，夹杂着座座石桥、数个葡萄藤架，江南水乡柔情依旧。

(17) 藏书楼：荷花、桃花、竹子，谓之连理三瑞，洪皓筑堂，名之“三瑞堂”。洪钟曾孙洪楩在西溪湿地构筑藏书楼，亦以“三瑞堂”名之。

(18) 清平山堂：杭州明代的刻书坊中，洪氏家族明代后裔洪楩的清平山堂有着重要的地位，所刻之书产生了重要的影响。清平山堂是洪楩刻书的堂名，原址位于杭州城内清平山仁孝坊(俗称清平巷)，洪楩所刻书皆署清平山堂，所刻之书“既精且多”。其中产生重要影响的有《路史》、《清平山堂话本》等。今在西溪重建，主要展示了杭州刻书历史的整体面貌和清平山堂刻书所取得的成就，同时互动项目还可以让你亲手感受刻书印书的乐趣。

(19) 洪氏宗祠：宗祠是一个家族祖居地的标志性建筑，更是家族文化延续和家族成员凝聚团结的象征，在家族文化中占有核心地位。杭州洪氏家族被誉为钱塘望族，洪氏宗祠原址位于西溪五常洪家埭，是杭州洪氏家族后裔的聚居地。重建的洪氏宗祠占地1200余平方米，由门屋、享堂和寝殿等组成，展示有杭州洪氏家族的先祖画像、神祖牌位、家规祖训、昭告和楹联匾额等。

(20) 吉祥文化馆：吉祥文化，源远流长，博大精深，是中国优秀传统文化的重要内容。它凝结着中国人的伦理情感、生命意识、审美趣味与宗教情怀。吉祥文化馆，以丰富多彩的吉祥图案和吉祥物，展示了中国吉祥文化的源远流长。其中重点介绍了江南地区和五常一带的吉祥文化及其表现形式，同时丰富的纪念品又可以让您在感受吉祥文化的同时将吉祥带回家。

(21) 中国湿地博物馆：中国湿地博物馆是国家林业局批复同意建设的中国唯一的一座国家级的湿地博物馆，馆址位于杭州市西溪国家湿地公园主入口，西溪天堂边酒店群旁。博物馆以“绿丘”为主要意象：完全用绿色植被覆盖的建筑主体几乎埋入人工山丘中，矗立其上的观光标志塔则与“绿丘”呼应，面朝湿地、斜向挑出的圆盘高30多米，既能俯瞰西溪湿地全景，又隐喻为大自然中迸出的新芽。有4个主厅，分别为序厅、湿地与人类厅、中国厅和西溪厅。

(二) 资料索引

- 杭州西溪国家湿地公园官网. http://www. xixiwetland. com. cn.
- 百度百科. 西溪国家湿地公园.
- 周少雄. 杭州西溪湿地游[M]. 杭州浙江文艺出版社，2009年.
- 周膺，吴晶. 西溪湿地的文化与历史[M]. 北京：中国社会科学出版社，2013年.
- 林正秋. 杭州西溪湿地史[M]. 浙江古籍出版社，2013年.

(三) 策划案提纲参考

1. 产品现状分析

1.1 产品市场供求分析

1.2 区域产品开发现状

2. 目标市场分析

2.1 客源市场现状

2.2 细分市场特征分析

3. 产品策划总纲

3.1 策划任务解析

3.2 产品策划思路

3.3 产品策划目标

4. 产品体系设计

4.1 产品谱系设计

4.2 主题旅游产品策划

4.3 区内旅游产品策划

4.4 区际旅游产品策划

5. 市场开拓策略

5.1 市场开拓思路

5.2 目标市场定位

5.3 主题产品形象与宣传口号

5.4 营销对策与措施

6. 产品运行管理

6.1 产品预算

6.2 产品经营与管理

四、实训组织与过程

(一) 组建实训组织机构

为了便于各地师生方便开展此项实训,可就近选择相应的旅游景区或校企合作单位。

1. 指导老师

建议设置校内专业指导老师1—2名,企业指导老师1—2名。其中,校内专业指导老师具体负责产品策划的技术操作流程,企业指导老师负责帮忙实地调研、分析产品策划的可行性等。

2. 学生分组

建议将全班划分为若干个实训小组,每个小组设项目组长1名,成员4—6名。项目组成员宜随机分配,不宜把同寝室、同地区、同性格的同学划归一组。

(二) 实训的具体过程

1. 现场调研考察与讨论交流

由专业指导老师带队,至企业现场与企业指导老师汇合,并由企业指导老师及其助手带领学生实训团队对企业进行专题性调研、考察,以尽可能多地搜集资料。

2. 旅游产品的策划与论证

根据旅游产品策划的创意形成、创意筛选、市场分析与定位、产品概念的成型以及可行性分析等步骤,进行旅游产品的策划与论证。

3. 实训成果的评价与总结

由校内专业指导老师、企业指导老师及学生代表组成实训成果评价小组,对每个实训小组的成果进行综合评价;事后,每个实训小组形成最终的总结报告,提交校企双方。

五、实训成果评价细则

(一) 评价主体及其权重

本次实训成果的评价建议由校内指导老师、企业指导老师及学生代表(每个实训小组各选1名代表)参加,权重分别为40%、40%和20%。

（二）评分细则

表 2-1 旅游产品策划方案评价标准

任务名称：__________ 汇报人：_______ 第___组 指导老师：________

评价内容		评价分值	评价标准	评价得分
策划内容	内容完整性	25 分	包括具体任务、现状分析、客源分析、策划思路与目标、产品谱系、产品表述、开拓策略、运营管理等，每缺一项扣 3 分。	
	产品主题及内容策划	25 分	策划内容吻合特定游客需求得 21—25 分；基本吻合得 10—20 分；不甚吻合或不吻合得 0—9 分。	
	产品设计的科学合理性、准确性	15 分	科学合理准确得 12—15 分；基本合理准确得 6—11 分；不甚合理准确得 0—5 分。	
表现方式	PPT 演示稿	15 分	PPT 演示稿条理清晰、表现到位得 12—15 分；条理基本清晰、表现基本得体得 6—11 分；其他方面得 0—5 分。	
	现场演讲	10 分	演讲者形象气质佳、演讲流利、条理清晰者得 8—10 分；形象一般、演讲一般 5—7 分；其他方面得 0—4 分。	
	现场答辩	10 分	现场答辩流利、回答内容准确得 8—10 分；答辩一般，内容基本准确得 5—7 分；其他方面得 0—4 分。	
评委签名：			合计得分：	

本章小结

旅游产品由旅游资源、配套设施和无形服务的组合共同构成，旅游产品的策划既包括旅游资源的开发策划，也包括配套设施、设备的策划，还包括贯穿于旅游活动始终、构成旅游体验重要部分的旅游服务策划。旅游产品可分为四个层次：核心产品、配套产品、衍生产品和扩展产品。从策划的角度看，核心产品提供了产品策划的焦点，它是产品存在的核心；配套产品是将产品核心价值转移给旅游者所必不可少的；衍生产品是竞争市场中使产品保持竞争优势的重要内容；扩展产品将提供什么与如何提供联系到了一起。按照产品功能，旅游产品可划分为观光游憩旅游产品、休闲度假旅游产品、文化娱乐旅游产品、商贸购物旅游产品等；按照旅游产品的组成要素，可将旅游产品分为旅游餐饮产品、旅游住宿产品、旅游交通产品、旅游游览产品、旅游购物产品和旅游娱乐产品等。与大多数产业的产品相比，旅游产品具有有形与无形的统一性、生产和消费的同时性、不可储存性、季节性或时间性、独特性、同质性、互补性等特点，这些特点对旅游产品的策划提出了独特的要求。

旅游产品策划包括单项旅游产品策划和旅游产品组合策划。旅游产品策划是一项理性的思维活动，它基于详实的市场调查，始于创意形成，经过创意筛选、市场分析和定位、概念成型和市场可行性分析，为产品开发做好先导工作。产品策划的创意可源于旅游资源、旅游需求、竞争者、内部来源、分销商与供应商等多个方面。面对多项创意方案，可通过对产品创意是否符合企业的战略目标、是否保护和促进企业的核心业务、是否强化了企业与重要客源的联系、是否更有效地利用了现有资源、是否提高了现有产品组合的竞争力等方面的判断进行创意筛选。然后通过明确产品类别、产品功能、产品特色、产品目标市场、产品性价比、产品与竞争对手的差异等六个方面为产品定位。在产品创意和定位的基础上把产品概念具体化，确定产品核心价值、产品功能与市场需求的匹配关系，设计产品的具体内容，确定产品最适宜的上市时间和最有利的销售渠道，明确产品的开发程序。最后，通过对销售前景、盈利能力、竞争能力、开发能力、资源保障等方面的预测和估算判断产品的市场可行性。

旅游企业为了最大效率利用资源、降低经营风险、增强竞争力，通常同时生产和经营多项旅游产品，旅游企业所生产和销售的全部产品线和产品项目的组合及结构就是产品组合。旅游企业必须选择适合企业自身条件的产品组合类型，选择合理的产品组合策略来动态调整产品组合的长度、宽度、深度和关联度，以获得最佳的产品组合竞争力。

讨论与思考

1. 旅游产品的特点对旅游产品的策划提出了什么特殊的要求？

2. 市场供需关系对旅游产品的竞争力有什么影响？

3. 面对我国出境旅游规模快速扩大的现实，国内旅游景区的产品策划应采取怎样的应对措施？

扩展技能训练

目前，国内各大旅游景区经常会接待各类具有特定需求的旅游消费者或旅游专业团队。如何在有限的时间内，根据其特有的需求，更多、更好地体验到景区产品的独有价值或组合特点，是景区提升知名度、美誉度以及营造良好发展环境的关键。请以杭州西溪国家湿地公园为例，制定专项旅游线路产品，具体任务要求如下：

任务1：3月20日，小雨，4℃—10℃，上午10:00—11:00，某省政府分管旅游的副省长将在省市旅游局等相关政府部门领导的陪同下考察西溪国家湿地公园，考察团约20人，重点将考察西溪国家湿地公园自一期开业以来经营管理、招商引资、转型升级等方面的内容。请据此设计专项旅游产品。

任务2：4月3日，晴，10℃—20℃，上午9:30—16:00，国家某部委领导人携家人到西溪国家湿地公园观赏游玩，共6人(含1名8岁小孩)，将在园内用中餐。请据此设计专项旅游产品。

任务3：4月20日—21日，阴有小雨，10℃—18℃，共两天，由上海某重要旅行社带团到西溪国家湿地公园，该团主要成员为某大型国企的中高层管理人员，到访的主要目的是商务会议、休闲游憩与观光(即20日上午接团，下午开会，晚上活动；21日全天休闲观光)。请据此设计专项旅游产品。

任务4:5月15日,晴,17℃—27℃,上午9:30—11:00,国家环保部、省环保厅等相关领导、专家一行共15人将到西溪国家湿地公园考察,主要任务是考察西溪国家湿地公园在环境治理、生物保护、游客管理等方面的内容。请据此设计专项旅游产品。

任务5:6月1日,阴,15℃—25℃,上午8:30—16:00,杭州市某幼儿园组织了约100名游客的亲子团,主要任务是亲子互动、科普游乐与观赏。请据此设计专项旅游产品。

任务6:7月20日,晴,28℃—35℃,下午14:30—16:30,某在建湿地公园的相关管理人员共10人来西溪国家湿地公园考察取经,主要任务是环境整治、规划设计、项目建设、经营管理等方面的内容。请据此设计专项旅游线路产品。

任务7:9月10日,多云,24℃—32℃,上午9:00—15:30,江苏苏州某重要旅行社将带一批40人的中学教师团到西溪国家湿地公园观赏游玩。请据此设计专项旅游产品。

任务8:10月20日,阴,10℃—18℃,上午9:00—13:30,上海某重要旅行社将带一批40人的退休干部团到西溪国家湿地公园观赏游玩。请据此设计专项旅游产品。

项目三

旅游节事活动策划

本章导学

自20世纪90年代起，节事活动作为一个全球性的产业不断地演变和发展。节事活动能够帮助人们宣传活动举办地，吸引游客。作为旅游业的一种新形态，节事活动能够促进地区经济繁荣与发展、促进地区之间的文化交流与互动。目前，无论是国际社会，还是某个国家、某个地区乃至某个景区，也无论是城镇、乡村还是海滨，都对节事活动有着前所未有的兴趣。

节事活动的策划与举办，既是完善旅游者"吃、住、行、游、购、娱"中"娱乐"元素的重要举措，也是国家或地区乃至某个旅游景区提升人气、增强品牌影响力的有力载体。

通过本项目的学习与实践，要求学生掌握如下专业能力与方法能力：

1. 专业能力目标

- 能清楚地区分节事活动的几个相关概念的内涵；
- 能深入理解节事活动的特征、功能，并能有效识别不同类型的节事活动；
- 能熟练掌握节事活动策划的各个步骤，熟练完成相应的工作内容；
- 能贯彻实施小型节事活动，并能对其进行综合评价。

2. 方法能力目标

- 能利用多种途径搜集特定主题的文献资料；
- 能通过市场调研比较分析既有旅游节事活动的优劣势；
- 能有效调动团队成员的积极性，合力完成策划案并组织实施。

重点掌握节日、活动、事件、庆典、节事活动；标志型旅游节事活动；创新型主题策划、改进型主题策划、分裂型主题策划、重组型主题策划；标志物；主办单位、承办单位、协办单位、支持单位等关键术语。

任务1　认识旅游节事活动

一、旅游节事活动的概念和类型

（一）几个相关概念

1. 节日

节日是世界人民为适应生产和生活的需要而共同创造的一种民俗文化，是世界民俗文化的重要组成部分。《现代汉语词典》将节日解释为：“①纪念日，如五一国际劳动节等。②传统的庆祝或祭祀的日子，如清明节、中秋节等。”中国历史悠久，所孕育的节日活动十分多姿多彩，无一不是代代相传的文化资产，个别的节日形式虽然风格迥异，但都保留了一定程度的先人智慧及经验成果。它们反映了民族的传统习惯、道德风尚和宗教观念，寄托着整个民族的憧憬，是岁月长途中欢乐的盛会。节日往往是以年为单位周期的，主题、时间、地点相对固定。

2. 活动

对于活动一词，人们有多种不同的解释。以《现代汉语词典》中收列的解释为例，活动一词通常有以下几种解释：（物体）运动；动摇；不稳定；灵活；不固定；指钻营、说情、行贿；为达到某种目的而采取的行动。“节事活动”中的“活动”是指积极的、有一定社会意义的行动，而且是围绕着预定目标，为达到预期效果而采取的行动。人类有组织的活动包括两种类型：一类是常规活动，如学校每年举办的运动会；另一类是非常规活动，如国家旅游局每年以提出的旅游主题年而展开的系列活动，这种活动往往是临时的、一次性的，而且有清晰的起始期限，也可称为“项目”活动。后者即是“节事活动”中的“活动”所指，而且活动的影响范围有大有小，小到一个家庭的生日宴会，大到一个国家的国庆大典，更有多个国家和地区参与的奥运会、欧锦赛等这样的特大型活动。很多情况下，活动的主题往往会随着开展的内容、时代特征的不同而不断更新，且举办时间、地点、周期等都具有不确定性。

3. 事件

《现代汉语词典》中对"事件"的释义是历史上或社会上发生的不平常的大事。事件本身是一个中性的概念，既有正面的事件（如捐助事件、维权事件等），也有负面的事件（如"9·11"事件、菲律宾人质事件等）。可见，"事件"与"活动"两者的中文含义大不相同。进入21世纪以来，国内开始出现了针对"事件"与"事件旅游"的研究，提出了一些与"事件"相关的概念，如"重大事件"、"特殊事件"、"标志性事件"、"事件旅游研究"等。与此同时，也出现了"重大活动"、"大型活动"、"特殊活动"、"标志性活动"、"活动项目"等提法。在涉及策划与管理之时，为了避免使用混乱，使用"活动"一词较为准确。

4. 庆典

《现代汉语词典》将"庆典"解释为：隆重的庆祝典礼，如十周年庆典、大桥落成庆典、黄帝祭祀大典等。它是一个宽泛的概念，包括两个方面的含义：首先，是某个民族、国家或世界为纪念、庆祝某一特殊的日子、事件而约定俗成或以法律、法规形式固定下来的庆祝典礼，它往往以年为单位周期，并且主题、时间、地点都相对固定，这层含义的庆典属于前面的节日范畴，如中国的春节、国外的圣诞节、黄帝祭祀典礼等；其次，是任何组织或个人以任何名义举办的定期或不定期的主题、时间、地点相对不固定的庆祝典礼，这层含义的庆典属于前面的活动范畴，如电影的首映庆典、新婚庆典、开业庆典等。

（二）节事活动的界定

"节事活动"的内涵十分丰富，由于看问题的角度不同，对节事活动的定义、译名也不同，如节庆、节事、节事活动、盛事、庆典、活动、事件等。通过前面对节日、活动、事件、庆典等相关概念的辨析，可以将节事活动划分为两个范畴：节日和活动。这样，我们就可以把旅游节事活动定义为：在一定条件下，能够对人们产生吸引，并可以被用来开发成消费对象的节日和活动的总和。

想一想 你所听到或经历过的旅游节事活动有哪些？具体属于哪一类呢？

（三）旅游节事活动的类型

了解旅游节事活动的类型对于开发和策划旅游节事活动和旅游业的发展有着十分重要的意义。节事活动内容广泛，形式多样，可以根据不同的标准，站在不同的角度对其进行分类。

1. 按规模和重要性划分

按照规模和重要性，旅游节事活动可以分为特大型、标志型、重要型、中小型等四类。

（1）特大型旅游节事活动

特大型旅游节事活动是指那些规模庞大以至于影响整个区域经济，并对参与者和媒体尤其是国际媒体有着强烈的吸引力并引起反响的活动。什么样的节事活动可以称之为特大型节事活动呢？如奥运会、世界杯、世界博览会等这种规模宏大、参与国家和人数众多、经济影响明显的节事活动就属于特大型节事活动。

（2）标志型旅游节事活动

标志型旅游节事活动是指那些与某个城镇或地区的精神或风气相似，以至于它们成了这个地方的代名词，并获得了广泛认同和知晓的旅游节事活动。大型旅游节事活动在某个地方仅仅举办一次，只能在短期内提高该地的知名度或改善其形象，很难成为该地的标志型节事活动。只有那些因为某种节事活动而使该地广为人知，或者由于某个节事活动具有强大的表现力而成为这个目的地的旅游主题或核心吸引力时，这样的活动才能称为标志型旅游节事活动。因此，标志型旅游节事活动是能够在一个地方重复举办，大多是一年一次的节事活动。对于举办地来说，它具有传统、吸引力、形象或名声等方面的重要性。这类节事活动往往是为了提高本地的旅游景点或地区吸引力而设计的，通过每年或有规律活动的举办来宣传自己，吸引旅游者，打开国内外市场。并随着活动的发展和成熟，与举办地融为一体，成为某地的代名词。如西班牙的斗牛节、爱丁堡文化节、悉尼同性恋节、戛纳国际电影节、博鳌亚洲论坛、巴西狂欢节、千岛湖秀水节等。

（3）重要型旅游节事活动

从范围和媒体关注的程度来看，重要型旅游节事活动就是那些能吸引大量观众、媒体报道和经济利益的活动。这些活动极大地激发当地居民的兴趣，吸引着当地人们的参与，并为增加旅游收入提供极大机遇，如第十二届全国区域旅游开发学术研讨会、第九届世界休闲大会、F1赛事、国际田径锦标赛、世界体操锦标赛等。随着国际重要节事活动市场竞争的加剧，国际体育组织和各国政府越来越多地参与策划、举办和承办这类重要活动。

（4）中小型节事活动

在类型众多、主题各异的中小型节事活动中，各类会议、舞会、庆典、颁奖仪式、中小型体育赛事或企业、政府的社交活动占据了大部分。如杭州西溪国家湿地公园的火柿节、中国徐霞客开游节等。

2. 按活动的属性划分

按照旅游节事活动产生的属性，又可分为传统节日、现代庆典和其他节事活动。

（1）传统节日类节事活动

从发展的历史看，传统节日又可进一步细分为古代传统型和近代纪念型两类。古代传统型节日是对历史文化的追溯，也是对民族文化的传承与弘扬，如重阳节的大型登山活动、端午节的赛龙舟活动、新春元宵节的逛花灯活动、西方的圣诞节和复活节等。近代纪念型包括各国国庆节、国际劳动节、三八妇女节、五四青年节等。

（2）现代庆典类节事活动

一是与生产劳动紧密联系的节事活动，如深圳的荔枝节、菲律宾的捕鱼节、阿尔及利亚的番茄节、摩洛哥的献羊节、西班牙的鸡节等。这类活动也是各地旅游景区举办最为活跃的旅游节事活动之一。二是与生活紧密联系的旅游节事活动，如潍坊国际风筝节、重庆的中国美食节、浙江浦江书画水晶节等。

(3) 其他节事活动

主要包括各类会议、展览和体育盛事等。

3. 按内容划分

根据旅游节事活动内容的不同，将其划分为体育、文艺、商业市场营销和促销、会议和展览、节日庆祝、家庭、筹集等。

(1) 体育类旅游节事活动

开展于世界各地的体育运动，不仅能超越所有社会、种族、语言的界限，被称为世界人民沟通的桥梁，也提供了具有吸引力、富有竞争性的大量就业机会。世界杯足球赛、富豪精英杯业余高尔夫球赛、法国网球公开赛、美国职业联盟明星赛、迪斯尼冰上乐园等，既可以说是体育活动，又可以称为娱乐活动，已经成为人们日常生活的重要组成部分，并成为公众喜闻乐见的休闲方式，或参与，或观赏。

(2) 文艺类旅游节事活动

近年来，各类文化娱乐型的活动如雨后春笋，并逐步形成了系列产品，比如宋城集团推出的以《宋城千古情》为首的千古情系列、张艺谋团队打造的以《印象刘三姐》为首的印象系列。《宋城千古情》用最先进的声、光、电等科技手段和舞台机械、以出其不意的呈现方式演艺了良渚古人的艰辛、宋皇宫的辉煌、岳家军的惨烈、梁祝和白蛇许仙的千古绝唱，把丝绸、茶叶和烟雨江南表现得淋漓尽致，极具视觉体验和心灵震撼，被誉为“世界三大名秀”之一。《宋城千古情》创造了世界演艺史上的奇迹：年演出 1300 余场，旺季经常每天演出 10 场，从 2013 年开始，宋城大剧院和千古情大剧院同时演出，一天可接待观众 5 万余人。目前，已累计演出 15000 余场，接待观众 4500 余万人次，是目前世界上年演出场次和观众最多的文艺类节事活动产品之一。

想一想 传统文化娱乐型的产品在演艺过程中，需要注意哪些问题？如何才能迎合现代人的需求？

(3) 商业市场营销和促销类旅游节事活动

市场营销和促销活动的目的是挖掘潜在的客户，获得更多消费者的青睐，使自己的产品体现出与众不同的特色。消费者、潜在的购买者、销售商都可能是活动的参与者或观众，媒体往往也关注这些活动，并给予及时的报道，在短时间内产生轰动效应。比如，近几年来几大电商在每年 11 月 11 日“光棍节”推出的“双十一网购狂欢节”即为此类。

(4) 会议和展览类旅游节事活动

据国际会议协会(ICCA)的统计，每年在世界各地举办的参加国超过 4 个、参会外宾超过 50 人的各种国际会议已达 40 万次以上。此外，据不完全统计，世界上每年还要定期举行 4000 多个大型展览会。全世界每年仅用于会议的开支就达 2800 亿美元。目前，各类会议和展览类旅游节事活动，已经成为企业开展企业文化建设、奖励员工、加强与外部交流的重要载体，也是旅游企业对外营业收入的重要方式之一，尤其是综合型旅游景区或旅游度假区，已经成为企业会奖旅游的重要目的地。

（5）节日庆祝类旅游节事活动

节日庆祝类旅游节事活动都来自于对生活的热爱，尤其是传统节日，不仅有着悠久的历史，而且其形成过程，也是一个民族或国家历史文化长期积淀凝聚的过程。它的起源和发展是一个逐渐形成、潜移默化、慢慢渗入到社会生活的过程。人们通过各种方式，举行各种庆祝活动怀念先人，借以寄托自己的思念，表达自己对朋友、亲人的美好祝愿。此外，随着现代社会精神文明需求转变，对各类新型节日庆祝类旅游节事活动的需求也逐步增加，如旅游景区在植树节推出的各类“绿化地球、保护环境之旅”、在儿童节推出的各类“亲子互动、温馨家庭之旅”等各类特色活动。

（6）家庭类旅游节事活动

家庭聚会、家庭宴会、婚礼、野外旅行等形式，尤其新年、圣诞节正是家庭成员聚集的好时机，与娱乐活动联系在一起。近年来，随着国内居民旅游消费理念的改变，全家集体出游过春节的现象已日益明显。《旅游法》实施之后，最具人气的自由行产品也“大展拳脚”。受2013年底电视综艺节目《爸爸去哪儿》热播的影响，其相关产品的主题亦以“亲子有爱、中国风行”为主，家庭游、亲子游等均为各大旅行社或旅游目的地的重推产品之一。

（7）筹集类旅游节事活动

筹集活动是将志愿者、非营利性机构的支持者聚集到同一个社交场合中，以轻松愉快的方式向来宾介绍筹集活动的目的，并最终筹集到足够的资金。筹集活动的大多数目的都是筹集资金，通过早餐会、午餐会、晚餐会或招待会、剧院演出或艺术画廊开幕聚会、体育活动、拍卖会等形式进行。如2008年6月1日，香港演艺界举行了“5·12关爱行动”大型义演，为汶川地震灾区筹款。

4. 按主题不同划分

按照旅游节事活动主题的不同，可以分为宗教、文化、商业、体育、政治五类。

（1）宗教类旅游节事活动

宗教类旅游节事活动包括麦加朝圣、西藏晒大佛、伊斯兰教古尔邦节、复活节、佛教的观音菩萨生日等，也是各地最为热闹、民族性最强的旅游节事活动之一。

（2）文化类旅游节事活动

文化类旅游节事活动有巴西嘉年华、哥伦布航海500年历史纪念日、柏林国际电影节、上海文化艺术节等。

（3）商业类旅游节事活动

商业类旅游节事活动比较著名的有五年一次的世界博览会、一年两次的广交会、一年一度的法兰克福书展等。

（4）体育类旅游节事活动

体育类旅游节事活动最著名的要数奥运会，其他还有世界杯足球赛、F1方程式大赛、网球大师杯赛等。目前，随着国内各地运动休闲类旅游产品的不断培育壮大，相关运动休闲类旅游节事活动也不断推出，如杭州富阳市每年举行的富春江运动节等。

（5）政治类旅游节事活动

政治类旅游节事活动如两国建交互访周年庆典、世界银行大会、APEC、上海合作组织年会、中俄国家年等。2005 年 7 月，中俄两国领导人共同宣布，根据《〈中俄睦邻友好合作条约〉实施纲要》，中俄两国将于 2006 年在中国举办“俄罗斯年”，2007 年在俄罗斯举办“中国年”。中俄双方确定了“俄罗斯年”徽标，图案为代表中国和俄罗斯的大熊猫和棕熊，身着中、俄两国国旗，背景为中国天坛和俄罗斯瓦西里升天大教堂。首届中国俄罗斯年的活动涵盖了政治、经贸、文化、教育、卫生、体育、传媒、科技、军事和地方等中俄两国合作的各领域，主要包括 8 个国家级大型活动项目和近 200 项其他项目。

5. 按组织者的不同划分

以组织者分类，旅游节事活动包括政府性、民间性、企业性三类。

(1) 政府性旅游节事活动

政府出面组织的公益节事活动可成为政府性节事活动，如春节或中秋的联谊活动、五一和国庆的联欢晚会等。

(2) 民间性旅游节事活动

这是指民间组织的自发节事活动，如彝族的火把节、法国的狂欢暴饮节、伦敦诺丁山狂欢节等。

(3) 企业性旅游节事活动

这类活动是指企业组织的商业性节事活动，如某超市十周年活动、摩尔莲花新闻发布会暨网页设计大赛、北京中国酒店博览会等。

想一想 政府、民间以及企业组织的旅游节事活动，其主要目的分别是什么？请举例。

此外，除了上述几种分类，还可以按照节事活动涉及的内容多少、节事活动的参与程度等标准进行分类。

二、旅游节事活动的特征

旅游节事活动是地方民俗文化的重要组成部分，是一项社会文化活动。同时，旅游节事活动也需要投入人力、物力和财力，也会拉动地方经济的发展，所以也是一项经济活动。旅游节事活动是一项特殊的旅游产品，通常具有如下特征。

(一) 时间性或周期性

“节”的原意最早是指物体各段之间相连的地方，由此衍生为划分岁时的节事活动，即包含周期性。因此，旅游节事活动的突出特点就是时间性、周期性。它总是在一定的时间内或特定的季节举办，或者一年一次、或者两年一次，也可能是一年两次，视具体节庆活动而定。也正是旅游节事活动的时间性或周期性，打破了人们正常的生活、工作秩序，给民众带来了新鲜和刺激，如每年春节，全国各地居民均会返回家乡，与亲朋团圆，从而也有了众所周知的“春运”。当然，固定的时间性也有利于旅游节事活动的举办安排、营销、接待等。其时间性或周期性，是由其主题或载体所决定的，相当一部分节事活动沿用了原来的农时来分隔划分，或者在形成中包含了季节性因素，如哈尔滨的冰雪节、千岛湖的秀水节、云南罗平的油菜花节等；有的则与特定时间的神话传说或纪念活动有关，如赛龙舟与纪念屈原；有的则是考虑到在特定的时间容易安排节事活动或容易吸引游客。

想一想　在日常生活或旅游过程中，你所碰到的旅游节事活动的举办周期如何？是否有规律可循呢？

(二) 短期性

有些节事活动能够遵循着一定的周期连续举办，而有些犹如“昙花一现”只举办一次或几次。对于某一项节事活动来说，都有时间限制，都在事先计划好的时段内进行。不管是有规律连续举办的节事活动，还是根据需要随机举办的节事活动，每一次活动都只能延续一定的时段，而不能零距离地和下一届活动相连，即节事活动都是短期性的。

想一想　在日常生活或旅游过程中，你所碰到或听到的旅游节事活动通常持续多长时间？假如两次同类型的旅游节事活动首尾相连，会产生什么影响呢？

(三) 群众性

节事活动并不是主办方自编、自导、自赏的独角戏，它的预期目标和所有的功能都是通过广大群众的参与来实现，故广泛的群众参与构成了节事活动的基础。节事活动举办之时，往往也是群众文化生活的高峰，特别像春节、国庆节、圣诞节、万圣节、情人节等这样的传统节日，几乎每个人都汇入节事活动的“洪流”之中，受到节事活动文化的熏陶。节事活动的热闹场景最具群众性，广大城乡特别是少数民族地区的群众文化，可以说是以节事活动为轴心开展起来的。

扩展阅读

每年的11月11日被称为“光棍节”，同时也是众商家炒作的节日，所有商场、超市以及网购电商都在这一天前后推出各种抢购活动来促销。2012年11月11日零点，天猫“1111购物狂欢节”正式拉开大幕。截止到12日0点，淘宝网双十一购物狂欢节以全网总销售额191亿元结束。其中，天猫销售额132亿元，淘宝销售额59亿元。2013年双十一淘宝总销售额350.18亿元，浙江省在活跃交易省份排名中位居榜首。

(四) 民族性和地域性

所谓“一方水土，养一方人”，不同地域的自然环境不同，不同民族的文化传统也不同，而且两者之间有着内在的联系，由此衍生出来的节事活动也富有浓厚的民族性和地域性，这以传统的节事活动最为突出，如云南节事活动的创办多是依托云南地方优势的少数民族文化和传统。另外，历届奥运会的开幕式也都是各国民族性或地域性的集中体现。

试一试　通过观赏2008年北京奥运会和2012年伦敦奥运会的开幕式，据此总结两国之间的民族或民俗差异。

(五) 主题性

尽管各种节事活动的内容或项目丰富多彩，但都离不开特定的主题，这些主题或约定俗成、或自发形成、或策划形成。如2010年上海世博会的主题是“城市，让生活更美好”(Better City, Better Life)，下设有五个副主题，分别是“城市多元文化的融合”、“城市经济的繁荣”、“城市科技的创新”、“城市社区的重塑”和“城市和乡村的互动”。主题是节事活动的宗旨、灵魂或灯塔。如果说节事活动的主题是绳索，那么节事活动项目则是这绳索上的珍珠。当然，一个节事活动的主题可能不止一个，但这些主题之间必须有着内在的关联或由一个主要的主题附带一些相关的小主题。例如，清明节的主题就是悼念亲人或先人(扫墓)，但也附带有借机休闲娱乐的功能(踏青)。

(六) 综合性

大多数的节事活动都包含着多项社会活动，具有广泛的包容性，涵盖着经济、宗教、伦理、艺术、技艺、娱乐等活动。长久以来，节事活动一直就是民族文化、地域文化的综合应用，是诸多文化活动的集合体，是民族文化、地域文化的博览会。例如，2012年杭州西湖国际博览会的节庆项目有大学生创意生活节、宜居生活节、宠物嘉年华、GPS定向赛、中国扇艺文化节、中华老字号精品博览会、2012年网货交易会、桐庐山花节、太子湾公园郁金香花展、超山梅花节，会议项目有世界华人地区老年人长期照护会议、中国竹叶学术大会暨金砖国家竹业合作论坛、中国(证券)期货资产管理大会、首届全球华人遗传学大会，展览项目有宠物文化博览会、工艺美术精品博览会、中国杭州国际汽车工业展览会、“转型升级・香港博览”(杭州)展览会、浙江家居建材博览会等。实际上，要举办一次成功的旅游节事活动，还必须配备交通、住宿、餐饮、购物、娱乐、游览、通信、医疗等诸多配套服务内容，也是其综合性的重要体现。

三、旅游节事活动的功能

旅游节事活动的举办不仅仅在于吸引旅游者、消费者、赞助商、承包商等参与者，而且还在于成功举办后所能带来的多种牵动效应。它既能推动当地经济的发展，带来物质文明方面的经济效益，又能为当地文化的定位奠定基础，带来精神文明方面的社会效益。经济发展和社会发展是良性互动的关系，在两者相互促进、相得益彰、协调发展的基础上，达到与自然、人文等环境效益的高度统一。尤其是大型节事活动，对国家、地区或城市发展产生的影响是难以估量的。

想一想　旅游节事活动对当地的政治、经济、文化、社会、生态等方面的积极影响有哪些？消极影响又有哪些呢？

(一) 经济功能

1. 促进旅游业的发展

旅游节事活动针对的是休闲和商务两大旅游市场，所以它产生的经济效益更大。如奥运会不仅是国际体育界的一次聚会，也同样是大规模的世界盛事，它吸引的不仅是运动员、教练员、各国政府体育部门的官员、赛事报道的记者、各类体育用品和消费品的供应商，也同样吸引了世界各国的人民。事实证明，奥运会的成功举办不仅能推动旅游业的发展，而且更能对一个主办城市和地区的经济发展产生难以估量的整体推动作用，其经济效益远远大于一般的会议和展览。北京奥运会结束后，全球消费者在聊起旅行生活时最时髦的话题就是“要去中国”。全球著名调查机构AC尼尔森公司的调查结果显示，北京奥运会成功地提升了中国的国际形象，也将给中国旅游业带来巨大的广告效应。AC尼尔森公司对全球16个国家和地区的消费者展开了调查。数据显示，有八成受访者在北京奥运会举行前从未到访过中国大陆。其中，近五成以上受访者表示，有意向前往中国旅游。在16个国家和地区的受访者中，新加坡和中国香港的受访者对于出游中国大陆，表现出前所未有的热情。

从实践来看，通过本地旅游资源、民俗风情、特殊事件等因素的优化融合，举办别出心裁、丰富多彩的节事活动，一方面可以吸引游客，另一方面可以调整旅游资源结构，为当地旅游业的发展提供新的机会，延长旅游旺季，并能较好地解决旅游淡季市场需求不足的问题，甚至形成一个新亮点。在北方地区，通过冬季举办滑雪、溜冰等冬季竞技性体育活动及其他文化活动，既可以充分利用当地的旅游资源，又可以缓解旅游市场的淡旺季。如在哈尔滨国际冰雪节期间，有逾百万游客到访，市内各大宾馆酒店的入住率比平时普遍提高了30%—50%。

想一想 旅游节事活动真的有助于削弱淡旺季的差别吗？如果在旅游淡季举办旅游节事活动，可能存在哪些风险？

2. 带动相关产业的发展

任何一次节事活动都具有一定的主题，配合这一主题的生产厂家或者说整个产业都可以在节事活动中获得收益。如举办一次国际电影节，必将迎来大量的电影拍摄制作、剧本创作、品牌时装生产商、明星或星探、影视拍摄基地的光临。各类表演活动、发布会、展览馆、洽谈会，激发了本地文化旅游业及相关产业、生产厂商的创新意识，为他们提供了商务交流的平台，蕴涵了巨大商机。如节事活动商品的开发使得地方工艺品和土特产品等重新得到重视，带动了传统艺术和相关产业的挖掘、保护、培植和开发。再如，潍坊国际风筝节，形成了庞大的风筝产业，并促进了与风筝相关的产业发展，国际风筝节成为拉动潍坊经济新的增长点，世界风筝联合会总部也在潍坊落脚。

3. 改善基础设施

举办节事活动，可以极大地促进城市的交通、通讯、城建、绿化等基础设施和配套设施的建设，美化城市环境。如广州市从2005年到2010年共投入城市重点基础设施建设资金1090亿元，用于改善城市面貌，大力整治城市环境，以满足亚运会的举办要求。

2002年，上海为了迎接APEC会议，对各条景观道路的建筑进行了"整容"，面积达300多万平方米，路面达到历史最好状态。再如，为成功举办第四届东亚运动会，澳门特区民政总署成立绿化工作小组，从2003年起在3年内斥资数千万澳门元在全澳20多个圆形地、绿化带进行大规模的绿化工作，包括改善泥土、加建硬件设施、重植树木和花卉等。

4. 具有很强的后效性

节事活动给举办地带来的效应不仅仅局限于当时所创造的效应部分。对于举办地的人们来说，通过节事活动获得了大量的信息，挖掘出了大量的商机，相当于参加了一次免费的交流会；对于举办地来说，改善了当地的基础设施，优化了社会公共环境，创造了良好的投资环境，给参加节事活动的人们留下了好印象，培育了一批潜在的投资者。这些效果不一定在当时就能够表现出来，也许会经过很长时间才能显现。比如，北京奥运会结束之后，"水立方"、"鸟巢"等奥运场馆，已经成为到北京旅游团队的必选景点；上海世博会虽然已经结束，但是以中国馆为代表的部分场馆依然吸引着世界各国的游客。

(二) 社会功能

1. 弘扬传统文化，展现现代文化

节事活动对于弘扬传统文化，彰显传统文化的丰富内涵和个性，推进国内外文化交流与合作，促进文化的传承、发展和经济社会的全面进步，具有积极而深远的影响。如山东曲阜利用几千年的文化积淀，创办了国际孔子文化节，将当地已沉睡了几千年的历史遗迹生动再现，使传统文化焕发了活力。南宁国际民歌节，不仅把潜藏在民间的艺术活力借助现代传媒展现在人们面前，而且从民歌的优美旋律中，使人们感受到团结、祥和、繁荣、发展的时代脉搏和健康向上的美好气息。通过充分挖掘民歌文化中的审美精神，从中提炼出有益于现代社会和现代人的文化思想和生活理念，营造现代生活的艺术氛围。

节事活动在弘扬传统文化的同时，也展示了现代文化。现代节事活动需要有经济的轮子，但其核心是人文活动，而人文活动的最高境界是艺术化。旅游节事活动的艺术化与艺术节庆活动的大众化，也正是节事活动的关键所在。如大连国际服装节就张扬了大连城市文化的特色，融会了中西文化，使人们从服饰文化、展览文化中感受到更深层次的文化底蕴，提高了城市文化的品位，加快了城市文化基础设施的建设，促进了城市商业文化的合理走向，形成了大连独特的多层次的文化特色。

2. 塑造形象，提高举办地知名度

旅游地形象的塑造是一个综合的系统工程，需要花费大量精力和进行很长时间的宣传，才能塑造成功，而大型节事活动对目的地的形象塑造和改善作用，是其他营销手段所不能比拟的。例如，1964年东京奥运会和1972年慕尼黑奥运会，主办城市所在国日本和联邦德国均利用奥运会扭转其第二次世界大战中遗留的不良形象，收到了积极的效果。悉尼的"绿色奥运会"为悉尼乃至澳大利亚塑造了可持续发展的积极形象。澳旅委认为，悉尼奥运会使澳大利亚的形象塑造向前推进了10年。成功节事活动的主题能够成为举办地的代名词，使得节事活动与举办地之间形成一种很强的对应关系，能够迅速提升城市知名度。海南的博鳌原本是一块穷乡僻壤，在建成国际会议中心后，以其良好的生态和人文治安环境，吸引着众多海内外会议组织者，博鳌亚洲论坛使得博鳌乃至整个海南的知名度大大提高，其会展业也成为海南省经济发展的新增长点。

3. 促进和加强了民族、地区间的交流

交流主要是通过经济往来、文化接触、民族融合实现的，但是更多的是通过民间的接触，节事活动是民间交流最主要的一种渠道。在节事活动中，家人团聚、亲朋好友往来、合作伙伴互访。在这些人员往来中，互相介绍情况，交流生产、生活经验，接受外来事物。节事活动中的这种“礼尚往来”，一是增强了家庭、家族或行会团体的感情联系，加强团结；二是这种人际关系的交往，必然促进社会文化的交流，有助于文化的提高和传播；三是通过节事活动，促成了许多人或单位的相识与合作。如于 2007 年 3 月 26 日正式启动的俄罗斯“中国年”中的各项活动“生动活泼”、“十分有趣”，引发了俄罗斯民众对中国的极大兴趣，受到了俄罗斯各界人士的关注和喜爱。对于不少俄罗斯民众而言，“中国年”既是重新认识当代中国新貌的开始，同时也是再次发现中国文化的起点。

4. 给参与者带来精神上的愉悦

节事活动的参与对广大消费者来说，是日常紧张而忙碌工作后的一种休闲，一种享受，适当的、有节制的放松不仅有益于身心健康，而且也为欢乐之后带来工作效率。首先，节事活动基本上是一种富裕的表征，当然，这种富裕与金钱有一定的关系，但节事活动最主要的还是精神上的富裕。节事活动的根源就是来源于人们对生活的热爱。其次，节事活动可以采用一切可能的形式让感情得到自由的宣泄，真正的节事活动可以使参与者精神愉快，从而更加热爱生活，大大提高工作的主动性和创造力，提高人们的生活质量。

任务 2　掌握旅游节事活动策划流程与方法

旅游节事活动策划的整个过程可以分为四个阶段，即决策阶段、内容策划阶段、执行阶段和评价阶段。

一、决策阶段

决策阶段通常可以分为发起、可行性分析、成立管理机构和确定目标等四个步骤，如图 3－1 所示。

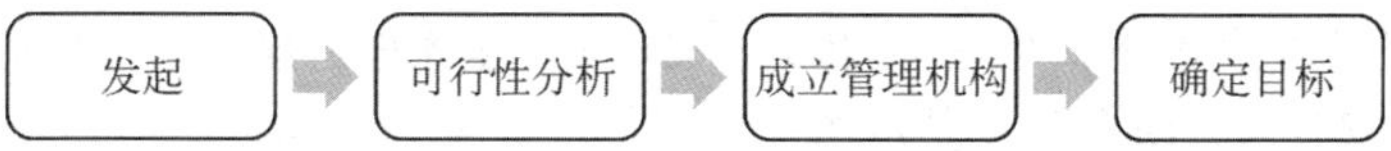

图 3－1

旅游节事活动决策阶段的步骤流程图

(一) 发起

提出举办旅游节事活动的发起者并不一定是节事活动的专家，他们可能来自公共部门（政府、当地权威机构）、私人企业、个人或者自愿的公众。其中，各种组织（与个人相对）更加有可能为旅游节事活动的举办提供资源。

(二) 可行性分析

可行性分析的主要目的是为了检测旅游节事活动能否举行,它并不需要具体细节的答案,一份关于旅游节事活动成功或失败的可能性预测就已经足够。对于一个小的旅游节事活动而言,可行性分析可以是非正式的,可能只是主要发起者之间的闲聊,或者基于往年或往届的观察。对于失败可能性较大的旅游节事活动而言,可行性分析就要包括更加复杂的细节性研究,重点应集中在市场研究和初步的财务分析。

想一想 在可行性分析中,市场研究以及初步的财务分析主要包括哪些内容?

市场研究有利于决策的制定,为举办旅游节事活动是否获得潜在的经济效益提供有力的证明,并通过提供潜在消费者的特征、动机、偏好、促销工具等相关信息而确保旅游节事活动能够实现预期目标。市场研究能够直接影响赞助商的决定、营销方案、地点决策及举办日期的决定。初步的财务分析能够改变诸如旅游节事活动的规模、地点以及门票价格等,财务分析所需资料的重要组成部分可能是来自于以往类似活动的二手资料。

(三) 成立管理机构

旅游节事活动经过发起,通过分析可行后,就会成立相应的管理机构。管理机构的职能是负责策划、实施、评价旅游节事活动。当举办大型、复杂的节事活动时,要把机构成员进行分组来专门负责具体的任务。机构的成员应由具有不同技能和特长的人组成,分别负责旅游节事活动的管理、营销、财务、法律等各方面的工作。通常情况下,以团队工作方式组织的管理机构会更加有效率。

扩展阅读

2009 年首届中国湖州国际生态(乡村)旅游节组委会

2009 年,首届中国湖州国际生态(乡村)旅游节在浙江湖州市举行。为确保整个国际生态(乡村)旅游节的顺利举行,最大限度地整合区域资源,特成立了首届中国湖州国际生态(乡村)旅游节组委会。

组委会设名誉主任 3 名,分别由国家旅游局副局长、浙江省人民政府副省长和湖州市委书记担任;设主任 4 名、副主任 6 名;秘书长 1 名、副秘书长 9 名;成员则包括下属各区、县负责人及市属各部门负责人。

组委会下设 6 个工作组,包括综合协调组、接待后勤组、安全保卫组、医疗保障组、宣传文化组和环境整治组。

(四) 确定目标

管理机构成立后,首先要做的就是确定旅游节事活动的目标。因为目标在节事活动的举办过程中十分重要,它影响着节事活动的许多方面,如营销、举办权等。节事活动的目标可能与节事活动组织者的目标相同，至少它与组织者的目标是相辅相成的，有助于实现组织者的目标。旅游节事活动的目标可以包括经济的、社会的、文化的、政治的和生态的。

旅游节事活动的目标可以分解成以下几个具体的小的可以实施的目标——每一阶段实现一个目标。目标可以理想化为"SMART"，即节事活动的目标是明确的(Specific)、可以进行量化估算的(Measurable)、参与者都赞同的(Agreed)、基于现有资源是可实现的(Realistic)、可按照预定目标实现的(Timed)。

想一想

假如你是某旅游企业经营或市场策划部的总经理，在国内城镇居民日益关注生态环境、相关生态污染事件不时爆发的大背景下，你觉得可以发起什么类型的旅游节事活动？它的可行性如何？该如何组建相应的管理机构？目标又是什么？

二、内容策划阶段

内容策划阶段通常可以分为明确主题与名称、设计标志物、确定举办时间和地点、明确举办单位、策划活动内容、开展营销传播、招募志愿者、赞助商支持、财务成本管理和现场管理等步骤，如图 3－2 所示。

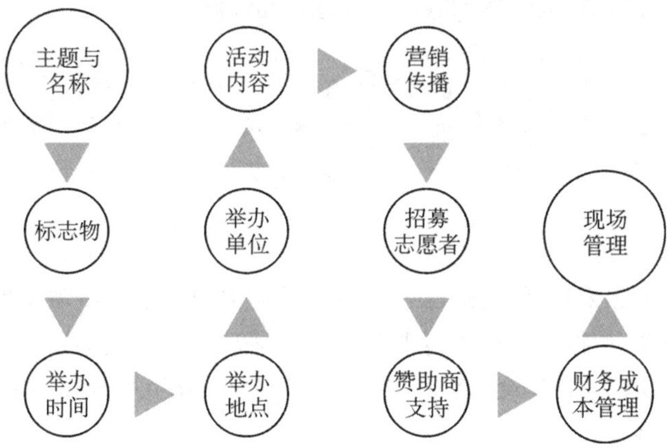

图 3－2 旅游节事活动内容策划阶段的步骤流程图

(一) 主题与名称

1. 主题

主题是旅游节事活动的核心灵魂与形象，同时又能辅助实现节事活动的目标。主题一旦确定，旅游节事活动所有的要素都要彰显该主题，包括命名、商标、地点装饰、员工制服、表演者服装、活动、灯光、音乐、特殊效果、食物、饮料、吉祥物、旅游纪念品等。因此，确定主题是旅游节事活动策划的核心，主题的优劣好坏往往影响甚至决定节事活动的成败。

与历史、民族、传统相关的主题最为常见，但此类既有主题毕竟是有限的，而且带有较强的地方性色彩，会受到一定的限制。因此，在进行主题策划的时候，需要进行一定的创新。主题的创新通常可包括创新型、改进型、分裂型、重组型等模式。

(1) 创新型

所谓创新型主题策划，是指之前从来没有相同或相似的主题，是从无到有的完全意义的创新。如由大河报与河南移动通信有限责任公司组织和主办的首届中原短信文化节。之所以举办这次以短信为主题的文化节，源于继网络之后，手机短信正在以“第五媒体”的姿态成为人们生活中的重要组成部分。同时，短信写手作为一个新的职业已成规模，短信营销逐渐流行，短信文化悄然萌生；但同样不容忽视的是，短信引发的问题也正潜滋暗长。不良信息逐渐泛滥、短信诈骗时有发生，短信监管面临新的考验。首届中原短信文化节历时两个月，是一次集文学创作、文化研讨、短信互动于一体的大型体验式文化传播活动，其内容包括短信竞赛、手机短信业务免费体验和短信文化研讨三个部分。首届中原短信文化节体现了节事活动主题策划的创新性。

(2) 改进型

所谓改进型主题策划，就是在已有旅游节事活动的基础上，通过不断完善和优化，使其主题越来越与地区的发展、市场的需求、社会的进步相吻合。如浙江省运动休闲旅游节，就是在2012年由富春江运动节升格而成的，之前已成功举办了五届。该节在每年的秋季举办，由刚开始富阳单独举办，到现在各个相关县(区、市)轮流展示各自运动休闲的品牌特色，到目前已经成为“运动休闲旅游”品牌。2013年，第二届运动休闲旅游节在衢州龙游举办，推出了以国际汽联亚太汽车拉力锦标赛为核心的赛事活动，并进一步培育、推广了浙江省运动休闲旅游目的地产品线路。

想一想 旅游节事活动已经成为各地旅游发展的重要载体，但主题相似、内容相近已经成为低水平旅游节事活动恶性竞争的“魔咒”。在同一个区域内，能否将所有的旅游节事活动进行整合呢？请举例说明。

(3) 分裂型

所谓分裂型主题策划，就是由已有的节事活动中的某个子活动发展成一个独立的或专业的节事活动，使得主题更加专业和与节事活动的内容更加贴近。如中国上海国际少年儿童服装及用品博览会，就是从上海国际服装文化节中分裂出来的，现已成为中国服装行业年度盛会。

(4) 重组型

所谓重组型主题策划，是指将几个相关的、规模较小的节事活动整合成一个更大规模的节事活动，使主题更加综合，它是和分裂型相反的一种主题策划模式。如2000年第二届杭州西湖国际博览会成功之后，把杭州下属县(区、市)乃至省内其他地方的旅游节庆活动都整合在一起。2013年淳安秀水狂欢节就是2013年第15届西湖国际博览会的重点子项目之一。又如中国哈尔滨国际冰雪节，就是在2001年与黑龙江国际滑雪节合并而成。

2. 名称

名称，即旅游节事活动的名字。好的名称能够准确清晰地表达主题，很容易引起旅游者的注意或联想,进而对旅游者具有一定的诱导作用。旅游节事活动的名称应该具有以下三个方面的基本要求。

(1) 语言方面

在节事活动的名称策划上,要易读、易记、字意吉祥、能启发联想。名称策划要注意语言艺术,听起来既要简单又易于理解、记忆,并且有一定的震撼力,让人产生愉悦的心理;说起来朗朗上口,不论中文还是英文都容易发音,不存在拗口、发音困难的现象。在用词上要考虑到与时代接轨,富有时代感,不因时间的推移而产生歧义,不会引起不悦、消极甚至淫秽的感觉和联想;拼写上要简洁,既体现个性,又易于传播。

(2) 法律方面

名称的策划还要考虑到法律问题,要做到保证不侵犯他人的知识产权,也不能让他人来侵犯自己的品牌;对于竞争对手来说,名称要成为市场中独一无二的、富有个性的品牌,鲜明的独特性不仅便于公众的记忆,也易于被公众接受。

(3) 营销方面

名称往往对节事活动的价值有一定的暗示或明示作用,不仅与组织机构的形象相匹配,也要和本活动的形象相一致,并支持活动的其他标志,如会徽、吉祥物、口号等。

比如"超级女声"的命名,由于活动的参加对象都是女性,可以有三个可供选择的名称:超级女声、超级女生、超级女身。"超级女身"的提法从词义上显然有些不妥。相比较而言,前两个都可以,但从活动的内容与活动主题来看,"超级女生"的表现可以在才艺、能力、形象等各个方面,究竟是什么类型的活动含糊不清。而"超级女声"就非常明确,仅从名字上就可以让人马上理解到"声音超级好的女生",和主题歌"想唱就唱"完全一致。

(二) 标志物

标志物,也称吉祥物或象征图案,是表达某种文化主题内容的物品、图案,是经过深思熟虑、理想化设计的活动饰物。标志物不是一般意义上的作品,而是创作者基于公众审美情趣和思想境界所设计的专题作品,其中的创意构图以及色彩组合都蕴含着丰富的内涵,一经审定通过,一般就不轻易改动,具有相对的稳定性,并可能成为"圣物"。标志物的主要效用是标示活动、展示活动主题、烘托活动气氛和诱导公众情趣,让公众或心潮澎湃,或庄严肃穆,或兴奋激动。为了形象直观地展示旅游节事活动的主题,诱发公众的美好心理。在认真审视活动主题的前提下,应该根据公众的审美情趣创作具有文化韵味和形象特色的图案或实物,并将其定为旅游节事活动的标志物。

想一想

首先,以历届奥运会的吉祥物为例,试分析其文化内涵及其所表达的目的和意义。其次,请分析迪斯尼乐园的标志物为什么能如此成功?而国内其他主题公园的标志物似乎并不突出。

(三) 举办时间

旅游节事活动的举办时间,小到具体的钟点安排,大到月份节假日,都对节事活动的成败非常重要,需要慎重考虑。目标观众、具体活动安排、地点的安排、资源的利用以及组织者的个人偏好都能影响节事活动时间的安排。例如,如果节事活动的目标市场是有小孩的家庭,那么应该尽量避免上学与上班的时间。确定举办时间的时候,应该避免与竞争性的旅游节事活动或其他大型活动相冲突,如"世界杯足球赛"就是与奥运会的举办时间错开,它对所有的节事活动都具有巨大的影响力。最终决定的日期应该能够让组织者有足够的时间进行前期工作和营销活动。

(四) 举办地点

选择一个合适的活动地点对于旅游节事活动的成败非常重要,能够辅助实现其主题与目标。部分旅游节事活动举办的地点是永久的、不变的,如在哈尔滨举办的国际冰雪节。另外的则没有永久性的地点,经常需要选择和改变举办地点。为节事活动选择一个已经建好的地点非常重要,因为建好的地点能够提供一些基础设备。在选择具体地点的时候需要注意以下几个问题。

1. 容量

该地点应该包括可以容纳必需的工作人员、参会人员、旅游人员、表演者、各种表演仪器、各种商品、管理设施以及其他服务设施,也包括举办地可容纳的席位。容量的大小直接决定了该活动的影响力及财务收支能力。

2. 设施

基础服务设施对衡量一个地点是否适合非常重要,必需的基础设施包括信息与通信终端、电力供应、语音及可视系统、洗手间、食物、饮料及安全出口等。此外,交通集散、医疗卫生以及配套服务等软性设施也非常重要。

3. 可视性

这是旅游节事活动地点选择时必需考虑的因素。可视性尤为重要,特别是旅游节事活动由于财务限制不能进行大规模营销活动时,人们应该很容易就能看到这个地点。

4. 举办地成本

尤其对于预算有限的节事活动,成本是一个非常关键的影响因素。

5. 历史

历史能够对一个地点产生积极的或消极的影响,需要认真考虑。有些地点并没有举办节事活动的设备,但是由于独特的历史原因,吸引了许多节事活动的组织者,如埃及的金字塔。

6. 其他因素

如犯罪率、安全系数、主导的政治环境(对于国际节事活动尤其重要)、主要的气候条件(尤其对于须在户外举办的节事活动)、环境状况等因素。

7. 个人偏好

节事活动组织者可能对一些并不是很合适的地点情有独钟,不管说起来多么不科学,但是必须承认组织者的个人偏好对举办地点选择举足轻重。

在选择合适的举办地点时,组织者应该列出一个包含必需的和可选择的标准列表。一个地点也许能够满足其中的一些标准而无法满足其他一些标准,因而很难进行全面的评估。一个合适的举办地必须满足所有的必需标准。可选择的标准可以根据其重要程度进行加权处理,根据可选择标准的权值,为这些能够满足所有的必需标准的地点的每一项可选择标准赋予权值,然后把所有的权值相加,就可以得到该地点可选择标准的总权值。组织者可以根据这个总权值选择最合适的举办地。

想一想 在选定旅游节事活动举办地点时,可能会出现哪些突发情况?这些突发情况可控吗?如果不可控该怎么办?如果可控,方案又是什么?

(五) 举办单位

大部分旅游节事活动是很难依靠一个单位来完成的,尤其是大型的旅游节事活动,这就需要多家单位参与、合作或联合举办。按照其在旅游节事活动举办过程中的作用和职责范围的不同,可将其分为主办单位、承办单位、协办单位和支持单位。

1. 主办单位

主办单位是指旅游节事活动的发起单位,其职责通常包括:协助邀请相关领导和会议演讲、发言的专家学者;协助策划制定节事活动热点内容及会议形式;协助联系媒体宣传、发布通知;协助落实节事活动地点、时间安排。

2. 承办单位

承办单位是指旅游节事活动的具体实施单位,其职责通常包括:安排车辆接送重要领导及必要的活动用车;协助联系宾馆、节事活动场地;协助主办方会务、布置工作(挂条幅、彩虹门、印刷、订票等);协助联系货物运输公司,安排货运工作;协助联系银行、通讯服务,创造节事活动期间交易便利条件;协助活动期间的代表服务工作等。

3. 协办单位和支持单位

协办单位和支持单位是指为旅游节事活动的实施过程提供协助或赞助的单位,其职责包括:负责协助主办、承办单位工作,献计献策,出人出力。

扩展阅读

如"第十二届全国区域旅游开发学术研讨会"的举办单位情况如下:
第十二届全国区域旅游开发学术研讨会
主办单位:中国区域科学协会区域旅游开发专业委员会　浙江省旅游局
承办单位:浙江旅游职业学院　富阳市人民政府
协办单位:旅游学刊编辑部　北京旅游学会　北京大学旅游研究与规划中心　青岛大学旅游学院

在确定旅游节事活动举办单位的时候,要积极公关,主动向政府靠拢,想方设法动用上级以及中央有关部委的行政资源,在组织机构上、相关政策上、扶持资金上、市场宣传上获取足够支持。同时又要以当地政府为主动机构,以旅游部门为主要协调部门,以节事活动为主要平台,调动当地政府各部门的力量,各司其职,彼此联动。

想一想 旅游节事活动主办单位、承办单位以及协办单位、支持单位之间,存在着什么样的上下级关系?是否有规律可循?

(六) 活动内容

在确定节事活动主题、名称以及举办的时间和地点的基础上，策划出别具一格、有地方民族特色又趣味盎然的活动内容，是吸引公众参加的基本保证。一般而言，节事活动的内容设计上要体现旅游节事活动的主题、具有体验的情景、丰富的品牌内涵和立体化的衔接。

1. 体现节事活动的主题

应该根据旅游节事活动的内在特征以及全面的预算来安排反映主题的主要活动，同时也要安排一些次要的吸引人的辅助活动来补充整体形象。对于一些参加活动的人来说，辅助活动甚至比主要活动更加重要，更能带给他们利益。

2. 具有体验的情景

历来旅游节事活动内容的设计，尤其是反映主题的主要活动，更应关注的是游客的视觉感受，游客没有真正参与进去，印象就不会深刻。因此，我们在对旅游节事活动的内容进行设计的时候，要充分利用其中的辅助活动，开发充满情景体验性质的活动，让游客真正全身心地参与到活动中来。

3. 丰富的品牌内涵

目前，旅游节事活动在全国范围内轰轰烈烈。这其中，不乏成功例子，但更多的则是鱼目混珠、徒有虚名。其中败因很多：一是缺乏品牌内涵，一味追求当地特色，忽视游客利益和兴趣，形成不了市场吸引，比如以传统的技术来展示传统的演艺节目；二是内容单一乏味，缺少丰富的活动内容，缺少品牌情感，沦落到“三个一”的局面，即“一个开幕式、一个闭幕式，一些群体自娱自乐的内容”；三是从时间序列上看，一年有一年无、今年东明年西，甚至出现主题毫不相干、相互冲突、相互脱节，忽视品牌在时间上的延续和积累。因此，在设计旅游节事活动时，要始终把品牌的建设和维护放在重要位置。

(1) 品牌内涵

元素多样而又具有内在联系。要精心设计和策划节事活动各项内容，使之有机结合、相互辉映，而不是生搬硬套、盲目组合，并在一个共同的时间段，进行集中展示。

(2) 品牌价值

覆盖特色并对特色做市场化利用。以山西平遥古城为例，要挖掘并突出平遥特色，即古城门、古城墙、古民居、古街巷、古金融、古生活，围绕“六古”大做文章，使之成为贯穿整个平遥旅游节事活动的一条鲜明主线，贯穿于各个环节和各个时段；同时，结合旅游市场的实际需求特点，对“六古”题材进行市场化的利用，使节事活动既能反映平遥旅游资源之精华，浓缩出短小精悍的产品链条，又要紧紧结合旅游者的实际需求，捕捉到市场上的机会。

(3) 品牌发展

常有常新、滚动深化。要坚持在时间序列上把节事活动承办下去，不能做一天和尚撞一天钟，节事活动要形成序列，形成固定举办模式；在固定模式的基础上，要坚持内容形式的创新，每次举办都要出新出彩、不断制造新的市场卖点、新的市场吸引力。通过这些方法，最终使节事活动真正形成品牌，产生品牌价值和忠诚度，在游客心智中产生品牌情感维系，并占据一席之地。

4. 立体化的衔接

一个成功的旅游节事活动，不只是单纯的一个活动，而是一系列具有内在联系的活动荟萃，并且活动的内容要十分丰富、表现手法要十分多样、展示主题要十分宽泛。这样，才能收到两方面效果：一是精准全面地反映当地旅游资源，不遗漏信息，不挂一漏万；二是迎合旅游者对多样化产品的追求，拓宽客源面。但是这些活动之间不能只是平面的展示，而是要有立体化的衔接。比如家庭共同参与某个亲子主题的旅游节事活动，虽然其兴趣点在于小孩子的某个游乐体验项目，但是他们对“吃、住、行、游、购”的需求，乃至家庭其他成员的需求，都需要进行有效的衔接。

试一试 作为浙江省工业旅游示范基地，中国达利丝绸工业旅游区以传统丝绸文化为内涵，以国际时尚丝绸产品为核心吸引力，融合现代科普教育、科技工艺展示、趣味DIY设计、传统农耕体验等配套产品。目前，该旅游区打算举办一次“丝绸文化旅游节”，请设计该项活动的主要内容。

（七）营销传播

旅游节事活动的营销策划，是其组织者的重要活动之一，它不仅要解决在现实的市场营销活动中提出的各种问题，而且更重要的是如何开辟市场、营造市场以及在激烈的市场竞争中获取丰厚的利润。它以消费者满意为目标，整合各类资源，使节事活动以崭新的面貌出现在市场上，并在特定的时空条件下具有唯一性、排他性，为实现旅游节事活动的经济效益最大化的目标而进行促销。市场营销推广是节事活动经营管理的重中之重，抓好营销这一环节是节事活动创造效益的有益砝码。在市场经济大潮中，组织者只有以不断创新的营销观念为导向，才能在竞争激烈的经济浪潮中率先领航。节事活动营销推广的过程主要包括发现和分析市场机会、选择目标市场、制定营销组合以及组织、执行和控制市场营销等几个步骤。

（八）招募志愿者

志愿者是指那些出于自己意愿，免费向节事活动奉献服务的人，他们在节事活动的举办过程中起了重要的作用，能够从事很多方面的工作，甚至进入活动管理机构。举办节事活动的过程中，有一个重要问题，即不能预测志愿者的数量与质量，所以经常需要预算多一些数量的志愿者。了解志愿者的动机有利于向志愿者给予报酬，志愿者一般出于两种目的：充实自己，帮助别人。根据旅游节事活动的特征，可以把志愿者工作分为：赞助商、大学、高中学校、服务部门、社会与体育俱乐部、特殊利益群体、以前的志愿者、宗教组织、专业性的团体等。尽管一旦节事活动的消息传开，许多志愿者会马上参加，但管理机构还是应该预先确定招聘计划，以防有变。如在我国北京举办的第29届奥运会赛会对志愿者总需求约为7万人，报名工作从2006年8月起陆续开始，至2008年3月底结束。为增强赛会志愿者组织工作的计划性和周密性，分阶段启动赛会志愿者的报名工作。

（九）赞助商支持

赞助通常是指某一单位或某一个人拿出自己的钱财、物品，来对其他单位或个人进行帮助和支持。确切地说,是指企业为了实现自己的目标而向某些活动或组织提供支持的一种行为。赞助已经成为节事活动营销的一种普遍形式,其双赢的结局吸引着无数赞助商和节事活动组织者。对于赞助商来说,赞助是一个绝佳的投资机会,通过赞助过程获得潜在的商机和利润,运用标志、促销手册和媒体策略等向尽可能多的潜在消费者宣传企业或产品,并将品牌与旅游者等消费者最喜欢的节事活动联系起来,建立、提升或改变品牌的形象或名誉。

1. 赞助物的分类

赞助物指赞助单位或个人向受赞助者提供的赞助物品。它往往取决于赞助单位或个人的实力与受赞助者的实际需求。通常,赞助物可以分为如下几类。

(1) 现金

即赞助单位或个人以现金或支票的形式,向受赞助者所提供的赞助。它可使受赞助者根据自己的客观需要,对其进行受一定限制的支配。

(2) 实物

即赞助单位或个人以一种或数种具有实用性的物资的形式,向受赞助者所提供的赞助。它不仅可以及时地满足受赞助者的需要,而且不易被对方挪作他用。

(3) 义卖

即赞助单位或个人将自己所拥有的某件物品进行拍卖;或是划定某段时间将本单位或个人的商品向社会出售,然后将全部所得,以现金的形式,再捐赠给受赞助者。此种赞助的赞助额事先难以确定,但其影响较大,并且易于赢得社会各界的支持。

(4) 义工

即赞助单位或个人派出一定数量的员工,前往受赞助者所在单位或其他场所,进行义务劳动或有偿劳动,然后以劳务的形式或以劳务所得,向受赞助者提供赞助。它可以使有关方面有钱出钱、有力出力,更好地调动其积极性,并获得更为广泛的参与。

2. 获得赞助商的支持

旅游节事活动的赞助方不会把赞助费的支付当成其义务,他们都在寻求提高广告和赞助权的附加值,将赞助权益纳入系统的旅游节事活动的营销战略计划中。对于需要赞助的旅游节事活动,如何获得赞助商的支持是策划者需要考虑的问题,主要包括以下几个方面。

(1) 赞助商重视整合营销

许多情况下,传统电视媒体广告费越来越高,赞助成为对大小公司都更有吸引力的传播方式。因此,需考虑为赞助商提供包括报纸广告、广播、直接递送、交叉促销、在现场进行捆绑销售、网络营销、体验营销等多种手段综合运用的整个营销。

(2) 通过谈判说服赞助者

在与潜在赞助者谈判的过程中,不要直接回答对方的"你需要多少赞助"这个问题,而应当向潜在赞助者展示商业计划书,明确每一项支出需要的赞助数目,然后仔细逐条地解释各项要点,最后说明目标是要找到有实际预期收益的赞助者。此外,在与赞助商的谈判过程中,不能表现出绝望的情绪,这样会让赞助者感到对赞助的不安全或隐忧,任何一位赞助者都是在对节事活动组织者的管理能力充分信任的情况下才会赞助。

(3) 必要的激励措施

除了能够获得赞助回报外,赞助者还希望能有其他的激励措施,提高他们在节事活动中的曝光率,并有利于实施他们的整体营销计划。节事活动的组织者应该采取一些有效的激励措施来吸引赞助者,以获得他们的支持,从而达到双赢。这些措施包括购买媒体、交互营销、答谢会、新闻发布会、产品样本派发、消费者调查等。

(4) 帮助赞助者避免隐蔽式市场营销

隐蔽式市场营销,是指非赞助者通过给出虚假印象,让公众误把其当作赞助者的一种促销战略。这一战术经常被一些赞助者的竞争者使用,试图将自己与并不是他们赞助的活动联系起来。因此,节事活动的组织者要关注市场的动态,尤其是关注赞助者的竞争对手的市场营销行为,及时阻止隐蔽性的市场营销行为,维护赞助者的利益。

(5) 建立节事活动风险机制

赞助的活动失败,赞助就成了浪费,甚至可能使赞助者的声誉受损。因此,旅游节事活动的组织者必需精心策划活动,建立完善的风险管理机制,打消赞助者害怕活动一旦失败给自己造成负面影响的顾虑。

(6) 让有资质的潜在赞助者获得长期赞助权

在赞助商看来,如果与所赞助的活动建立了长期的联系,那么放弃该活动的赞助权是一种浪费。坚持长期稳定的赞助,从逻辑上讲,可以使品牌与活动结合得更为紧密,可以用较少的投资在长时间内取得良好的效果。如果因为没有任何约定来维系活动与赞助者之间关系而丧失赞助权的话,那么先前所做的赞助就浪费了。而更为糟糕的是,有些活动会继续寻找新的赞助商,而新的赞助权很可能会落入赞助者的竞争对手之手。因此,节事活动的组织者可以利用赞助者的这种患得患失的心理允许其在随后的几年里长期拥有赞助权。

(十) 财务成本管理

对于旅游节事活动项目的投资者来说,除了社会效益外,费用和利润是他们最关心的问题。如果缺少严格的项目财务成本管理,节事活动的开支会远远超出预算,最终造成项目无法按照计划实施,甚至亏本。所以,进行活动项目的财务成本管理十分重要。旅游节事活动项目的财务成本管理包括成本预算、收入估算和成本控制等三项内容。

1. 成本预算

成本预算包括劳动力、场地和设备租金、原材料、分包商和顾问、广告宣传、能源动力、意外费用、应急费用等八个方面。

(1) 劳动力

这部分预算包括预计在旅游节事活动中工作的各类人员,如设计师、工作人员和管理人员等,还包括每人的或者分类的工时数、工时率。

(2) 场地和设备租金

这部分预算包括活动场地(含室内、室外)、相关设备(如同声翻译设备、数字会议网络会议系统和主席发言机、多媒体演示设备等)的租金。因场地和设备的租金有多种计费方法,可以按时间给付,也可以按时间次数给付,甚至一次性给付,所以在进行成本预算时,既要考虑节约成本,又要考虑到意外事件。

(3) 原材料

这部分预算包括举办旅游节事活动所需建设工程的原料,比如在场馆建设过程中需要的油漆、木料、墙纸、毛毯,也包括举办节事活动时所需的物品,如纸、艺术品、纪念品、食品等。

(4) 分包商和顾问

当旅游节事活动的组织者缺少某项专门技术或没有完成整个活动的资源时,他们可以雇用分包商或顾问执行这项任务,比如设计小册子、编辑培训手册或者举办招待会等。

(5) 广告宣传

一项旅游节事活动要成功举办,广告宣传起了很大的作用,这部分成本的估计不能单单考虑费用的多少,而且要分析"质量"的好坏。

(6) 能源动力

一项大型旅游节事活动的举办,能源动力的费用往往也要考虑在内。

(7) 意外费用

任何旅游节事活动都存在风险,意外费用是由于可预见的风险而可能导致的活动项目增加的费用,如由于旅游节事活动目标的不确定性、成本估算方法的差异、新技术应用时的不稳定性以及活动举办过程中配合不好、指挥失灵等原因产生的额外费用。

(8) 应急费用

应急费用又称不可预见费用,是为应付未能预见的事件或变化而准备的费用。这种费用主要是用于防备因失误或疏忽而造成的成本增加。同类旅游节事活动的经验表明:对于不确定事件以及可能发生的环节,都需要留足应急费用。应急费用在节事活动成本中所占的比例一般为8%—10%。但是如果是特殊的节事活动,没有经验,情况不同,不确定性因素多,风险很大,通常可取20%;反之,如果有丰富的经验,各种资料齐全,把握较大,风险较小,5%也可以。

2. 收入估算

收入项目包括广告收入、优惠销售收入、捐款、赞助收入(常见于艺术和体育活动)、投资利息收入、注册费收入、商业销售收入(如体育活动的转播权)、大型活动票房收入、经销商佣金收入、集资(常见于社区活动)、客户(常见于公司活动)、拨款等。

3. 成本控制

成本控制是运用以成本会计为主的各种方法,预定成本限额,按限额开支成本费用,以实际成本和成本限额比较,衡量活动的绩效和效果,并以例外管理原则纠正不利差异,以提高工作效率,实现以至超过预期的成本限额。进行有效的成本控制关键是要经常及时地分析成本的实际数与计划数的差别。尽早发现成本差异和低效率,以便及时采取纠正措施。首先,分析实际成本与计划成本的差异,确定要采取纠正措施的工序。然后,决定要采取何种特别措施纠正成本差异。最后,修订旅游节事活动计划,包括日期、成本预算,综合筹划纠正措施。

(十一) 现场管理

旅游节事活动一般要经过较长时间的前期筹划、筹备,才能进入关键的实施阶段,即现场管理环节。这是最紧张也是最关键的一步,管理不善不仅功亏一篑,而且甚至会有生命危险,在社会上造成恶劣的影响。现场管理包括场地的布置与管理、后勤管理和人员管理三个方面。

1. 场地的布置与管理

(1) 场地的类型与选择

旅游节事活动举办的场地有室内场地、露天场地和临时搭建的凉棚式场地三类。室内场地,指固定建筑物内的场地,如各类会议中心、展览馆、体育馆、音乐厅、歌剧院等。露天场地,指由于流动性等原因,用于举办旅游节事活动的草坪、广场、有规定线路的街道等露天场所。凉棚式场地,指临时搭建的用来举办节事活动的暂时性场地。到底选择何种类型的场地来举办节事活动,需要进行综合的考虑,主要从活动的性质、活动的规模、场地的位置、设施设备要求、场地条件对活动项目的适宜性等五个方面来考虑。

(2) 场地的布置与装饰

场地的布置和装饰都必须围绕整个活动的主题而展开,灯光、音响和特殊效果都是为了烘托活动的气氛进行设计,如整个活动背景的色调、舞蹈的形式等都应留有使游客和观众发挥充分想象力的空间,音响和灯光能够使娱乐活动更加完美,诱导观众从潜意识到全身心的投入,而不会发生视线被阻挡或嘈杂声过响而淹没音乐的情况。

2. 后勤管理

对于所有的旅游节事活动而言,后勤工作是最需要花力气去考虑的一个部分,也是较为琐碎的部分,即便是极其微小的细节也会影响活动的成败。后勤管理主要包括与供应商和服务商的协作、交通管理、安全管理等方面。

(1) 与供应商和服务商的协作

一般普通观众注意不到活动看台设施和移动公厕的提供者,注意不到节目表的印刷商、志愿者制服的制造商、临时电源供应商、移动基站服务商以及现场垃圾清洁商等,而作为活动的组织者,选择好的供应商和服务商是非常重要的。首先要确定需要的产品和服务的种类,其次要明确与供应商和服务商彼此的权利和义务,最后要保证商品保质保量、如期到达。

(2) 交通管理

交通管理是旅游节事活动期间最普遍的难题,有效地疏导活动举办期间的大量人流、车流需要周密的计划,也需要当地公安、交通部门、活动组织方和志愿者的通力配合。后勤部门应及早规划各类人员抵达和离开活动场所的交通方式,并安排相应的交通工具和停车场,还应考虑停车场内是否有足够的照明设施、指示标牌及管理人员,减少犯罪的发生率,给停车者安全感。保持交通畅通的另一措施是设置路障和利用警力控制过往行人。此外,举行大型的节事活动,还要对司机进行培训,让他们了解各种情况下可选择的行车路线。

(3) 安保管理

许多成功的活动组织者都信奉"安全第一"的原则,将安全措施放在重中之重,尤其是演员和观众的安全是最重要的,对任何隐患都需采取预防措施,切忌视而不见。安全管理不只是现场保安或保安部门的责任，而应该是所有参与者的责任，只有开展全员安全管理才能保证活动平安、有序。需要制定安全与危险防范措施，保证演出者和观众的安全，对警力、消防和紧急救护做相当的安排。此外，还要做好有价物品的运送和保护工作。

3. 人员管理

旅游节事活动举办现场中的人员可以分为三类，即组织者、观众游客等消费者以及邀请来的演员、嘉宾和媒体记者等。对于现场工作人员来说，现场工作是所有工作中最关键的一环，它决定着活动的成功与否，同时也是最紧张和最疲劳的一个工作环节，所以做好临聘人员、团队的激励工作十分重要，以确保他们现场工作的积极性和高度投入。而对观众、游客等消费者和邀请来的演员、嘉宾和媒体记者等，不仅要做好接待服务工作，而且要确保他们的人身、财产安全。

三、执行阶段

（一）监察控制

在旅游节事活动举办之前，召开一次或几次必要的会议，以消除最后可能的障碍，确保有可替代的措施以防万一。如此，有了确保的管理、应急计划，旅游节事活动就能如期进行。组织者安排各种监控行动，确保活动按照既定计划推进，在必要的时候采取紧急修正措施。当管理者的计划改变时，应该与所有的员工沟通好，让他们按照改变了的计划行事。

（二）事故处理

导致旅游节事活动取消、延期、活动现场混乱（如火灾、洪水、地震、突然停电、台风、爆炸等）的不可预测的事故是组织者不可控制的事情。保险能够转移组织方的风险，有两方面的好处：一是能够获得专家关于风险的管理建议；二是能够保证获得财务损失的补偿。旅游节事活动的组织者必须要考虑：如果发生……应该怎么办？应该为所有有可能发生的事故准备两套防御方案，以及一整套有效解决事故的计划。并且，还要对所有的员工进行培训，使他们能够处理各种可以预见的、不可预见的突发事故。

（三）关闭工作

关闭工作是指旅游节事活动结束后把所有的事情复原，包括两项工作：拆除并转移各种设备和清扫。在租赁合同里，应该指明由设备提供商拆除、运走设备（如音响设备、临时舞台、可移动的洗浴室等），以及拆除的时间安排。如果是组织方自己购买的设备，那么设备的销售或租赁还能为活动带来后期的收入。对清扫工作并没有硬性的限制，但是对举办地点的清扫，应该包括促销以及用来标记的材料的回收。

四、评价阶段

（一）目标评价

原先计划中预定的目的和目标的实现程度，是旅游节事活动评价所需要完成的主要任务之一。目标评价，首先要对照原定目标的主要指标，检查活动结束以后的实现情况，确定实际变化之处及分析变化产生的原因，判断目标的实现程度。另一方面，要在实践中检验原定决策目标的正确性、合理性，通过评价找出原定目标的问题，如不明确的目标、过于理想化的目标及不切实际的目标，为下次活动目标的制定提供依据和经验。

（二）工作评价

旅游节事活动的筹备和实施工作的内容比较广泛，涉及时间进度、推广宣传、现场服务、财务实施等情况，对照策划内容进行比较和分析，找出差距，分析原因。一般包括以下几个方面：一是筹备工作的评价，包括旅游节事活动工作的统筹、准备、协调及各项筹备工作的安排和调整等；二是服务代理工作的评价，对通过公开招标的服务商、代理商、指定赞助商、旅游代理商、清洁公司、保安公司等工作进行评价；三是宣传推广工作的评价，包括媒体宣传与公关、推广进度安排、宣传渠道的建立、宣传资料的印制与发放、宣传效果、新闻媒体的反映（刊载、播放的次数、版面大小、时间长短）等；四是管理机构的评价，对构建的组织结构形式、人员组成、工作态度、团队精神、工作效率等进行评价，评价工作人员组合安排是否合理、效率是否高、工作时间是否适宜等；五是现场管理工作的评价，包括场地选择、舞台音响、后勤管理、物流配送、清洁保安、志愿者管理、现场工作人员管理、突发事件应急措施和各环节的服务，及对这些服务的质量、提供方式等进行评价；六是时间管理的评价，包括对招商、宣传推广、服务及整体时间进度安排等进行评价；七是服务管理工作的评价，包括筹备管理的质量和效率，接待服务的各环节质量、培训、后续工作等；八是财务实施的评价，包括对节事活动的预算制定与执行情况、成分、费用支出时间的安排，收益、收款情况，超支原因及其他财务管理问题进行评价。

（三）效益与影响评价

1. 效益评价

效益评价即财务评价和经济评价，主要的分析指标为内部收益率、净现值和贷款偿还期等盈利能力和偿还能力，包括成本效益评价、成本利润评价等。

2. 影响评价

旅游节事活动的影响评价内容包括经济影响、环境影响和社会影响。

（1）经济影响评价

经济影响评价主要分析评价旅游节事活动对所在地区、所属行业企业或国家所产生的经济方面的影响，评价的内容包括分配、就业、换汇成本、技术进步等。由于经济影响评价的部分因素难以量化，一般只能作定性分析，或并入社会影响评价范围。

（2）环境影响评价

环境影响评价一般包括旅游节事活动的地区环境质量、自然资源利用和保护、区域生态平衡和环境管理等几个方面。

（3）社会影响评价

社会影响评价是对节事活动在社会经济发展方面的有形或无形的效益和结果的一种分析，重点评价节事活动对举办国、举办地和社区的政治、文化、经济、生活的影响。

任务3 旅游节事活动策划实训

一、实训目的

掌握进行旅游节事活动策划的一般步骤和每一步的关键环节。能根据确定的旅游节事活动主题，完成旅游节事活动方案的编制、执行及评价工作。

二、实训要求

请根据策划背景材料的介绍，并自主查阅相关网站与资料，利用深圳欢乐谷的既有资源、往届节事活动的举办经验及未来发展方向，结合目前旅游市场需求的变化，深入分析目标旅游者的需求特征，完成“××××年深圳欢乐谷玛雅狂欢节活动方案”。

三、实训背景材料

(一) 深圳欢乐谷简介

深圳欢乐谷是华侨城集团新一代大型主题乐园，首批国家AAAAA级旅游景区，占地面积35万平方米，总投资20亿元人民币，是一座融参与性、观赏性、娱乐性、趣味性于一体的中国现代主题乐园。1998年开业以来，深圳欢乐谷经过五期的滚动发展，已成为国内投资规模最大、设施最先进的现代主题乐园。开业15年来，深圳欢乐谷共接待海内外游客3000多万人次，入园人数连续8年傲居国内第一，并连续4年荣膺亚太十大主题公园，成为中国主题公园行业的领跑者。

1. 九大主题区

西班牙广场、魔幻城堡、冒险山、金矿镇、香格里拉·雪域、飓风湾、阳光海岸、欢乐时光和亚洲首座荣获国际水公园协会“行业创新奖”的玛雅水公园，100多个老少皆宜、丰富多彩的游乐项目。从美国、荷兰、德国等国家引入众多全国乃至亚洲独有的项目，如全球至尊弹射式过山车“雪域雄鹰”、世界最高落差的“激流勇进”、中国第一座悬挂式过山车“雪山飞龙”、中国第一座巷道式“矿山车”、中国第一座“完美风暴”、中国第一辆“仿古典式环园小火车”、亚洲最高的中国第一座“惊险之塔”——太空梭、亚洲首座集视听触觉于一体的四维影院、世界轨道最长的水战船——丛林水战以及国际一流水平、国内第一条高架观光游览列车——欢乐干线。

2. 娱乐演出

每天有几十场演出在园区精彩上演，从服饰到动作，从音乐到环境，零距离的表演氛围使欢乐谷成为名符其实的欢乐海洋。一是地道战，生动地再现了当年抗日战争波澜壮阔的历史画卷。置身其中，更能体现到影视拍摄的欢乐，吸引了众多游客的眼球。二是魔幻广场的欢乐集市。三是综艺晚会《炫艺@天空》，以青春、动感、梦幻、欢乐为主线，通过芭蕾与街舞的联姻、武术与魔术的混搭、滑稽与杂技的跨界，展现多彩艺术和炫动潮流。四是极限运动表演《极限时空 x》，是欢乐谷的“招牌菜”，来自美国、加拿大等国内外顶尖的小轮车、滑板、轮滑选手在这里为您上演各种高难动作，速度与技巧的完美结合让您叹为观止。五是欢乐剧场的魔踪幻影，演艺着当街舞遇见魔术、当时尚爱上古典、当滑稽冲撞惊险等种种创新与探索。六是全景式魔幻剧《幻城》，能让所有孩子一起体验魔术的神奇。

（二）资料索引

● 深圳欢乐谷官网. http://sz. happyvalley. cn.

● 华侨城集团公司. 21 世纪中国主题公园发展论坛[M]. 北京：中国旅游出版社，2003 年.

● 郑维等. 主题公园营销模式与技术[M]. 北京：中国旅游出版社，2005 年.

● 欢乐谷. 中国的欢乐谷[M]. 广州：中山大学出版社，2008 年.

（三）策划案提纲参考

1. ××节前期调研

1.1 经济环境与发展环境分析

1.2 资源条件分析

1.3 区域节事活动发展现状

1.4 ××节可行性分析

1.5 ××节的目标

2. ××节的定位

2.1 市场定位

2.2 主题定位

2.3 形象定位

3. ××节活动项目策划

3.1 核心品牌项目

3.2 轰动性活动项目

3.3 辅助性活动项目

4. ××节商业运作模式

4.1 运作机制

4.2 管理机制

4.3 盈利机制

4.4 成本控制

5. ××节的营销传播

5.1 举办前的造势运作

5.2 宣传印刷品设计与制作

5.3 活动期间新闻发布与报道

5.4 节后新闻传播

6. ××节的现场管理与执行

6.1 展览、会议安排

6.2 组织机构与人员分工

6.3 开、闭幕式设计

6.4 环境布置与活动场地布置

6.5 活动组织与节目邀请

6.6 配套接待服务安排

6.7 安全保卫及紧急事件处理安排

7. ××节的财务成本管理

7.1 成本预算

7.2 融资渠道和方法设计及收入估算

7.3 效益分析

8. ××节的评价

8.1 节后跟踪监测与效果分析

8.2 节后跟踪服务

四、实训组织与过程

(一) 组建实训组织机构

为了便于各地师生方便开展此项实训,亦可就近选择相应的校企合作单位。

1. 指导老师

建议设置校内专业指导老师1—2名,企业指导老师1—2名。其中,校内专业指导老师具体负责节事活动策划的技术操作流程,企业指导老师负责帮忙资料搜集、市场分析、实地调研、分析活动的可行性等。

2. 学生分组

建议将全班划分为若干个实训小组,每个小组设项目组长1名,成员4—6名。项目组成员宜随机分配,不宜把同寝室、同地区、同性格的同学划归一组。

(二) 实训的具体过程

1. 现场调研考察与讨论交流

由专业指导老师带队,至企业现场与企业指导老师汇合,并由企业指导老师及其助手带领学生实训团队对企业进行专题性调研、考察,以尽可能多地搜集资料。此过程可视实际情况采用二手材料分析得出相关结论。

2. 旅游节事活动的策划与论证

根据旅游节事活动策划的决策阶段、内容策划阶段、执行阶段和评价阶段的技术要求,完成该项活动方案的编制与论证。

3. 实训成果的评价与总结

由校内专业指导老师、企业指导老师及学生代表组成实训成果评价小组,对每个实训小组的成果进行综合评价;事后,每个实训小组形成最终的总结报告,提交校企双方。

五、实训成果评价细则

(一) 评价主体及其权重

本次实训成果的评价建议由校内指导老师、企业指导老师及学生代表(每个实训小组各选1名代表)参加,权重分别为40%、40%和20%。

(二) 评分细则

表 3-1 旅游节事活动策划方案评价标准

活动名称:__________ 汇报人:__________ 第___组

评价内容		评价分值	评价标准	评价得分
策划内容	内容完整性	15 分	包括活动名称、主题、时间、地点、组织单位、活动内容、预算、营销及其他,每缺一项扣 2 分。	
	活动主题及内容策划	25 分	策划内容紧紧围绕主题得 22—25 分;基本围绕主题得 17—21 分;活动有新意但偏离主题得 11—16 分;活动无新意且偏离主题得 0—10 分。	
	活动设置的科学合理性	15 分	时间、地点设计合理得 12—15 分;基本合理得 8—11 分;不甚合理得 0—7 分。	
	内容的准确性	10 分	涉及组织单位、活动预算、营销等相关内容。	
表现方式	PPT 演示稿	15 分	PPT 演示稿条理清晰、表现到位得 12—15 分;条理基本清晰、表现基本得体得 7—11 分;其他方面得 0—6 分。	
	现场演讲	10 分	演讲者形象气质佳、演讲流利、条理清晰者得 8—10 分;形象一般、演讲一般得 5—7 分;其他方面得 0—4 分。	
	现场答辩	10 分	现场答辩流利、回答内容准确得 8—10 分;答辩一般,内容基本准确得 5—7 分;其他方面得 0—4 分。	
评委签名:			合计得分:	

本章小结

旅游节事活动是指能够对人们产生吸引,并可以被用来开发成消费对象的节日和活动的总和。它具有明显的时间性或周期性、短期性、群众性、民族性和地域性、主题性、综合性等特征。

了解旅游节事活动的类型对于开发和策划节事活动、推动会展业和旅游业的发展有着十分重要的意义。节事活动内容广泛,形式多样,可以根据不同的标准,站在不同的角度对其进行分类,如按规模和重要性的不同划分、按产生的属性不同划分、按内容的不同划分、按主题的不同划分、按组织者的不同划分等。

举办旅游节事活动的目的不仅仅在于吸引旅游者、消费者、赞助商、承包商等参与者,而且还在于成功举办后所能带来的多种牵动效应。它一方面推动当地经济的发展,带来物质文明的发展,另一方面为当地文化的定位奠定基础,带来精神文明的发展。

策划一个完整的节事活动需要经历决策、内容策划、执行、评价四个阶段。在决策阶段，由单位或个人发起举办节事活动的倡议，经过可行性分析检测“可行”之后，成立相应的管理组织机构，并确定节事活动的目标。内容策划是节事活动策划的核心步骤，具体包括主题与名称策划、标志物策划、举办时间和地点的确定及选择、举办单位的筛选、具体活动内容设计策划、营销推广、志愿者招募、获得赞助商支持、财务成本管理、现场管理等内容。在执行阶段要重点做好监察控制、事故处理、关闭工作等三个方面的工作。

旅游节事活动是一个新兴的产业，只有通过科学的、严格的评价，才能使所有的活动项目利益相关者认识到它的作用和影响，并总结成功经验，接受失败教训，不断提高活动的质量。

讨论与思考

1. 旅游节事活动对地方发展的负面影响可能有哪些？
2. 简述一次性节事活动和重复性节事活动的可持续性问题。
3. 如何看待许多洋节的兴起和我国传统节日的退化？
4. 在进行节事活动策划的过程中，如何处理传统性与现代性的关系？
5. 在旅游节事活动的现场管理中，可能会出现哪些问题？该如何规避或解决？

扩展技能训练

六一儿童节即将来临，请以某旅游景区或旅游度假区为例，策划设计一个针对儿童市场或家庭市场的旅游主题活动。

项目四

景区项目策划

本章导学

自1999年《旅游景区质量等级划分与评定》国家标准的出台，2001年推出了首批A级景区，至2012年底共产生了5915家国家A级景区，涌现出了一批世界遗产、国家公园、主题公园、海滨旅游、森林旅游、红色旅游、乡村旅游、温泉、高尔夫、特色街区、商贸购物、节庆活动等类型多样的高等级旅游景区。

纵观国家A级景区的发展态势，整体上呈现出景区领域空前多元化和规模化、景区类型的系统化和产业化、景区品牌的精品化和人文化、景区展示日益信息化和智慧化、景区经营趋于市场化和国际化、景区管理更加标准化和规范化。因此，我国旅游景区已经进入了全面提升发展的新阶段。无论是既有景区的转型升级，还是新建景区的规划设计，都必须有系统的、科学的项目策划。

通过本项目的学习与实践,要求学生掌握如下专业能力与方法能力:

1. 专业能力目标

- 能深入理解景区项目策划的特征、功能、内容与分类;
- 能熟练掌握景区项目策划的程序或步骤,熟练完成相应的工作内容;
- 能根据实际地形等综合自然环境条件,实现策划项目的科学布局;
- 能根据特定主题定位,完成景区的项目内容策划或创新设计;
- 对策划项目的投资效益进行静态收益分析。

2. 方法能力目标

- 能利用多种途径搜集特定主题的文献资料;
- 能通过市场调研比较分析既有旅游市场供需结构;
- 能通过地形图分析评价景区的建设条件;
- 能掌握项目投资收益的测算方法。

重点掌握景区、景区项目、景区项目策划;基础核心市场、重点开拓市场、外围机会市场;局部旅游产品、整体旅游产品;建设资金、运营费用;景区项目管理等关键术语。

任务1 认识景区项目策划

一、景区项目策划的概念和实践

(一) 景区项目策划的概念体系

1. 景区

所谓景区,又称旅游区、旅游景区(点),一般指具有一定自然或人文景观,可供人们进行旅游活动的相对完整的空间或地域。根据国家标准《旅游景区质量等级的划分与评定(GB/T 17775—2003)》,旅游区是以旅游及其相关活动为主要功能或功能之一的空间或地域。标准中旅游景区是指具有参观游览、休闲度假、康乐健身等功能,具备相应旅游服务设施并提供相应旅游服务的独立管理区。该管理区应有统一的经营管理机构和明确的地域范围。包括风景区、文博院馆、寺庙观堂、旅游度假区、自然保护区、主题公园、森林公园、地质公园、游乐园、动物园、植物园及工业、农业、经贸、科教、军事、体育、文化艺术等各类旅游景区。

2. 景区项目

所谓景区项目,又称为旅游景区项目,应该是一个长久性的旅游吸引物,其主要目的是让旅游者得到休闲消遣的机会。景区项目不仅应该吸引严格意义上的旅游者或一日游游客,而且还要对当地居民具有一定的吸引力。马勇等(2005)认为旅游项目是指借助于景区的旅游资源开发出的,以旅游者和当地居民为吸引对象,为其提供休闲消遣服务、具有持续旅游吸引力,以实现经济、社会、生态环境效益为目标的旅游吸引物。

3. 景区项目策划

项目策划是指以具体项目为对象进行的策划活动。旅游景区项目策划就是指对旅游景区战略工作的思考和安排，是为了实现景区特定发展目标而采取的一系列行为。依据旅游资源类型的不同，可将景区项目策划划分为自然景区项目策划、人文景区项目策划和人造景区项目策划等；依据活动类型的不同，可将其划分为餐饮项目策划、娱乐项目策划、住宿项目策划、交通项目策划等；依据策划深度的不同，可将其划分为整体项目策划和局部项目策划等。

（二）景区项目策划的实践

1. 实践历史

景区项目策划的起源很难说清楚确切时间。许多现在的旅游项目最早的功能并不在于旅游，包括万里长城、故宫等物质遗产以及各民族的文化节庆活动等非物质遗产。有意识地建设起来的旅游项目可追溯至古代达官贵人修建的园林、避暑山庄、狩猎场以及围绕这些场所进行的活动。

1872年3月1日，美国国会通过了《黄石公园法案》是景区项目策划的一个里程碑，它确立了旅游景区项目的一些基本性质。该法案指出，将具有优美景观的土地保护起来，以方便人们进行旅游活动。根据该方案，黄石公园设立的主要目的有两个：一是"此地区应致力于建设成为一处可提供民众享受福祉及快乐的公园及愉悦之地"。二是"保护所有的树木、矿产、自然珍品或奇景，使其避免受到伤害或掠夺，并使其在最接近原始的状态下提供现代及后世子孙游憩、教育、文化及科学的价值"。

20世纪初，我国建设了第一批面向公众的公园。新中国成立后，我国又有意识地建设了一批城市公园、公共绿地、风景名胜区、旅游度假区等。改革开放以来，随着各类旅游景区的发展特别是市场化，现代旅游景区项目策划也被引入到旅游景区经营管理之中，促进了旅游景区和旅游业的发展。2003年，国家标准《旅游规划通则(GB/T 18971—2003)》的颁布实施，是我国旅游景区项目策划实践史上的重要节点；2006年，《风景名胜区条例》正式颁布实施，结束了我国长达几十年的风景名胜区管理的"暂行"印记。2013年10月1日，《中华人民共和国旅游法》正式颁布实施，对旅游景区策划与区域旅游规划作了明确的规定，使得景区项目策划步入了新里程。

2. 存在问题

(1) 景区项目策划的普及度不高

很多旅游景区的建设没有进行项目策划，完全依靠管理者或建设者的"拍脑袋"，而管理者或建设者从自身利益出发，往往倾向于建设大项目、洋项目，缺乏统盘考虑。建设性破坏已经成为普遍影响我国景区可持续发展的严重问题。

(2) 景区项目策划的科学性不足

盲目跟风、一哄而上是我们景区项目建设中的一个重要弊端。如"西游记宫"的泛滥就让一个本来很好的项目变成了面目可憎的东西。缺乏对市场的详细调研，不了解客源市场的真正需求，一厢情愿地进行市场预测，使策划出来的项目难以取得很好的效果。项目的空间布局又不以生态环境的保护为前提，不适宜建设的地方均遭到了过度开发。

（3）景区项目策划的专业性不强

人才制约是影响旅游景区项目策划质量的重要原因。众所周知，我国旅游规划、旅游策划行业正处于“千军万马混战”的阶段，不同专业、背景、学历的人都在做规划和策划。但是真正对景区项目策划有深刻了解、具备雄厚专业知识与技能的人才则寥寥无几。

（4）景区项目策划的理论性滞后

迄今为止，景区项目策划还没有系统的理论支撑。相关的景区项目策划理论探讨还停留在非常粗浅的层面。理论上的滞后严重影响了旅游景区项目策划的雷同。贪大求洋、媚俗、粗劣等现象，与理论性滞后不无关系。

想一想 景区项目策划实践面临着如此多的问题，意味着什么呢？

二、景区项目策划的功能和特征

（一）景区项目策划的意义

社会的发展造就了策划的历史，而策划又促进了社会的发展。旅游业作为当今世界上最大的产业之一，而旅游景区则是旅游业发展壮大的核心载体。因此，旅游景区项目策划，有利于更好地提升旅游景区产品的质量，更好地实现景区资源的价值，促进旅游景区的快速发展，并更好地满足旅游者的需要，促进人们的身心健康和社会文明发展。

（二）策划与规划的差异

景区项目策划与旅游规划之间存在诸多异同点。一般而言，项目策划的对象相对比较单一，侧重创意而不是规范。

1. 概念差异

旅游规划是一个地域综合体内旅游系统的发展目标和实现方式的整体部署过程。规划经政府相关部门审批后，是该区各类部门、企业进行旅游开发、建设的法律依据。规划要求从系统的全局和整体出发，着眼于规划对象的综合、整体优化，正确处理旅游系统的复杂结构，从发展和立体的视角来考虑和处理问题。因此，规划必须是高屋建瓴、统领全局，为旅游实践提供指导性的方针。

旅游策划是依托创造性思维，整合旅游资源，实现资源、环境、交通与市场的优化拟合，实现旅游业发展目标的创造过程。策划强调的是通过创造性思维，找出资源与市场间的核心关系，建构可采取的最优途径，形成可实施的明确方案，并对近期的行动进行系统安排。

2. 理念差异

旅游规划是一套法定的规范程序，是对目的地或景区长期发展的综合平衡、战略指引与保护控制，从而使其实现有序发展的目标。规划是为旅游发展设计的一个框架，这个框架必须是长期的、稳定的和必要的。

策划是从创造性思维的角度出发，以资源与市场对接为目标，用独树一帜和鹤立鸡群的方法解决旅游吸引力、产品、开发过程、营销等方面的独特性与操作问题;围绕旅游吸引力、商业感召力、游憩方式、营销方式、商业模式等问题的解决,旅游策划必须具有创新性和可操作性。

3. 任务差异

旅游规划的基本任务是:通过确定发展目标,提高吸引力,综合平衡游憩体系、支持体系和保障体系的关系,拓展旅游内容的广度与深度,优化旅游产品的结构,保护旅游赖以发展的生态环境,保证旅游地获得良好的效益并促进地方社会经济的发展。

策划的基本任务则是:针对明确而具体的目标,通过各种创造性思维和操作性安排,形成游憩方式、产品内容、主题品牌、商业模式,从而形成独特的旅游产品,或全面提升和延续老旅游产品的生命力,或建构有效的营销促销方案,并促使旅游地在近期内获得良好的经济效益和社会效益。

(三) 景区项目策划的功能

1. 规划前的策划——总体概念与思路

规划前的策划,主要解决三个问题:一是进行深度的市场研究,准确定位市场、定位主题、定位形象、确立核心目标与吸引力;二是整合资源与市场,大胆创意,形成具有吸引力的产品形态;三是运用韬略,建构战略,并落实为战术和行动计划。在旅游规划之前,需要有策划的介入,才能形成总体的概念、框架与思路,为后期规划的编制提供指导。

2. 规划后的策划——深度策划与落实

一个好的规划,必然要高屋建瓴、高瞻远瞩,但由于规划的任务在于把握规划地块的长远发展目标,涉及产业配套、用地控制与平衡等方向性的大问题,存在操作性上的欠缺。在当前景区的实践中,往往存在规划完成了,但没有形成具体可进行招商引资的项目,没有形成营销的具体战略战术及行动计划,没有开发运作的具体步骤等问题。这时就需要进一步进行策划,将规划的大理念转变为具体的产品和行动计划。依托后期的策划,可以进一步编制详细规划并进行建设。

一般而言,旅游景区发展规划应侧重于景区发展的战略目标与方向、空间布局、战略重点、产业配套、用地控制与平衡等方面,而作为深度策划的景区项目策划则应侧重于具体项目的安排和资源的调配。景区项目策划以景区发展规划为指导,景区发展规划以景区项目策划为支撑。但是,由于我国旅游景区很少单独做项目策划,往往与景区发展规划融为一体,导致景区发展规划陷入琐碎的资源安排当中,迷失了发展方向和重点,又影响了景区项目策划的深入,制约了项目策划的科学性,导致景区项目策划缺乏独立发展的环境。

(四) 景区项目策划的特征

与一般项目策划相似,景区项目策划也拥有功利性、社会性、创造性、时效性和超前性等特征,并拥有综合性、空间性和体验性等独有的特征。

1. 综合性

旅游活动是一种涉及社会、经济、文化等多方面的综合性活动,旅游者的旅游活动也涉及"吃住行游购娱"等多方面的综合性需要。旅游景区作为相对独立的旅游经营单元，以满足人们游览游憩活动需要为主要工作，不必囊括旅游活动的所有要素，但是旅游活动的综合性，决定了景区项目策划也必须考虑到旅游者的多方面需要。尤其是随着景区的转型升级，其综合性趋势日益明显，旅游综合体不断涌现，也日益受到市场的欢迎与青睐。

2. 空间性

旅游景区具有固定的地域范围，也是一个空间的概念。因此，景区项目策划也必然建立在一定的地域范围之内，受到自然、人文等综合环境的制约或影响。景观建设和旅游活动都必须依赖空间进行。因此，景区项目策划必须对空间环境和活动场所进行策划。

想一想 哪些因素会影响到景区内部项目或设施的空间布局？

3. 体验性

旅游景区是关于人及其情绪与喜好的行业。旅游产品不是以物质形态表现出来的劳动产品，而是主要以多种服务表现出来的无形产品。对于旅游产品的重要组成部分——旅游景区而言，更是如此。旅游者只有通过体验，才能感受到景区的使用价值。景区产品的这种体验性质使得景区项目策划必须充分考虑到景区项目的文化内涵，以使旅游者从景区的旅游活动中获得更大的精神享受。

三、景区项目策划的内容

景区项目策划的内容主要包括项目名称、项目风格、项目布局、产品体系及实施管理等内容。具体阐述如下：

(一) 项目名称

策划设计景区项目名称是景区项目策划的一个重要内容。景区项目名称是连接旅游景区项目与旅游者的桥梁。在对旅游景区项目命名时要仔细揣摩旅游者的心态，力争通过一个有创意的名称，来吸引广大旅游者的眼球。如某私企联合某中医药大学，共同投资开发“杭州径山中医养生谷”景区项目，既涵盖了景区所在地及其禅茶文化内涵（径山寺是杭州西郊的著名寺庙，也是日本茶道的起源地，茶圣陆羽在此著书），又突出了以中医为核心特色的养生产品体系，迎合了当前城镇居民追求健康、养生的需求。

(二) 项目风格

在景区项目策划中，要将该项目的特色或风格表现出来，使其中所蕴涵的民风、民俗和文化氛围较易为人们所掌握，并以此来控制景区的发展方向。具体而言，包括：景区主体建筑物的规模、形状、外观、颜色和材料；建筑物的内部装饰风格，如建筑内部的分隔、装修和装饰的材料；旅游项目相关辅助设施和旅游服务设施的外观、形状和风格，如道路指引牌、垃圾箱、停车场、洗手间、景观庭院等。

(三) 项目布局

景区项目具有一定的空间特征。景区项目策划时要明确给出每一个子项目或设施的占地面积及建设的大致地理位置，这两个内容必须具体到在实际操作过程中可以在空间上进行落地的程度，包括：项目具体的地理位置；建筑物的整体布局，各建筑物的位置及建筑物之间的距离；开放空间的大小和布局。

（四）产品体系

景区项目策划中必定要形成一个综合性的产品体系，可能是关于民风、民俗的节庆活动，也可能是一些参与性较强、娱乐性较强的游乐产品。但是，不管是哪一类产品，都不可能是单一的，必定是多种多样产品的组合。因此，在景区项目策划中，要明确表明什么是该项目的主导产品。

（五）实施管理

景区项目策划应该具有全程性的特征，交接了项目策划的文本和图纸并不是策划结束的标志，它还应涉及项目建设后的日常经营管理以及项目在新的市场环境下如何调整等问题。因此，景区项目的策划设计还应对景区项目的工程建设管理、日常经营管理、服务质量管理以及经营成本控制等内容加以明确规定。

任务2　掌握景区项目策划的技术方法

一、景区项目策划的组织和调研

组织和调研是景区项目策划的基础工作。组织为项目策划提供人才准备和机制保障，调研为项目策划提供信息准备。只有组织和调研两方面的工作都做好了，策划工作才可能顺利地进行。

（一）景区项目策划的组织

1. 旅游景区项目策划的团队构成

（1）人员素质要求

与一般策划相比，景区项目策划涉及的内容更广、更全面，对人才素质的要求更高。国内现在有很多人在从事旅游策划工作，因此并不缺懂得一般操作程序的策划人士，缺的是基础厚、复合型、勇于创新的策划大师。真正能适应未来发展的旅游策划师，应该是多门学科的集大成者，是"创新型"综合人才。因此，要求旅游策划人员应具备素质全面、知识渊博、善于沟通、充满激情、具有良好的审美观、富有责任感、合作精神、科学精神与人文精神等基本素质。

（2）团队构成要求

从广义上说，进行一项景区项目策划工作，课题组织应包括甲、乙（委托方和策划方）双方人员。因此，完整的课题组织通常包括策划指导组、策划顾问组、策划工作组和策划编制组。策划指导组或称策划领导组，一般由甲方上级主管领导任组长，由乙方上级分管领导出任副组长，有时下设办公室，由甲方主管领导出任办公室主任。指导成员由甲方各权力机关以及相关部门人士组成。指导组的作用主要是在策划编制时提供协调，并为策划实施打下良好基础。策划顾问组有时可以与指导组合并，也可以邀请行业知名专家担任。策划工作组由甲乙双方人员共同组成，由策划负责人出任组长（或由甲方主管领导出任组长，由策划负责人出任副组长或执行组长），主要承担策划的实际工作。工作组可下设编制组，负责策划的具体编制事务。

试一试 某地级市A在新形势下，觉得编制该市旅游发展概念性策划方案已势在必行。因此，该市分管旅游的副市长甲指示市旅游局B编制概念性策划方案。该市旅游局B为确保策划方案的科学性、合理性与可操作性，委托了国内某知名旅游策划咨询机构C编制方案。双方商定，邀请国内知名旅游专家丙和丁担任顾问，由C的首席策划师乙担任项目负责人。请拟定该项目的组织构成(具体人员名单可自行拟定)。

(3) 知识构成要求

我国旅游策划或规划人员来自各个学科、各个部门，表面上能够满足旅游策划或规划的需求，但在实际操作过程中，项目组人员的构成往往被大大简化，通常是以项目负责人所在单位或其所学学科方面的专家为主，很少能有其他学科的专家参与。学科之间、专家之间和部门之间缺少实际的交流和合作，相互间的“本位主义”现象非常突出。策划队伍本身应有各方专家的参与，不同学科的人员、中外专家融通，优势互补，彼此借鉴，根据景区性质不同，需要的学科人员亦有所不同。一般一个完善的策划团队应该包括旅游地理、景区管理、产业经济、园林设计、市场调查、专业策划、建筑工程、财务分析、美术设计等专业人员。

2. 景区项目策划的工作日程安排

景区项目策划的工作非常烦琐，需要较多的时间，策划时限常以月计。影响策划工作时限的因素有很多，主要包括策划方的能力和时间安排、委托方的安排和协调、景区规模大小、景点数量多少、策划内容范围、策划详细程度等。当然，景区因为某种特殊目的，可能要求策划方在较短时间内完成。景区项目策划工作时限是委托合同中的重要条款。

以一个半年期限的策划为例，参考日程安排如下：第一个月内，开展实地考察、资料收集、调研等工作；第二个月内，开展调研总结、资料整理分析、内部研讨工作，制定总体框架，并交流汇报；第三、四个月内，细化总体框架，书面汇总初期成果向甲方汇报，征求意见；第五、六个月内，根据甲方的反馈意见对文本进行修改并完成最终成果。

(二) 景区项目策划的调研

项目调研就是利用各种手段了解和项目相关的各种信息，作为项目策划的依据。项目调研是否翔实，将直接影响项目策划成果的科学性与可操作性。具体调研的内容，通常包括：

1. 景区资源的调研

一是景区资源的赋存特征，涉及观赏价值、游憩价值、美学价值、历史价值、科学价值、经济价值；二是景区资源开发特征，包括空间规模、景点数量、集中度、区位、区域经济背景、可进入性等。

想一想 要完成景区资源的调研内容，是否与国家标准《旅游资源的分类调查与评价》的核心内容相一致？

2. 景区市场的调研

一是景区目前市场的占领情况,包括市场份额、市场特性与消费者特征;二是景区可能进入的市场情况,包括市场潜力、市场特性、消费者特征、市场壁垒;三是行业和市场的发展趋势;四是景区竞争对手的情况,包括目前的竞争对手和潜在的竞争对手。

想一想 要完成景区市场的调研内容,通常可以采取哪些技术方法?

3. 景区管理机构调研

熟悉景区管理机构已经进行、正在进行和将要进行的工作。景区管理机构是项目策划的委托人,了解它们的想法和意图非常重要,这关系到策划是否能够通过,以及能否得到认真实施。在实践中有时会碰到委托人和策划机构意见不一致的情况,这时专业策划机构不应一味迎合委托人,而应在考虑委托人意见的前提下,经过充分调研,表明自己的意见,争取说服委托人。这也是体现职业道德的重要内容。

4. 相关利益相关者的调研

首先是相关企业的调查。包括景区内外的企业,主要是指饭店、旅行社、游览娱乐场所、旅游商店等旅游企业,也包括影响景区项目经营的其他企业。通过对这些旅游企业的调查,一是可以了解部分市场情况;二是可以了解他们对景区项目的想法。其次是景区邻近社区或内部社区的调研,包括社区的人员结构特征、素质发展状况、旅游发展意愿、收入来源组成等。第三是政府部门的调研,因为景区项目的后续建设,必然需要多个政府部门的支持。

5. 景区环境的调研

主要包括景区项目策划需要了解的其他因素,如人口因素、经济因素、生态因素、科学技术因素、政治法律因素、社会文化因素等。

想一想 要完成景区项目策划的调研工作,需要遵循哪些原则?

二、景区项目的综合评价分析

在组织好策划团队和收齐相关资料以后,接下来的工作是对已有信息进行梳理、分析与评价,最重要的包括项目背景分析和综合条件分析。

(一) 景区项目策划的背景分析

项目背景分析是景区项目策划的重要工作。通过项目背景分析,可明确景区项目立项的背景、总体发展思路以及策划接受的具体任务。

1. 立项背景分析

景区提出进行项目策划的背景存在很大差异。策划委托单位是景区管理机构、上级单位还是投资商,这对景区项目性质有着重要影响。景区管理机构、上级单位和投资商关注的内容各不相同,策划所体现的内容也有所差别。景区的发展位于生命周期的哪一阶段对景区项目的性质也有重要影响,项目策划的目的是迅速打开市场,还是提升景区品质,或者避免景区效益下滑,这影响到策划的主题定位与目标。景区项目是总体策划,还是对某一项具体产品的开发、景观设施建设项目的策划,这自然限制了策划的内容和范围。景区项目策划的主要目的可能是解决某一具体问题,比如游客分布的不均衡问题、突破景区形象问题、产品升级换代问题、特定市场开拓的问题。所以,策划时应该将委托方最关注的问题作为重点。有时景区发展中存在的问题需要策划者系统诊断,比如为什么景区最近几年效益下滑?这需要策划者根据各种信息进行判断。经济效益通常是委托方最关注的,但有时景区项目策划的目的可能是为了其他效益,比如说社会效益、文化效益、环境效益,当然还有政治效益。旅游景区发展的目的是增加旅游者人数,还是增加旅游收入,或者控制旅游者数量、提高景区效益,不同的目的将影响整个策划的思路。

通常,在甲方与乙方签订的委托编制合同中,会有明确的策划任务,具体可从三个方面进行分解:一是技术性任务,包括项目策划进展,策划方必须保证如期向委托方提交策划成果,以及项目策划的最终成果是通过内部论证还是外部评审;二是原则性任务,即项目策划必须遵循的工作准则;三是目标性任务,也就是项目策划必须解决的问题,是项目策划的主体内容。

2. 宏观背景分析

在明确项目自身立项背景的基础上,策划团队还需要系统分析项目所在地的宏观背景。大至国内外经济发展形势与党的大政方针,小至地方上级规划的目标地块定位等。只有充分摸透了区域产业经济发展的总体趋势与要求,所策划景区项目才能在所在区域内生存,否则就是不合时宜的。

想一想 假如在你的家乡策划建设一个大型主题公园,你觉得合适吗?你该从哪几个方面来分析?

(二)景区项目策划的条件评价

1. 景区资源条件

旅游资源是旅游景区项目建设的重要依托。因此,对旅游景区的资源作出正确的评价是景区项目策划的重要内容。一个全面的旅游资源评价主要包括以下内容:旅游资源数量、类型、品位、人文景观和自然景观结合度、在全国同类景区中的地位;从旅游资源类别角度进行具体分析,每一类别旅游资源的情况,哪种类别旅游资源具有优势;旅游资源相互之间的空间关系;旅游资源分布的密度、形状;旅游资源的开发利用程度以及开发潜力;旅游资源的美学价值、科学价值、旅游价值、经济利用程度以及开发潜力;旅游资源的美学价值、科学价值、旅游价值、经济价值等。

想一想 以迪斯尼乐园为代表的主题公园项目策划,是典型的"无中生有"。是否意味着景区资源条件的评价并不重要?随着旅游者关注重点的转移,景区的生态环境可能更为游客所看重,这意味着什么?

2. 景区区位条件

景区区位主要是指景区与比较成熟的旅游客源地之间或依托城镇、交通干线的相对位置。旅游区位可从市场角度对景区的优劣作出评判。

(1) 客源区位

一些景区游客的多少并不主要取决于资源的吸引力,而更多的是由于位置的吸引,这是因为多数游客的“钱”、“闲”有限,只能选择近地域游览或休闲。例如上海周边大大小小的景区都“人满为患”,并不全是因为那儿的资源价值高,而是因为它们紧邻上海市区,满足了城市居民双休日休闲游览的需求。这也是为什么大都市附近都能形成“环城游憩带”的重要原因。因此,景区客源区位的评价一定要分析客源市场距离景区的远近。

(2) 交通区位

一个景区游客的多少,除了取决于资源的优劣和客源市场的远近之外还取决于交通线路的数量、等级和通畅程度。交通不便,可进入性差往往是不少景区发展的制约因素。例如,不少“老、少、边、穷”地区虽然有绝佳的旅游资源与环境,但却因位置偏僻、地形阻隔、经济落后而缺“路”少“线”而难以进入,致使旅游业发展缓慢。四川九寨沟、西藏拉萨、云南西双版纳、新疆天池、陕西延安等就是例证。

想一想 国内旅游资源或旅游风光最好的地方应该在哪里?国内旅游景区发展最发达的地方又在哪里?两者的空间范围一样吗?为什么?

然而,还有一些景区并非因地处“天涯海角”,却因交通线路不畅而影响或制约了旅游发展。如五台山、衡山、曲阜、华山、泰山、桂林等都为中外著名旅游胜地,但六地均无或少始发和终点列车,且前五地没有机场、前四地离火车站还有一大段距离,游人进出困难或进去容易出来难,这使不少旅游者望而却步。相反,那些交通区位良好,飞机直航、高铁直达或者拥有旅游直通车的旅游景区,则可以吸引众多的远方游人,例如北京、上海、广州、成都、杭州、昆明等。

(3) 资源区位

一个景区能否健康、快速发展以及发展的程度,不仅取决于资源的绝对价值,更取决于资源的相对价值,即取决于景区在空间位置中与邻近区域资源的组合结构。同一地区内,地位较低的景区一般难以发挥出应有的价值,倘若再与他处雷同,则更会“雪上加霜”。这种先天不足,位于阴影区内的资源区位是不少景区难以有较大发展的根本原因。反之,资源不为同一类别而且相互补充,则会产生叠加效应,对游客具有综合吸引力。倘若两地资源价值又都很高,则更会“锦上添花”,令游客“喜上加喜”。最突出的例子莫过于泰山和曲阜了,两地均为世界遗产,一处是山岳风景,一处是儒家文化的发源地,且两地有高速公路相通,游人来山东,两地一起游,觉得特别划算。放眼神州大地,青岛与崂山、洛阳与嵩山、西安与华山、都江堰与青城山、黄果树瀑布与安顺龙宫、苏州与无锡等也都是具有叠加效应的旅游地域。

3. 景区社会经济条件

(1) 景区微观社会经济条件

一是资金。景区可以用来进行项目建设的资金、资金来源渠道、成本以及可能性。

广义上的资金也包括物资储备情况。二是人才，包括景区的人力资源状况，引进、培训途径、成本及可能性。三是技术条件，引进的途径、成本及可能性。四是制度环境，主要分析景区项目开发有哪些优惠政策和制约因素。

(2) 景区宏观社会经济条件

景区所在地的社会经济条件对景区项目开发具有重要影响。如景区所在地的经济发展水平既影响旅游投资能力，又影响旅游需求的形成。景区所在地交通、通讯等基础设施的完善与否，不仅影响景区的项目建设，而且影响旅游者生活的便利程度。而景区所在地对旅游开发的支持程度、居民好客度、社会治安等同样是构成景区产品吸引力的重要组成部分。

4. 项目建设条件

(1) 土地使用性质

目前，国内土地利用规划基本上已经详细到乡镇(街道)，也基本上明确了到2020年的土地建设用地指标。因此，在开展景区项目策划之前，首先要先明确景区所在地块的土地使用性质，哪些属于建设用地、哪些属于基本农田等。在进行项目策划及空间布局上，应充分考虑到可建设用地的空间位置，否则至少会延缓项目的建设审批。

(2) 建设适宜性分析

通过对景区项目策划范围的地质、地貌、水文、气象、植被、土壤等综合条件的分析，可将景区内部土地划分为宜建设用地、基本适宜建设用地和不适宜建设用地三类。不适宜建设用地通常属于生态脆弱区，应严格禁止各类旅游开发与观赏活动，并确保生态安全；基本适宜建设用地可重点布置各类观光、休闲类旅游项目设施；宜建设用地则重点布置住宿、餐饮、游乐类旅游项目设施。

想一想

请搜索关于“反规划”理论的相关知识，并反思传统规划理论有何局限性？在旅游景区项目策划或设计过程中，应怎么做？

5. 市场需求分析

对景区市场现状的分析主要包括现有市场的人口特征，如地区构成、性别构成、年龄构成、文化构成、职业构成、家庭结构、收入构成等；现有市场的行为特征，如影响出游决策的因素、休闲方式的选择、景点偏好等；现有市场的感知和期望，如感知形象、影响满意程度的因素、重游意向、推荐意向、期望和建议等。

试一试

请以某景区为例，尝试设计一份针对市场现状的调查问卷，并分析可能得出的结论。

21世纪是体验经济时代，旅游者的消费和需求已发生巨大的变化，认识这些对于策划旅游景区项目非常重要。

(1) 旅游消费结构

从旅游消费结构看，产品中情感要素的比重逐渐增加。旅游本身所追求的就是能够消除疲劳，获得一种心理上的愉悦。在体验经济时代，旅游者在注重旅游产品质量的同时，更加注重情感的愉悦和满足。旅游业的发展也表明，近年来随着人们旅游消费理念的改变，越来越多的人认为现代旅游不完全在于我到过哪里，更多的是一种生活方式的体验，一种旅游心情的分享。体验旅游已经成为现代旅游最具开发潜力的部分。"到农民家里体验田园生活"、"像职业探险家一样穿越西部无人区"、"去国外入住当地人家"……已经成为许多旅游者共同的心声。

(2) 旅游消费内容

从旅游消费内容看，人们越来越追求那些能够促成自己个性化形象、彰显自己与众不同的产品或服务。传统的"走马观花"式旅游已难以适应人们追求个性和自我的需求，参与性与互动性强的特色旅游成为最受旅游者喜爱的旅游产品形式，诸如野外生存训练、挑战极限等项目吸引了越来越多的游客。

(3) 旅游者价值取向

从游客追求的价值目标看，消费者从注重产品本身转移到注重接受产品时的感受。现代旅游消费者不仅仅关注得到什么样的旅游产品，而且更加关注在哪里，如何得到这一产品。也就是说，旅游者不仅仅重视旅游的结果，而且更重视旅游过程中的感受。

(4) 旅游产品接受方式

从接受旅游产品的方式看，人们已经不再满足于被动地接受企业的诱导和操纵，而是主动参与到旅游产品的设计中。旅游者参与旅游活动设计的程度进一步增强。主要表现在旅游者从被动购买整体产品发展到自己组织旅游产品和旅游路线，在旅游过程中，更愿意选择散客旅游而非团队旅游。

(5) 旅游动机

游客的旅游终极目标是为了追求快乐的体验，也就是追求新鲜感、亲切感与自豪感。新鲜感，即新奇与鲜活；亲切感也就是希望相互交流、相互理解；自豪感是对自己价值的肯定，是一种对自己满足的感觉。

想一想 你身边熟悉的旅游景区，哪些是符合现代旅游者的消费需求特征的？其支撑项目或产品是什么？

三、景区项目的总体策划与布局

名称、主题、定位、布局是景区项目策划的核心灵魂，相应产品体系的设计与配套服务设施策划，则是景区项目策划能最终实现的有力保障。

（一）主题选择与总体定位

1. 景区项目策划的目标制定

(1) 景区项目策划的目标体系

景区项目策划的目标包括总体目标和阶段目标。总体目标是对景区项目策划的远景目标或远景进行描述；阶段目标是对景区项目策划在各个阶段所要达到的目标进行描述，一般较为细致和具体。通常，可以将景区项目策划划分为近期、中期和远期三个部分。从表述方式来说，景区项目策划的目标通常包括概念性目标（目的）和数值性目标(指标)两个部分。如杭州市萧山区浦阳江生态旅游区策划的概念性目标是"以低碳旅游为特色,集生态游憩观光、生态人文体验、生态品质人居、生态养生休闲、生态创意产业、生态科考探险于一体的,国内知名、华东地区首位的休闲旅游小镇集群区,大杭州的生态产业高地、休闲城市建设的新驱动与休闲旅游产业统筹发展的典范区,与大江东新城、湘湖新城(主城)并肩推动萧山整体和谐发展",而其数值性目标则包括具体的游客接待量、旅游总收入、直接创造的就业岗位数等指标。

(2) 景区项目策划的目标内容

目标一般包括两个方面的内容:一是技术性内容,对旅游景区项目建设进度进行说明;二是效益性内容,对旅游景区项目所要达到的效果进行说明,效益性内容一般包括经济水平目标、社会效益目标、环境保护目标和文化发展目标等。在制定目标内容时,要秉承目标的可接受性、可检验性、可分解性、可实现性和挑战性原则,避免流于形式。

2. 景区项目策划的主题选择

景区项目主题是指旅游景区项目的核心内容和基本思想。景区项目的主题选择是对旅游景区项目核心内容和基本思想的确定。主题选择对旅游景区项目策划具有非常重要的意义。当你看到大禹开元主题酒店、雨林咖啡厅、蓝精灵蘑菇村等名称就知道它们的真正内容是什么,因为它们都点出了明确的主题。制定明确的主题可以说是项目策划、经营体验的第一步。主题就如同一篇文章的中心思想,一支乐曲的主旋律,缺乏主题、东拼西凑的策划设计,难以给游客留下深刻印象,甚至会事与愿违地造成负面体验。目前,我国不少旅游景区缺乏个性与特色,或"翻版克隆"其他旅游景区,或张冠李戴、生搬硬套,或杂烩拼凑、凌杂散乱,给游客千篇一律的感觉。如何确定一个明确的主题呢?一般而言,主题的确定应根植于本地的地脉、史脉与文脉,结合目标细分市场的需求,凸现个性、特色与新奇,避免与周边邻近景区的雷同。景区项目策划的主题选择思路可以从下面几个方面入手。

(1) 情感体验

具有诱惑力的主题必须调整人们的现实感受。人们到某一景区游览,是为放松自己或者寻求平常生活中缺乏的特殊体验。景区体验必须提供或强化游客日常所欠缺的现实感受。比如人们游览雷峰塔,可能是为了感受经典爱情或是甜蜜气氛,所以雷峰塔景区应提供类似的体验才能吸引更多的游客。

(2) 穿越时空

景区的主题,能够通过影响游客对空间、时间和事物的体验,彻底改变游客对现实的感觉。比如,美国的肯尼迪航空中心,为游客创造了从火箭升空到太空漫步的全程体验;《宋城千古情》将杭州发展历史的经典场景或元素予以了真切的展现,正所谓"给我一天,还你千年"。

(3) 身临其境

美是人类永恒的追求,优美的自然风光永远不会没有访问者。但是旅游项目策划中,为游客创造审美的体验并非一定要依托优美的自然风光,因为审美体验的实质就是为游客创造一种身临其境的氛围,所以体验的审美愉悦可以完全是自然的,也可以主要靠人工营造。例如阿联酋迪拜海滨的棕榈岛海滩度假区,就是通过填海工程,在海上建造了一座棕榈叶形状的岛屿型度假区，阳光沙滩、海水等自然景观与人工营造的棕榈岛完美地结合在一起。

(4) 寓教于乐

尽管教育是一件严肃的事情，但是并不意味着教育的体验不能充满快乐。实际上，求知与旅游是一种完美的结合。在中国古代便有“游学”。18世纪，修学旅游是英国贵族的必修课，直到今天修学旅游依然是旅游市场上受欢迎的产品。2013年11月，国家旅游局正式授予浙江旅游职业学院为国家4A级旅游景区，其主题就是国际教育旅游体验区，以景区开发与管理专业为核心，将学院烹饪专业的中西方美食DIY、休闲专业的茶艺茶道与高尔夫休闲、酒店管理专业的酒窖体验、外语专业的日韩文化体验馆等教育资源与旅游休闲、娱乐相结合。

(5) 营造梦想

对大多数人来说，现实的工作和生活年复一年，千篇一律，每个人内心深处都有逃避现实的渴望。科幻小说和童话故事中的情景使人憧憬不已，人们会梦想自己能够成为故事中的主人公，体验冒险之旅。事实上，目前在成功的旅游项目中，逃避现实的体验主要来自于对一些科幻式、冒险式电影和故事的模拟。例如欢乐谷的“美国西部淘金之旅”、美国加利福尼亚的荒野体验公园无不如此。也有对知名游戏或动画片或卡通人物的模拟，如迪斯尼乐园、HelloKitty乐园等。

3. 景区项目名称的确定

景区项目名称要用精确、简练的语言表述项目的主题，要具有独特性和新颖性，能够在众多旅游景区项目中让人耳目一新，并对旅游者产生吸引力。具体要求则可参照项目三关于旅游节事活动名称的确定。

扩展阅读

《杭州径山中医养生谷》的主题选择与定位

1. 规划思路

紧紧围绕杭州市建设“国际重要的旅游休闲中心”、“东方休闲之都”的战略定位，以共建共享最适宜居住的“品质之城、美丽之洲”为总指引，紧跟大杭州与区域十大特色潜力行业的发展格局，深刻挖掘禅茶文化与养生文化，坚持以生态低碳、市场导向、分期建设、互补共享、规模集聚为原则，积极实施“产业融合、品牌发展、精细发展、高端引爆”四大战略，合力聚焦“培育生态环境资源、推进项目设施建设、创新经营管理理念、拓宽旅游营销渠道”四大路径，助推径山生态度假旅游区的建设，使之成为打造杭州“东方休闲之都”的首选休闲养生基地和杭州国际旅游访问目的地、中华中医养生第一谷。

2. 目标定位

以产业融合为创新动力，以禅茶文化为特色内涵，以中医养生度假为核心功能，兼具文化体验、运动健身、农业观光、乐活休闲、特色美食等功能，具有强吸力的、最具本土元素的名副其实的“中医养生谷”。

3. 分期目标定位

(1) 近期目标

深入项目规划设计与论证，加快推进交通、游览、安全、环境卫生、邮电、购物、能源等基础设施的建设，分期推进各类服务管理与接待设施建设；项目初步成型，并具备一定的市场竞争力；同步做好经营管理文章，全面启动与相关单位的合作关系；力争至2015年，年接待量达到3.0万人次，年过夜人天数超过6万。

(2) 中远期目标

加强相关产业业态的培育，促进相关产业融合，增强项目的综合实力；着力提升服务质量水平，努力提高满意度与养生理疗效果，积极推进营销导向发展机制的建立，不断扩大中医养生谷的品牌影响力，构建中华第一"中医养生谷"品牌。力争至2020年、2025年，年游客接待量分别达到4.0万人次和4.5万人次，年过夜人天数分别超过11万和15万。

(二) 空间布局与项目创意

1. 空间布局与项目选址

(1) 影响景区空间布局的因素

在实际的景区项目策划过程中，影响景区的空间布局因素很多，既有自然地理环境等客观因素，又有道路交通、人文遗迹以及发展远景等主观因素。一般来说，食宿、购物等商业项目应该建设在景区核心功能区以外；在地理条件方面，如土地、水文、风向等因素对于建筑项目具有重要影响；在景观格局方面，旅游建设必须考虑景观之间的协调，既要考虑建筑物和景观环境之间的协调，也要考虑建筑物之间的协调；在生态环境方面，旅游项目建设要尽量避免对生态环境的损害，特别是要避开生态脆弱区；在游览路线方面，旅游项目是为旅游者进行旅游活动而建设的，因此要特别考虑旅游者的需要。

试一试 在给定范围的待策划景区，在布局其入口服务接待区、景观游赏区、动感游乐区、养生度假区等功能区块时，应重点考虑哪些因素？

(2) 景区的功能分区与布局

为满足游客"吃住行游购娱"等各方面的需求，旅游景区要拥有游乐区、休闲区、服务区等三个基本功能区，然后根据不同旅游景区的类型，再设置相应的观赏区、体验区或产品区。功能分区时，既要便于景区管理者进行针对性的管理、经营者实施针对性的营销和旅游者进行选择性的游览，又要适应实际环境的要求。

进行了合理的功能分区以后，还需要对不同的功能区进行合理的空间布局。在进行空间布局时一般要把握以下三条原则：首先，集中功能单元；其次，协调功能分区；再次，保护环境以保障旅游景区的可持续发展。具体而言，游乐活动设施采用集中与分散相结合的布局方式，在注重惊险刺激的同时，也要考虑情感化与环境化；住宿、餐饮、观景、商业和环境艺术设施，一般布置成一个综合服务接待区和若干个服务接待点，以突出整体优势和形成规模效益；后勤服务和技术供应设施，包括给排水、供电、通讯等一般采取集中布局的方式，同时与其他设施联系，以保证旅游景区的正常运转。

扩展阅读

《杭州径山中医养生谷》的功能分区与布局

1. 指导思想

紧紧围绕项目发展目标，综合考虑自然地理环境、经济社会发展条件等要素，以中医药养生为主题划区布景，以阴阳动静相结合谋划项目，以现代都市亚健康群体为主要消费市场，力争将本项目打造成为我国“中医养生第一谷”。

2. 功能分区与布局

本规划将项目划分为“一心、四区”（见图 4－1）：

- 一心：即综合服务接待中心，即整个中医养生谷的综合服务接待中心；
- 四区：指度假养生区、运动健身区、参禅问道区与生态农业区。

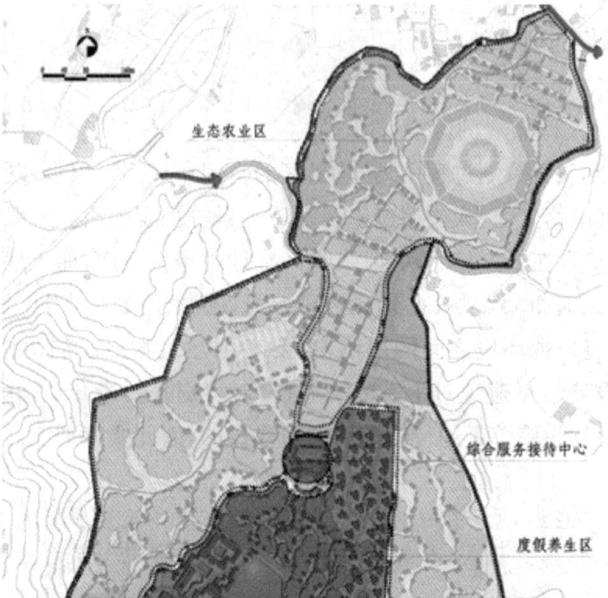

图 4－1　杭州径山中医养生谷功能分区图

2. 景区项目与设施的创意策划

当确定了景区项目策划的名称、主题以及总体功能分区与布局后，接下来的重点工作就是围绕主题，展开项目与设施的创意策划。

(1) 景区项目的创意策划

景区项目的创意策划主要围绕既定主题展开相应的景观游赏、娱乐体验、美食餐饮、商品购物等内容策划，可以根据确定主题的属性特征及其纵向历史变化予以演变。如以竹子博览园为例，就美食餐饮而言，就可以划分为以竹笋为原料的美食和以竹子为工具的美食。竹笋又可以分为冬笋、春笋、鞭笋等种类，有直接食用、罐头食用、笋干食用等，还可叠加其他相关素材研发出成千上百种竹笋美味，而竹笋又对肥胖、高血压、冠心病、糖尿病、动脉硬化等现代社会的“富贵病”拥有一定疗效，可开展养生美食项目。

试一试 能否以“四季鲜果”为主题，创意策划出 100 个主题景观项目、100 个体验项目、100 个美食休闲项目、100 个特色购物项目，并分析这些项目实施的必要条件。

(2) 景区设施的创意策划

作为一个主题鲜明、特色突出的旅游景区，除了在上述核心项目予以重点表现外，景区内部的各类配套服务设施、软环境装饰等均需要彰显主题。仍以竹子为例，景区内部特色餐厅的菜单可以是竹筒的形式，桌子、凳子、碗筷等均可以竹子为原材，更显得生态与有机。假如要注重养生文化，则碗筷、桌子、墙壁上还可以镶嵌或装饰相关的字画等。

扩展阅读

《杭州径山中医养生谷》核心项目与设施策划

1. 综合服务接待中心

于现引水沟渠最南端(标高 42.4 m)设置综合服务接待中心，承担接待咨询、交通换乘、器材租赁、特色购物、广场游憩等功能，总占地面积约 0.6 公顷，具体设置养生文化广场、服务接待中心、生态停车场等项目设施。

(1) 养生文化广场

于服务接待中心南侧、颐和湿地公园北侧设置养生文化广场。广场总体按照道教八卦图形设计，四周设置景观绿地与游憩凳椅，八卦图形分割，以花草类中草药材为主。广场总占地面积约为 2500 m^2。

(2) 服务接待中心

于养生文化广场南侧建造服务接待中心，木结构，2 层；其中 1 层设置电子信息屏、电脑触摸屏、咨询服务中心、购物体验区等设施或内容，2 层作为行政办公中心，总建筑面积约 1800 m^2。1 楼内设四星级生态厕所，以中医养生为装饰主题，建筑面积约 150 m^2。

(3) 生态停车场

于服务接待中心北侧建造生态停车场，占地面积约 2000 m^2，停车场设有出入口、值班岗亭，地面采用植草砖铺装，四周列植景观绿篱及庇荫乔木，营造生态停车场的效果。

2. 度假养生区

为充分挖掘文化内涵、拓延产业消费链条，策划于休闲养生谷与农耕养生谷及其中间的颐和湖（大同坞水库）建设度假养生区，承担禅茶疗养、休闲游憩、文化体验、分时度假等功能，占地面积约 16.0 公顷。具体有国医馆、茶艺馆、养生馆、药膳馆、中医养生大酒店、休闲养生屋、中医文化广场、颐和湿地公园（颐和湖）、滨湖休闲文化长廊、仙隐茶楼等项目设施。

(1) 国医馆（金）

于休闲养生谷北侧建设国医馆，总建筑面积约 900 m^2，3 层，外观整体以五行中的“金”对应“白”色为主。其中，一楼为中草药博物馆，主要包括中药标本博览、中药认知识别、中药加工体验与销售、智能互动游戏等内容；二楼为疗养问诊区，常年邀请中医名家坐堂问诊，为客人提供保健咨询，设计个性化养生方案，设立最现代化的养生体验体检中心；三楼为中医药文化馆，主要包括中医药文化展示、中医养生名人展示、名医书画展、名医珍贵药方展等，应时开展中医养生文化精修班、中药养生大讲堂、禅茶养生讲座等活动。

(2) 茶艺馆（木）

于国医馆东侧建设茶艺馆，总建筑面积约 900 m^2，3 层，外观整体以五行中的“木”对应“青”色为主，以彰显茶的清新淡雅。其中，一楼为国际茶文化博物馆，介绍茶的历史与相关文化，重点介绍茶圣陆羽和径山茶的历史渊源，展销国内外名茶及自制各类保健养生茶品；二楼为茶艺展示与品茗区，定期表演茶宴、功夫茶，举办中医茶饮养生讲座、茶文化论坛、国际禅茶文化创意交流会及文艺表演等活动；三楼为音乐养生中心。

(3) 养生馆（水）

于颐和湖西侧岸线、国医馆与茶艺馆南侧建设养生馆，总建筑面积约 900 m^2，3 层，外观整体以五行中的“水”对应“黑”色为主。养生馆为宫廷式建筑，作为园林景观的标志性建筑。其中，一层为水疗区，主要提供各类药浴、药熏、足疗、冷泉等水疗项目，开设补气健脾池、活血通络池、强心益脑池、美容健肤池、冷泉疗养池等；二层为康复区，主要提供刮痧、拔罐、按摩、针灸、减肥、导引等服务；三层为禅疗区，开展禅修、静功、冥想等活动，附设拳操教练馆。

(4) 药膳馆（火）

于国医馆西南侧建设药膳馆，承担整个区块的养生餐饮服务功能，总建筑面积约 1500 m^2，3 层，外观整体以五行中的“火”对应“赤”色为主，中西结合建筑。其中，一层为药膳文化展示区，重点展示药膳文化；二层与三层设置主题包厢，内部装饰均以中医养生为主题。在具体的膳食策划中，可引进国内知名的中医养生膳食谱系、四季养生膳食谱系、分类人群养生膳食谱系、主题素材养生膳食谱系等。

(5) 中医养生大酒店（土）

于药膳馆和养生馆的西南侧建设中医养生大酒店，主要承担住宿、养生、娱乐、会议等功能，总建筑面积约 15000 m^2，外观整体以五行中的“土”对应“黄”

色为主。总房间数约为150间，主楼1栋为3—5层，裙楼8栋养生度假小屋，含国际养生酒馆。每个房间布置标准化（基本设施）和个性化（装饰修饰）相结合，各成特色，突出强烈的中医养生文化主题。国际养生酒馆建筑面积约600 m^2，2—3层，地下为500 m^2×2.5 m（约1250 m^3）的酒窖，可承担红酒展销、高峰论坛、品酒养生等相关活动。

（6）休闲养生屋

于农耕养生谷东侧山坡建设约50栋休闲养生屋，平均每个单元占地面积约300—350 m^2，层高控制为2—3F（不含地下层）。为真正烘托整个区块的养生氛围，每个度假单元宜充分利用地下空间，拥有独立的农耕菜地、景观水池、健身房、庭院小筑等设施，景观绿化宜以红豆杉等具有养生价值的树种为主，以营造茂林修竹、鸟语花香、泉水流畅的天然氧吧与养生氛围。

（7）颐和湿地公园（颐和湖）

将现大同坞水库进行整体改造升级，并命名为颐和湖，即颐养和悦之意，总面积约1.4公顷。一是将水库坝址加宽加高，做好水库大坝的防漏防渗与溢洪工程；二是将库尾向上游延拓，以增加库容面积与水面面积；三是在水库大坝上修建游憩长廊，以小型灌木在大坝北侧种植成"颐和湖"字样；四是颐和湖西侧修建游步道，并种植若干水生景观植物，以减弱水位高低引来的空间落差，增强亲水性与观赏性；五是于颐和湖大坝与服务接待中心之间利用水库的渗水资源设置生态环保湿地公园，以种植各类湿地水生树种或花卉为主，内部构建相应的生态游步道，以供游客近距离体验良好的生态湿地环境。

（8）临湖休闲文化长廊

于颐和湖东侧修建木栈道与亲水平台，并沿木栈道设置垂钓亭、休闲慢吧、养生美食吧、饮料吧、水果吧、咖啡吧、书吧等慢生活休闲设施，供住宿客户游憩消磨时光。整个临湖休闲文化长廊均采用悬空建筑，不占用耕地，总建筑面积约1200 m^2。

（9）仙隐茶楼

于颐和湖东南侧岸上与竹林之间修建悬空式仙隐茶楼。结合区内茶园可设置种茶、育茶、采茶、炒茶、品茶、购茶等系列体验活动。茶楼采用竹木悬空结构，1层，总建筑面积约300 m^2。

（10）中医文化广场

规划于颐和湖南侧山谷建设中医文化广场，总面积约800 m^2。广场整体由圆形广场与景观通道两部分组成：圆形广场中间设计黄帝内经浮雕，四周配设小型喷泉；景观通道两侧分设黄帝、扁鹊、华佗、张仲景、李时珍等中国历代中医名家，旁设"书"型景观小品，镌刻其生平事迹。

3. 运动健身区

充分利用项目区优良的自然环境条件与山地资源，积极开展各类山地型运动健身项目，以增强亚健康群体的体质为主要途径来实现养"身"的目的。运动健身区总面积约42.5公顷，有山地自行车道、登山健身步道、竹林健身基地、山地小球运动中心、景观游憩亭、生态厕所等项目设施。

（1）山地自行车道

分别于休闲养生谷西侧与农耕养生谷东两侧山地修建自行车道，以利用其良好的负氧离子环境与山水自然景观，实现身心愉悦。东侧山地自行车道北起于休闲养生屋南侧，南止于化城寺，长约1100 m，宽约2 m；西侧山地自行车道北起于服务接待中心，南止于南入口主干道，总长约900 m，宽约2 m。东西两侧各于相对平缓地带建一休憩场地，要求具有良好的视觉效果；车道两侧应具有良好的视觉通透效果，确保空气流畅。车道路面可采用板石路面或柏油路面。

(2) 登山健身步道

分别于农耕养生谷东侧、休闲养生谷西侧及两谷之间修建3条登山健身步道，以利用其良好的负氧离子环境与山水自然景观，实现养"身"的功能。东侧登山健身步道起于树艺盆景园，往东绕经运动健身区，长约1300 m，宽约1.8 m；中间登山健身步道起于服务接待中心与颐和湿地公园，往南止于参禅问道区，长约1000 m，宽约1.8 m；西侧登山健身步道起于山地小球中心，长约1500 m，宽约1.8 m。健康步道每100—200 m建一相对平坦的观景平台或观景亭，要求具有良好的视觉效果，并标记相关高程与里程、求助电话等信息；步道两侧应具有良好的视觉通透效果，确保空气流畅；路面可用相对原始的块石或竹木铺设。

(3) 竹林健身基地

于山地小球运动中心与中医养生大酒店之间建造竹林健身基地，总体划分为三个功能区：室内综合服务教学区、动态健身基地、静态健身基地。室内综合服务教学区以场地租赁、教练培训、更衣沐浴等功能为主，建筑面积约500 m^2，竹木结构；动态健身基地则以中小型广场为主，定期开展太极拳、五禽戏、易筋经等拳术健身活动；静态健身基地则以山体竹林为背景，开展竹林瑜伽、森林浴等健身活动。

(4) 山地小球运动中心

于度假养生区北侧缓坡地修建山地小球运动中心，总占地约2.0公顷，具体设置管理房、森林网球区、篮球区、羽毛球区、门球区等。

(5) 景观游憩亭

分别于标高150.6 m、108.7 m、166.8 m、140.3 m处设置景观游憩亭，以供登山健身游客登高揽胜休憩之用。所有景观游憩亭可采用四边或六边形木结构，每个亭子的占地面积约为9—12 m^2。

(6) 生态厕所

分别于竹林健身基地和东侧登山健身步道修建两处三星级公共厕所，平均每个厕所的占地面积约50 m^2。厕所内部应注重老年人、残疾人设施以及男女厕位比例的配置，外部应重视顶部及四周的绿化设计。

4. 参禅问道区

将养生谷最南端设为参禅问道区，区块总面积约为4.0公顷。本区以化城寺遗址为中心，有效整合禅茶文化、养心文化资源，重点建设放生池、药师殿、天皇阁、南入口等项目设施。

(1) 放生池

于标高75.3 m处水塘设为放生池。为确保环境的真实性，规划将对放生池四周进行简易的驳岸处理，游步道旁立碑上书"放生池"。

(2) 药师殿

化城寺主要供奉药师殿，大殿内放置药师佛及日光菩萨、月光菩萨，两侧及后面放置十二生肖。药师殿占地面积约 500 m^2，建筑面积约 150 m^2。

(3) 天皇阁

于标高 152.3 m 处修建天皇阁，作为中医养生谷的制高点，既可作为化城寺的辅助建筑，又可作为整个景区的登高揽胜点。天皇阁总高约 4 层，占地面积约 200 m^2，建筑面积约 300 m^2。

(4) 南次入口

为有效组织景区内部客流、方便景区综合管理，于化城寺西南山坳建设景区南次入口，主要供度假住宿客户进出。入口建安全管理用房，占地约 20 m^2，1 层砖混结构，外观仿木处理。入口石柱镌刻“中医养生谷”，整体做生态效果处理。

5. 生态农业区

为切实增强项目的综合竞争力与中医养生的氛围，将引水沟渠北侧（含羊角山）、休闲养生谷西侧和农耕养生谷东侧山体开辟为生态农业区，主要承担珍贵中草药与珍稀果蔬的观赏、认知、体验、养生、购物等功能，总占地约为 19.0 公顷，具体有百草观光园、养生美食吧、生态厕所、莲花池、主入口与西入口等项目设施。

(1) 四季花果采摘大棚

于羊角山东侧方形区域内建设四季花果采摘大棚，总占地面积约 3.5 公顷，采用钢架玻璃结构，内有服务接待中心（采摘服务部）、四季花果超市、自助养生餐厅等设施。内部宜根据区块种植国内外著名特色水果，确保每季有新鲜养生水果。

(2) 荷花池

于项目区最北侧、双洞线南侧（项目区最北侧海拔最低的三角形区域）地块建造生态水池，占地面积约 1700 m^2。内部种植莲花等水生植物。同时，在水中建一“荷花仙子”像，不锈钢结构，可升降、开合，周围设置喷泉景观及背景音乐。池边建游客休憩六角亭等景观设施，以供休闲游憩。

(3) 主入口（景石）

于双洞线与东侧主干道（黄帝路，暂名）交叉口设置主入口，配套建设入口景石和管理用房，入口景石上书“中医养生谷”，配设小型跌水景观，以凸显养生谷的灵气与主题。

(4) 台湾农科园

将莲花池、四季花果采摘大棚及主入口之间区域开辟为台湾农科园，总占地面积约 2.86 公顷，重点引进香芋等台湾地区的、具有养生作用的精细农作物，使之成为中医养生谷重要的药膳来源。

(5) 树艺盆景园

于综合服务接待中心北侧设置树艺盆景园，总占地约 2.7 公顷，主要种植、培育五针松、罗汉松、榆树、梅桩、粽叶竹、天目兰花等名贵盆景，既可衬托中医养生谷的养生氛围，又可供养生客户自行挑选购买。

(6) 太空果蔬园

规划于羊角山区域建造太空果蔬园，总占地面积约为 6.6 公顷。为凸显生态、有机、养生且神奇的主题，建议以现代农业科学技术与太空农业技术，培育种植各类新奇瓜果蔬菜。园内可依山势与地块建观赏游步道或景观长廊，构建巨星果蔬、异色果蔬、奇星果蔬等板块，配套建设神奇果蔬超市和自助果蔬吧。

(7) 西次入口

为方便综合管理，于羊角山西南侧引水渠（与双洞线相接）处建设西次入口。入口建造安全管理用房，占地约 50 m^2，1 层砖混结构，外观仿木处理。入口石柱镌刻“中医养生谷”，整体做生态效果处理。

(8) 珍稀树木园

于农耕养生谷内建设珍稀树木园，总占地约 0.92 公顷，主要栽培红豆杉、银杏、桫椤等珍稀养生树种，亦可以盆栽形式进行培育。既可供园内绿化造景使用，又可供客户购买或外销。

(9) 百花观光园

于树艺盆景园东侧、农耕养生谷南部山坡建设为百花观光园，总占地面积约 2.1 公顷。内部设计宽约 0.6 m 的游览木栈道，供消费者近距离欣赏识别中草药。每一片中草药种植区均配景物说明牌，标明物种、特性、药用价值及典型特征。可与中医养生谷内相关设施开展深度合作，展开食疗、花茶制作以及精油提取等活动，并配套相关养生理疗产品。

(10) 百草观光园

于休闲养生谷西侧山坡建设百草观光园，总占地面积约 2.5 公顷，总体设计成流线型，结合《神农百草经》中关于中草药的阴阳特性、中草药的景观应用价值与生长习性来选择中草药物种，内部设计宽约 0.6 m 的游览木栈道，以供消费者近距离欣赏识别中草药。每一片中草药种植区应均配景物说明牌，标明物种、特性、药用价值及典型特征。

(11) 生态厕所

分别于太空果蔬园与四季花果采摘大棚之间、树艺盆景园和百花观光园之间建造生态厕所。该厕所按照二星级厕所标准建设，总占地面积约 50 m^2。厕所内部应注重老年人、残疾人设施的配置，外部应重视顶部及四周的绿化设计；装饰风格宜以中草药为主题，以烘托养生氛围。

(三) 市场定位与产品体系

1. 景区项目市场定位

(1) 景区项目市场细分

景区项目策划亦需要对目标市场进行细分。市场细分有利于集中使用资源，优化资源配置，避免分散力量；有利于提高项目的成功率，产生一定的社会效益；有利于增强项目企业的适应能力和应变能力；有利于提高项目的市场竞争力；也有利于挖掘更多的市场机会。

市场细分是一个连续的过程，具体要经过划分细分范围、确认细分依据、权衡细分变量、实施小型调查、评估细分市场、选择目标市场、设计项目策划等步骤。事实上，目标市场的细分与项目的策划往往是同时进行的，也可能边“细分”边“调整”。但是，值得注意的是，往往是先确定目标细分市场，才会有最后确定的项目策划以及后续的产品体系设计。

想一想 目标细分市场有哪些分类标准？根据每一类标准，可以具体划分为哪些具体的目标细分市场？这些细分市场都是有潜力的吗？

(2) 景区项目市场选择策略

项目市场细分化之后，存在着众多的子市场，如何在子市场中选出自己的目标市场，主要有以下几种策略：一是集中性策略。是指以追求市场利润最大化为目标，项目不是面向整体市场，而是将主要力量放在单个子市场上，为该市场开发具有特色的系列项目活动，进行广告宣传攻势。这种策略主要适合于短期项目策划，成本小，能在短期中取得促销的效果。二是无差异策略，是指项目活动不是针对某个市场，而是面向各个子市场的集合，以一种形式在市场中推广开来。这种策略应配以强有力的促销活动，使用大量统一的广告宣传，但是成本比较大，时间比较长，一般适合于大型项目策划。三是差异性策略，是指项目策划面对已细分后的市场，从中选择两个以上或多个子市场作为目标市场，分别向每个子市场提供有针对性的策划项目。这种策略配置的促销活动应有分有合。在不同的子市场，广告宣传应有所不同，从而调动各个子市场消费者的消费欲望，实现消费行为。

(3) 景区项目市场定位的内容

一是建立市场分级评估。通常按照市场的重要性可分为基础核心市场、重点开拓市场以及外围机会市场；按所在区域可分为本地市场、国内市场以及国际市场；按目的可分为观光市场、度假市场、商务旅游市场、购物旅游市场等。所谓基础核心市场是指能够为景区提供最基本、最多的旅游者人数、最大份额的收入、具有较高重游率的市场，是景区目前重点关注的生存市场；重点开拓市场往往是新项目策划后，景区将重点开拓的新市场，也是景区未来盈利的重要保障与品牌影响力提升的重要载体；外围机会市场是指所占份额较小，通常要依托于所在城市旅游或更大型的旅游景区、知名旅游线路而带来一些游客的市场。

二是确定项目市场范围。市场范围可以用距离、人数、收入水平等指标来衡量，相应的在市场区划图上用等人口数线、等距离线、等收入线等来表示景区市场的圈层结构。但通常还是以距离作为市场范围的衡量。对一般的4A级景区而言，以景区为圆心，300—400公里为半径的范围为基础核心市场，400—800公里的为重点开拓市场，超过800公里的均为外围机会市场。值得注意的是，这些并不是绝对的。市场的范围与交通条件、景区吸引力大小等变量有关，当上述变量发生变化时，市场的范围也会产生相应的变化。因此，在划定目标市场范围时要将未来交通条件的改善和旅游景区知名度提升等因素考虑在内。

三是确定项目市场形象和品牌。项目形象是景区项目在旅游市场中的生动表征，是市场识别最为有效的工具之一。项目品牌是项目形象的集中体现。因而，确立项目形象和品牌构成是景区项目策划的重要内容。项目形象和品牌的确定，包括提出具有吸引力的项目名称、独特的宣传口号、鲜明的形象标志等。

扩展阅读

《杭州径山中医养生谷》市场定位与开拓策划

1. 总体定位

基于本项目所处地域的社会经济发展状况，以及目前疗休养及休闲度假产品发展趋势，同时根据径山中医养生谷各项产品开发的吸引力和认知程度，以及自身对客源的选择取向，其总体客源市场定位是：立足杭州、上海、苏南等长三角重要城市，放眼湖州、嘉兴、绍兴等周边城市；以中医疗休养产品为主要吸引物，以亚健康人群尤其是其中的高端成功人士、具有一定经济基础的银发群体、都市白领为主打的中高端疗休养度假市场。同时，逐步开发与培育国际市场，弘扬中医药文化，推进中医药进一步向现代化、国际化发展。

2. 客源市场细分

(1) 高端成功人士

从年龄结构讲这类群体大多处于35—55岁之间，事业有成，但平时工作(公务)繁忙，社会、商业活动较多，对生活品质有一定的追求，并且比较注重对身体的保健、保养。这类群体是径山中医养生谷内分时度假产品和疗休养产品主要的目标市场。

(2) 银发群体

根据相关资料显示，人口老龄化的趋势将进一步加重。在经济发达的长三角地区，有相当一部分的离退休干部，高级技术职称的退休人员，他们有一定的经济实力，有能力过上高品质的老年生活，该类群体是径山中医养生谷内疗休养产品的重要目标市场。"以房养老"群体也可以成为本项目的目标市场之一。

(3) 都市白领

从年龄结构讲，该类群体普遍在25—35岁，他们工作时间长、压力大、强度高，但是却懂得享受生活，喜欢旅游和异地度假，容易接受新鲜事物，并且随着年龄的增加，已经有相当大部分的人开始注重身体的保健、保养(亚健康率最高)。该类群体是径山中医养生谷休闲度假、运动健身产品的重要目标市场之一。

3. 主题形象策划

中医药养生、休疗养度假是本项目区的主要吸引物，"养生"、"康体"、"运动"、"长寿"等关键词贯穿始终。较区域内其他相关产品，如径山的禅茶文化、双溪漂流的乡村旅游、塘栖古镇的运河文化，本项目的最大亮点也在于这八个关键词。因此，从径山中医养生谷的资源和产品特色角度出发，并结合主要目标市场受众群体的需要，课题组将本项目的总体形象定位为：

选项一：逍遥世界·养生福地

选项二：长寿自在地·中医养生谷

选项三：中华第一中医养生谷

4. 营销策略与手段(略)

2. 景区项目产品体系设计

(1) 景区项目形成的局部旅游产品

是指通过某一项目的建设，旅游景区自身能够提供的旅游产品和服务。即使是同一个旅游景区项目，也可以形成不同类型或主题的旅游产品。除了类型以外，产品的规模、价格以及档次等也是考虑的问题，结合景区项目产品体系建设，最重要的一点是项目的目标和主题，结合旅游景区项目的市场定位，确定景区项目主导产品。主导产品在项目产品体系中处于最主要的地位，是项目核心吸引力所在。

(2) 景区项目形成的区域旅游产品

是指通过某一项目的建设，旅游景区能够通过与外部产品和服务特别是与其他景区结合在一起，向旅游者提供的区域性旅游产品。通过项目建设形成区域性旅游产品对于景区的发展来说也是非常重要的，同时也是极易受到忽视的。旅游景区产品可能单独构成区域性旅游产品最主要的部分。在多数情况下，某个旅游景区往往不是唯一的吸引物，因此必须考虑和其他景区之间的竞争和合作关系，同一旅游目的地不同景区之间最好形成内容互补、共同发展的产品体系。

扩展阅读

《杭州市浦阳江生态旅游区概念性策划》的产品线路设计

1. 区内(浦阳江)经典品牌线路

● 山水生态观光一日之旅：义桥渔浦小镇(三江口)→云石生态旅游区→东方文化园→返回

● 历史人文追溯二日之旅：进化欢潭→凰桐江三江口之浦阳新镇→桃花源风情小镇(住宿)→临浦北岸特色古镇→义桥渔浦小镇→杭甬运河→临浦浣纱小镇→返回

● 宗教文化体验二日之旅：东方文化园→义桥老街→三清园(住宿)→云门寺→城山寺→大岩寺→返回

● 生态科考探险三日之旅：义桥三江湿地公园→云峰山生态旅游区(住宿)→石牛山森林公园→响天竹风→云石生态旅游区(住宿)→大岩山风景区→青化山风景区→杨静坞森林公园→返回

2. 杭州(萧山区)经典品牌线路

● 黄金水上通道一日之旅：杭甬运河→浦阳江→义桥三江口→钱塘江→湘湖新城(外景)→钱塘江大桥(六和塔)→京杭运河→返回

● 浦阳古道探秘二日之旅：浦阳江→义桥渔浦古埠→杭甬运河→萧绍运河(浙东运河)→鉴湖(住宿)→镜湖湿地→曹娥江→返回

● 运动休闲拓展三日之旅：杭州乐园水上大冲关→静坞小镇户外拓展(住宿)→河上紫东休闲小镇→仙岩山篮球小镇→富阳常绿球拍产业基地→富阳永安山高山滑翔基地(住宿)→富春江运动休闲节→富阳市东洲岛游艇之旅→返回

● 户外登山健身自选之旅：杭州城北半山→杭州城西十里银铛→富阳黄公望森林公园→石牛山森林公园→萧山大岩山(青化山、杨静坞森林公园)→返回

3. 区域(长三角)经典品牌线路

● 吴越文化寻踪三日之旅:绍兴越王峥古越遗址(诸暨西施故里)→茅洋岗古越文化创意产业园(中国美丽文化创意产业园)→湘湖新城越王城山遗址公园(住宿)→德清→嘉善(住宿)→苏州吴中区→返回

四、景区项目的评估与实施

(一) 景区项目的融资与投资估算

1. 景区项目投资概算

项目投资包括建设资金和运营费用两个方面,都是影响项目投资的效益和可行性的重要因素。

所谓建设资金,是指项目工程建设所需的资金。建设资金概算应根据项目分期计划,对各期主要工程投资做出一个估算。作为一个粗略的估算,可以参照同期类似项目进行调整。更严格的估算,应根据工程预算标准,按照项目建设所需的工程类型以及工程量逐一计算并加总。根据项目要求,可以给出高标和低标两种方案。

所谓运营费用,是指项目投资除工程项目建设投资外的相关费用,通常是指项目开发建设后的运营费用。运营费用的估算应根据项目经营种类、规模、档次和面积等指标进行计算。同样可以给出高标和低标两种方案。

2. 景区项目融资计划

景区项目的资金来源首先要考虑自有资金,除此之外,可以采用的融资方式主要有政府支持、银行贷款、招商引资、集资、借债、发行股票、捐赠或支持特殊的旅游景区项目。

一是政府支持。旅游业是典型的政府主导经济,各级政府均非常重视旅游景区项目的投资建设。重要的旅游景区项目,应争取进入政府财政预算,或申请其他政府支持项目,获取旅游发展专项资金的扶持。如浙江省在全国率先建设旅游经济强省战略的实施过程中,每年均会确定一批旅游景区项目作为年度重大投资项目,给予相应的资金与政策支持。2012年,在浙江省实际完成581.44亿元的投资额中,政府部门完成投资146.84亿元、企业完成投资398.54亿元、外资完成投资18.46亿元、银行贷款投资17.60亿元,分别占实际完成投资总额的25.25%、68.54%、3.17%和3.03%,虽然企业投资已占据绝对主力,但政府力量仍不容小觑。

二是银行贷款。银行贷款是项目开发最常用、几乎也是必不可少的融资方式。值得注意的是,国内在旅游景区项目建设贷款审批上依然存在较大的阻碍。虽然《国务院关于加快发展旅游业的意见》(国办发2009〔41〕号)文件中明确要求金融系统要创新举措,要"拓宽旅游企业融资渠道,金融机构对商业性开发景区可以开办依托景区经营权和门票收入等质押贷款业务"。但在实际操作过程中,尚未普遍推广实施,存在较大难题。

三是招商引资。目前各地几乎都有涉旅的优惠投资政策。旅游景区项目可以借此在海内外进行招商引资。为实现招商引资的目的，必须做好投资项目的策划工作。如果策划项目不注重市场效益，就无法引起投资商的兴趣。投资商看中的是有丰厚回报的项目。招商引资的具体方式包括 BOT 方式、工程项目业主制和股份合作制等。

四是集资或借债。所谓集资，是指可以在景区内部或面向社会吸纳资金。作为一些集体所有制景区，通常会采用集资的方式解决资金短缺问题；部分难以通过银行贷款的景区，也会通过内部集资的方式予以解决。

五是发行股票，通常是上市旅游景区公司通过发行股票的方式筹集资金。

六是捐赠或支持特殊的旅游景区项目。特别是社会效益、文化效益、生态效益较为突出的项目，可以争取海内外组织机构及个人的捐赠。有些项目可以争取国际组织的支持，尤其是一些世界文化遗产或非物质文化遗产类项目的开发。

3. 景区项目融资注意事项

一是要加强项目管理。项目融资不是有资金就要，项目开发不能损害人们的利益，不能损害生态环境，不能违背党和国家的方针政策，更不能违法。应对开发的项目进行统一规划，所有项目必须符合规划精神。在吸收投资以后，必须加强对各方行为的监管，对筹集和引入的资金也必须加强监管，以使资金使用符合节约和高效的原则，严禁贪污浪费，要将资金使用在具有最佳、最高回报的项目上。

二是要节约使用资金。①严格进行规划和设计以节约资金。值得注意的是，规划策划浪费是最大的浪费。同样，规划策划节约也是最大的节约。因此，应总结本地及外地景区项目策划的经验教训，紧紧把握住规划、策划和设计关，防止贪大求洋、盲目效仿、不切实际的规划策划，使规划设计本土化、特色化。可建可不建的项目不要建，能够改建的项目不要新建。②深入挖掘文化内涵以节约资金。像现代大型建筑，工程装修费用与工程建设费用几乎是同等投资，如果走文化装修之路，就可以节约将近一半，而且可以取得同样甚至更好的效果。③发挥项目多重功能以节约资金。依托当地产业基础，尽可能建设具有多重功能的项目，不能仅仅依靠旅游门票的收入。④联合开发项目以节约资金。联合开发是采取合作开发方式。

三是要滚动开发。对于建设工程浩大的项目，应本着先急后缓，先主题后配套的原则分出一、二、三期工程，逐步建设、滚动开发，缓解资金矛盾。一部分建成的项目先投入运营，所得收入可以用来再投资。

4. 景区项目的效益评估

项目投资效益包括经济效益、社会效益、生态效益、文化效益等几个方面。项目效益评估是指对项目在上述几个方面的收益进行综合评估。

一是经济效益评估。在衡量项目经济效益时不仅要考虑项目的直接经济收益，也要考虑项目所带来的间接经济效益，如项目开发后带动旅游景区形象的改善、产品的丰富，从而带动客流量和旅游收入的增加等。衡量经济收益方面的指标除了旅游收入和旅游者人数以外，还包括旅游创汇、人均旅游花费、投资回收期、投资收益率等指标。

试一试

某旅游地共投资2150万元开发了一个景区,预计每年可吸引游客15万人次。景区每年营业收入主要包括门票收入、住宿收入、餐饮收入、娱乐收入及其他收入。其中门票价格为30元,游客当中约有80%的人在景区用餐,人均餐饮消费约30元;另约有30%的人在景区使用大型娱乐设施,人均消费约为40元;景区的其他收入约为门票收入的30%。此外,景区内有一处规模为80间客房的住宿接待设施,年均客房利用率为50%,平均房价为200元/间。

景区的营业成本构成因收入来源不同也各有差异,其中门票收入的营业成本约占其收入的20%;住宿收入的营业成本约占其收入的10%;旅游餐饮成本占其收入的40%;娱乐收入的营业成本约占其收入的25%;其他收入的营业成本按其收入的20%计算。除此之外,景区的营业费用主要包括员工工资、市场营销费、维护保养费、水电燃油费、保险费、企业管理费等,总计约占营业总收入的15%。

该景区的营业税及其他相关税收按其营业收入的6%缴纳;固定资产按15年折旧,残值率为10%;企业所得税按其税前利润的25%缴纳,税后利润不计提三项基金。

请根据上述条件,计算该旅游投资项目的投资回收期,并判断分析该项目的经济效益如何?是否可行?

二是社会效益评估。社会效益指旅游景区项目开发带来的社会效果,包括提供的就业机会、对地方经济增长的贡献率、地方居民的支持率、社会风气、旅游者的满意度、从业人员服务质量等指标。

三是生态效益评估。生态效益指旅游景区项目在环境和资源方面体现出的效益,包括自然风景资源保护、历史文化资源保护、环境综合整治指标、绿色覆盖率、水资源环境、大气资源环境等内容。

四是文化效益评估。文化效益体现旅游景区项目开发对当地文化的影响和对文化互动结果的预期,包括当地文化的完整性、文化个性、文化整合的程度、交叉文化的吸引力强度等指标。

5. 景区项目可行性分析

项目可行性分析包括技术、经济、法律和政策、社会文化和生态环境等各个方面。

一是技术可行性分析。技术可行性分析至少要考虑以下几个方面的因素:①项目策划创意是否能够得到现有技术的支持。如果在项目开发过程中遇到难以克服的技术问题,轻则拖延进度,重则断送项目。②项目策划创意是否能够依靠现有技术做好、做精,达到的效果能否让各相关利益群体满意。有时仅仅因为完成得有欠缺,一个好的创意反而成为败笔。③在现有技术条件下,完成项目所需的时间。时间就是金钱,如果项目进度慢了,不仅很可能被其他旅游景区抢先占领市场或者市场需求发生新的变化而导致项目难以获得预期的收益,而且可能会引起投资方的资金链紧张而破产。

二是经济可行性分析。经济可行性分析主要应做好成本收益分析,如果成本高于收益则表明项目不可行。对收益的分析基于对市场需求的预期,要考虑人们的收入水平、休闲时间、行为偏好、审美情趣等方面的因素。对景区项目可能形成的吸引力做出充分的评估，收益分析必须谨慎，人们在预估产品销售额时常常因过分乐观而犯下大错。对成本的分析同样应该全面、细致，并且考虑机会成本因素和供给方面可能的变化。成本收益分析要综合考虑短期收益和长期收益。短期利益容易把握，风险较低，但是长期利益往往是决定旅游景区未来能否生存的重要因素。成本收益分析往往涉及投资回收期的计算，国外旅游市场对旅游景区的投资回收期一般设计为6—8年，虽然时间较长但符合市场规律，有利于延长旅游景区的生命周期，获得持续性收益。国内不少旅游景区把投资回收期锁定在2—3年内，通过抬高门票和提高景区内其他消费价格的办法强行回收，短期内让企业获得了收益，长远看却阻碍了行业的持续发展与获利，加速了景区生命周期的衰竭。在进行成本收益分析时，往往要对客流量、收益价格、成本价格等上下浮动10%做敏感性分析，分别给出高、中、低三套可行性分析数据，以供投资商最后确定是否投资项目。

三是法律和政策的可行性分析。景区项目策划必须遵循各种法律法规。一个项目即使能够产生非常大的经济收益，如果违背了有关法律法规，同样是不可行的。政策对旅游景区项目是否可行影响非常大。国家或地方政府是鼓励还是限制该类项目的发展，以及在招商引资、工商注册、土地指标、规费税收、人才等方面的配套政策，将影响项目的审批以及实施。

四是社会文化和生态环境可行性分析。当前旅游景区项目策划有一种不良的倾向——喜欢打法律的擦边球，如策划一些和色情或赌博有关的项目，可能并没有违反法律，但是对社会风气起着不好的影响，因而是不可行的。此外，目前国家已经明确要求对旅游项目进行环境影响评价，如果不符合生态环保规定，同样也是不可行的。

（二）景区项目的管理与实施

1. 景区项目管理

景区项目管理可以从狭义和广义两个角度来理解：广义的景区项目管理包括工程建设管理、日常经营管理、服务质量管理和成本控制管理；狭义的景区项目管理是指以高效率地实现项目目标为最终目的，运用系统工程的观点理论和方法，按其内在的运行规律对项目建设的全过程进行有效的计划、组织、协调、监督和控制的管理系统。

（1）项目的计划管理

对旅游景区项目进行计划管理能使项目的开发建设有计划，按顺序有条不紊地开展。这就是说通过使用这个动态计划管理，将工程项目全过程和全部开发活动纳入计划轨道，使项目有序地达到预期总目标。

（2）项目的组织管理

这是指通过职责划分授权、合同的签订与执行，以及根据有关法律法规，建立各种规章制度形成一个高效率的组织保障体系，使项目的各项目标得以最终实现。

（3）项目的协调管理

其意义是为开发项目提供协调和谐的公共环境，保证项目开发建设的顺利进行。协调管理的主要任务是对开发项目与外部环境、项目各子系统之间以及项目不同阶段、不同部门、不同层次之间的关系进行沟通与协调。这种沟通与协调将更有利于睦邻公共关系、吸纳融通资金、寻找材料设备供货渠道、广揽优秀设计人才和施工队伍、获得市场竞争优势、促进产品销售。

(4) 项目的监督和控制管理

其意义是有利于对项目的质量、工期和成本进行控制，并获得最大的综合效益。控制管理主要是通过计划、决策、反馈和调整等手段，采用项目分解各种指标、定额和阶段性目标的贯彻执行与检验等措施，对开发项目的工程质量、施工工期、资金使用、成本造价等进行有效控制，确保开发项目以最少的投入，获得最大的经济效益、社会效益和环境效益。

2. 景区项目的保障与实施

(1) 项目保障体系

旅游景区项目的成功实施，需要一定的保障。景区项目的保障体系包括营销、管理、资金、政策、人力资源、基础设施等方面。

(2) 项目实施

项目策划通过之后，应制定相应的实施细则，以保证项目活动的顺利进行。要保证策划方案有效，应做好三方面的工作：①监督保证措施。科学的管理应从上到下环环相扣，责、权、利明确，只有监督才能使各个环节少出错误，以保证项目活动的顺利开展。②防范措施。事物在其发展过程中有许多不确定因素，只有根据经验或成功案例进行全面预测，发现隐患、防微杜渐，把损失控制在最小程度内，从而推动项目活动的开展。③评估措施。项目活动发展的每一步都应有一定的评估手段以及反馈设施，从而总结经验、发现问题、及时更正，以保证策划的事后服务质量，提高策划成功率。

任务3　景区项目策划实训

一、实训目的

掌握景区项目策划的关键步骤与技术环节。能在现状调研的基础上，讨论确定景区未来发展的主题与名称，并围绕景区项目策划的主题划分功能区，完成项目创意策划与空间布局，设计相应的旅游产品体系，提出相应的市场开拓策略，分析判断项目投资的可行性。

二、实训要求

请根据景区背景材料的介绍，并自主查询相关网站与资料，结合周边旅游景区的综合开发情况，完成浙江桐庐白云源旅游区概念性策划方案，具体要求包括：①科学、合理地划定白云源旅游区的红线范围，充分论证项目名称；②全面、系统地调查与分析白云源旅游区的旅游资源、基础设施、生态环境、客源市场、建筑形态、管理制度、开发程度等现状要素，明确提出旅游发展的优势与动力、矛盾与制约因素；③明确未来10—15年白云源旅游区发展的指导思想、发展战略、目标定位与指标体系，提出相应的主题形象与宣传口号；④依托富春江慢生活体验区的战略定位与布局，结合景区综合自然地理环境、乡村社区人文要素，科学合理地提出功能分区；⑤紧扣当前国内外旅游休闲消费的趋势与热点，创新设计各个功能区的具体项目与设施；⑥以创建4A级景区为标准，完成旅游交通、游览设施、旅游安全设施、环卫设施、邮电服务、旅游购物、综合管理、资源和环境保护等专项方案；⑦提出项目分期建设方案，完成项目投资的可行性分析；⑧提出项目未来实施与运营的相关保障措施。

三、实训背景材料

(一) 地理位置与基本情况

1. 地理位置

本项目位于浙江省桐庐县富春江水库东岸，浙江省首个由省政府命名的乡村慢生活体验区的重要组成部分。地理坐标为 E119°39′50″—119°45′24″，N29°41′14″—29°43′55″。根据《富春江(芦茨)乡村慢生活体验区总体规划》的要求，本案所在的双溪源区块系整个慢生活体验区“三水三区”的一水(双源溪)一区(灵山区)，其主要功能定位是以白云源景区为主体，打造山地观光及度假区。

2. 项目策划依据

《杭州市国民经济和社会发展第十二个五年规划纲要》明确将旅游休闲、文化创意等作为十大重点扶持产业。根据《杭州市旅游休闲业发展规划(2011—2015)》，全市将围绕建设“国际重要的旅游休闲中心”，提出“一核、一极、两圈、两轴、全域覆盖”的大杭州旅游休闲空间结构。本案位于杭州市三江两岸生态旅游发展轴的黄金位置，具有极大的市场优势与辐射效应。

根据《桐庐县国民经济和社会发展第十二个五年规划纲要》，桐庐县将深入实施“服务业优先”的“4＋1”总战略，努力建成以富春江山水风光为特色、宜业宜居宜游宜学的静美现代化中等城市，加快富春江镇芦茨片区风情旅游的开发。明确提出要以打造“中国知名休闲旅游目的地”为目标，改造提升旅游三大板块，深入推进旅游“四个六工程”建设，即打造白云源高山湖泊度假基地等六大基地，改造白云源森林度假区等六大景区，培育美食茶楼、保健疗养、运动休闲等六大特色潜力行业等。本项目定位完全符合桐庐县“十二五”规划的战略要求。

3. 基本情况

(1) 资源现状

白云源地形起伏大，源长 10 余公里，相对高差达 1100 多米，从山谷到山峰气候变化明显，植被变化显著，风景资源的类型相当丰富，且冬暖夏凉，环境清幽。白云源的核心旅游资源主要由峡谷风光和高山风光两部分组成，是进行白云源旅游区策划过程中依赖的资源基础。

白云源内由山泉汇聚而成的大龙门、小龙门瀑布是峡谷风光区的标志性景观。大龙门瀑布，落差 70 多米，宽约 13 米，呈 S 形折叠而下，吼声如雷，飞珠溅玉，蔚为壮观；瀑布下是面积 500 平方米、深 3 米的碧潭，清澈如镜；在丰水期，瀑布造型独特，气势磅礴，而峡谷内奇峰怪石，溪水流动，深潭叠翠，山水风光浑然一体。

高山风光区域人迹罕至，水质清澈，动植物种类繁多，生态环境优良，森林资源十分丰富，森林覆盖率在 95%以上。主峰观音尖海拔 1246.5 米，是富春江沿最高的山峰，山顶可以俯瞰整个桐庐县城。白云源千米以上是万亩高山草原，有塞外牧场风光，在江南地区形成了较为独特的景观，具有极大的开发价值。

(2) 旅游资源分类

一是地文景观类资源。主要包括：①白云源峡谷，年平均气温在 16.6℃，气候宜人，树木茂密，环境清幽；峡谷风光比较典型，谷深山陡，奇滩、怪石、山溪、深潭、群瀑分布其中，且数量较多。②观音尖，海拔1246.5米，是富春江沿线最高的山峰，可以俯瞰整个桐庐县城，景观视角独特。③牛背脊，龙门山主峰牛背脊，高1225米，位于观音尖西面，形似牛背脊，当地人叫它牛背脊。④西坑坪，地势平坦，面积宽阔，植被覆盖良好。⑤青龙峡，是小源溪上小龙门与大龙门之间的一条支溪峡谷，当地称横坞。峡谷长3公里，自同小源溪会合处至青天飞瀑落差140多米。溪内有九个深潭，九个深潭中以青天飞瀑最为壮观。⑥鸳鸯石，两块并立的巨石，任凭山洪冲击，岿然不动，形似一对情侣相亲相爱。⑦七仙谷，绿树成阴，环境幽雅，湍急的流水受七块巨石阻挡，形成汹涌的叠泉，磅礴而下，玉碎四射，犹如七仙女在深潭嬉戏。

二是水域风光类资源。主要包括：①大龙门瀑布，是峡谷区的重要景观，瀑高70多米，宽约13米，中途一折，直泻碧潭，如白练悬空，飞珠溅玉，蔚为壮观。瀑布下形成一深潭，潭呈圆形，约500平方米，水深3米左右，明净如镜，可供游人戏水。②小龙门瀑布，高20米，宽2—3米，坡度约30°，水流较缓，水质清澈凉爽，沿瀑布侧两边植被生长良好，下方有30—40平方米的水潭，深约80厘米，清澈见底。③青龙峡瀑布，瀑布高约30米，宽约2米，瀑正下方有2平方米左右潭，最深处约1.5米，潭水沿45度斜坡而下，逐级汇入两个约10平方米的浅潭，潭水清澈凉爽，空气清新，水汽弥漫。④鸳鸯潭，面积100多平方米，潭深4—5米，苍岩碧峰倒映水中，在泉水冲击下，犹如鸳鸯在潭中戏水。左面有一块种植十多种水果的园林，右岸有十多株几百年的映山红和一片成双成对的杉木林。⑤七仙潭，位于大龙门瀑布下面，青龙潭峡谷汇入小源溪出口处的上面。这里峰峦叠嶂，巨石陡峭，小源溪的水流像玉带飘荡到这里以后，突然受到七块巨石的阻挡，形成汹涌的叠泉，磅礴而下，玉碎四射，跌入50多平方米的水潭。⑥龙门水库，有龙门电站，是浙江省罕见的高坝、高水头发电站，调节库容115万立方米，从根本上解决了小源溪洪水泛滥问题，有利于风景区游客安全。⑦小源溪，发源于观音尖，流域面积33平方公里，主流长21公里，自然落差1200多米，平均比降5.5%，流域内林木茂盛，植被良好，洪水暴涨暴落。⑧碧溪深潭，小溪依着地势在山谷中流淌，溪水叠落处形成众多石潭，有的深达4米，碧如蓝宝石，清澈可数潭底游鱼。沿溪两侧杂树丛生，浓阴翳翳，使得整条小溪环境更见清幽。

三是生物景观类资源。主要包括：①观音尖高山草地，位于龙门山观音尖、牛背脊一带的山顶处，总面积约有万亩，主要建群草种为白茅、芒、野古草、五节芒、求米草等，还有大量的箬竹、野山楂之类的灌木丛，灌草丛高约2米，郁闭度0.99以上，该草地对周边风景区如白云源、剪溪坞、小源溪等在涵养水源方面有重要意义。②龙门山垂直自然带，自然植被类型由下而上分别是亚热带常绿阔叶林植被型、常绿、落叶阔叶林混交植被型、落叶阔叶植被型、针叶阔叶林植被型和草丛植被类型。分布于山顶整个自然带垂直分布景观较为明显，具有良好的教育，观赏价值。③富春古松，山顶上有这种百年以上的古松五十多棵，其中有几颗树龄达几百年。④杜鹃，白云源的杜鹃品种繁多，有春鹃、夏鹃和春夏鹃三类，老的在几百年以上。白云源牛背脊下，大龙门瀑布上面，形成了凉爽湿润的气候和排水良好的酸性土壤，为杜鹃花创造了最有利的生长环境。⑤龙门叶榧，白云源是叶榧最集中、数量最多的地方，也是香榧原种所在地。⑥龙门猕猴桃。

四是气象气候类资源。主要包括：江南高山气候，同西华山、黄山、张家界处在同一纬度上,因此有一些相似的气候条件。白云源年平均气温要比桐庐县城低 3℃。夏天比桐庐县城低 5℃—6℃。

五是遗址遗迹类资源。主要包括:①红旗林场遗址,原有建筑已经废弃,海拔 1000 多米,周围林场茂密。②三联林场,为原三联林场遗址。

六是建筑设施类资源。主要包括:①坞岩,上刻有"龙"字,高 24 米,宽 22 米,面积 528 平方米,是目前我国最大的单体龙字摩崖石刻。②白云岩,位于青龙峡瀑布旁,高十多米,晨间傍晚有白云缭绕,景色秀丽。③清芬亭,为纪念唐代诗人方干和宋代政治家、文学家范仲淹修建的亭。

七是旅游商品类资源。主要包括:①高山矿泉水,水质绝佳,可供开发。②高山云雾茶,有 500 亩高山茶地,海拔在 1000 米左右。由于茶叶生长在日照短的湿润土地,终年沉浸在云雾之中,故鲜叶芽长叶厚,肥壮柔嫩,色润香浓。③龙门笋干,竹的品种多,特别是箬竹仅观音尖、牛背脊一带就是 1 万多亩,石竹更是遍地分布。④石鸡,是桐庐石鸡的主要产地。

八是人文活动类资源。主要包括:①诗词,白云村为晚唐诗人方干故里,又是李白、张继、白居易、孟浩然等唐朝诗人入剡溪的常达之地,留下了很多赞美白云源优美景色的诗词歌赋,以唐朝戴叔伦《白云源》为代表。②民俗活动,正月十五旧称上元,是灯节。是日,城乡各地龙灯、狮灯、马灯竞相出巡,周行寺庙及村镇。县城灯彩满街。通宵喧闹不绝。乡间各社庙于此前后聘戏班演戏,称闹元宵。当代元宵节除灯火之外,更为突出的活动是各种社火,诸如舞狮子、耍龙灯、跑旱船、踩高跷、打腰鼓、扭秧歌。③诗人方干。

(二) 资料索引

- 浙江省桐庐县富春江镇(慢生活体验区管委会)官方网站(内含慢生活体验区专题):http://www.tonglu.gov.cn/issue/root/sub/xzfcjz_xzfcjz/index.shtml
- 谷歌地图软件 GoogleEarth,可全方位掌握景区的实际地形地貌、植被、水文等资料
- 桐庐旅游网:http://www.tonglu.gov.cn/issue/root/main/tongluliuyou/index.shtml
- 富春江(芦茨)省级乡村慢生活体验区总体规划(邮件索取)

(三) 策划案提纲参考

1. 项目背景分析

1.1 宏观背景分析

1.2 微观背景分析

2. 开发条件分析

2.1 景区资源条件分析

2.2 景区交通条件分析

2.3 景区社会条件分析

2.4 景区市场条件分析

2.5 景区建设条件分析

3. 策划总纲

3.1 项目策划的范围

3.2 项目策划的名称

3.3 项目策划的依据

3.4 项目策划的思路

3.5 项目策划的目标

4. 功能分区与项目策划

4.1 景区功能分区及发展思路

4.2 分区项目创新设计

5. 产品设计与线路组织

5.1 景区产品体系设计

5.2 景区旅游线路组织策划

6. 市场开拓策划

6.1 市场开拓思路

6.2 市场定位

6.3 市场开拓措施

7. 支撑体系策划

7.1 旅游交通设施策划

7.2 旅游服务设施策划

7.3 旅游娱乐设施策划

7.4 旅游购物设施策划

7.5 旅游游览设施策划

8. 分期建设策划与可行性分析

8.1 项目分期建设策划

8.2 项目可行性分析

9. 策划实施的保障体系

四、实训组织与过程

(一) 组建实训组织机构

为了便于各地师生方便开展此项实训,亦可就近选择相应的待开发旅游景区或校企合作单位(可以是旅游景区,也可以是规划设计单位)。

1. 指导老师

建议设置校内专业指导老师 1—2 名,企业指导老师 1—2 名。其中,校内专业指导老师具体负责景区项目策划的技术操作流程,企业指导老师负责帮忙资料搜集、市场分析、实地调研等工作。

2. 学生分组

建议将全班划分为若干个实训小组,每个小组设项目组长 1 名,成员 4—6 名。项目组成员宜随机分配,不宜把同寝室、同地区、同性格的同学划归一组。

(二) 实训的具体过程

1. 现场调研考察与讨论交流

由专业指导老师带队,至景区现场与企业指导老师汇合,并由企业指导老师及其助手带领学生实训团队对景区进行专题性调研、考察，以尽可能多地搜集资料。此过程可视实际情况采用二手材料分析得出相关结论。条件允许的话，还可以与地方社区居民、旅游主管部门召开座谈会。

2. 景区项目的策划与论证

由小组成员共同划定项目红线范围，确定名称与主题，划定功能分区，创新设计相应的旅游项目及配套设施，并完成策划案的编制与论证。

3. 实训成果的评价与总结

由校内专业指导老师、企业指导老师及学生代表组成实训成果评价小组，对每个实训小组的成果进行综合评价；事后，每个实训小组形成最终的总结报告，提交校企双方。

五、实训成果评价细则

（一）评价主体及其权重

本次实训成果的评价建议由校内指导老师、企业指导老师及学生代表（每个实训小组各选1名代表）参加，权重分别为40%、40%和20%。

（二）评分细则

表4-1 景区项目策划方案评价标准

任务名称:________　　汇报人:________　　第____组

评价内容		评价分值	评价标准	评价得分
策划内容	内容完整性	25分	包括项目主题、名称、功能分区、项目策划、形象口号、产品设计、总平面图、功能分区图及其他，每缺一项扣3分。	
	产品主题及内容策划	25分	策划内容吻合度达80%以上得21—25分；吻合度达60%以上得10—20分；不甚吻合或不吻合得0—9分。	
	产品设计的科学合理性、准确性	15分	项目策划科学、合理、准确得12—15分；基本科学、合理、准确得6—11分；不甚科学、合理、准确得0—5分。	
表现方式	PPT演示稿	15分	PPT演示稿条理清晰、表现到位得12—15分；条理基本清晰、表现基本得体得6—11分；其他方面得0—5分。	
	现场演讲	10分	演讲者形象气质佳、演讲流利、条理清晰者得8—10分；形象一般、演讲一般得5—7分；其他方面得0—4分。	
	现场答辩	10分	现场答辩流利、回答内容准确得8—10分；答辩一般、内容基本准确得5—7分；其他方面得0—4分。	
评委签名:			合计得分:	

本章小结

根据国家标准《旅游景区质量等级的划分与评定(GB/T 17775—2003)》,旅游区是以旅游及其相关活动为主要功能或功能之一的空间或地域。旅游项目是指借助于景区的旅游资源开发出的,以旅游者和当地居民为吸引对象,为其提供休闲消遣服务、具有持续旅游吸引力,以实现经济、社会、生态环境效益为目标的旅游吸引物。旅游景区项目策划就是指对旅游景区战略工作的思考和安排,是为了实现景区特定发展目标而采取的一系列行为。

国内现代景区项目策划基本始于改革开放后,迅速发展于《旅游规划通则》和《旅游资源分类、调查与评价》两个国家标准颁布实施后。但依然存在景区项目策划的普及度不高、景区项目策划的科学性不足、景区项目策划的专业性不强、景区项目策划的理论性滞后等问题。

景区项目策划与旅游规划之间存在诸多异同点。一般而言,项目策划的对象相对比较单一,侧重创意而不是规范。规划前的策划,可为后期规划提供总体概念与思路;规划后的策划,可实现规划的落实与操作。与一般项目策划相似,景区项目策划也拥有功利性、社会性、创造性、时效性和超前性等特征,并拥有综合性、空间性和体验性等独有的特征。

景区项目策划的内容主要包括项目名称、项目风格、项目布局、产品体系及实施管理等内容。组织和调研是景区项目策划的基础工作。调研的内容包括景区的资源、市场、管理机构、相关利益者的态度以及景区的周边环境。然后展开综合评价分析,包括项目的背景分析与综合条件分析。

名称、主题、定位、布局是景区项目策划的核心灵魂,相应产品体系的设计与配套服务设施策划,则是景区项目策划能最终实现的有力保障。根据综合调研与评价,可确定景区项目策划的名称与主题以及相应的发展目标。综合考虑多方面的因素,对不同的功能区进行合理的空间布局,并深入具体项目、设施的策划,设计相应的产品体系与线路。最后需明确项目的分期建设计划及经济、社会、文化、环境效益的可行性分析。

讨论与思考

1. 景区项目策划前期需要调研哪些资料?可以从哪些途径获取?
2. 景区项目策划与开发的条件评价包括哪些内容?请以具体景区说明。
3. 影响景区功能分区、项目空间布局的因素有哪些?请以具体景区说明。
4. 该如何确定景区的游客接待量?

扩展技能训练

某企业共投资5000万元开发了一个风景旅游区,预计每年可吸引游客15万人次。该景区每年营业收入主要包括门票收入、住宿收入、餐饮收入、娱乐收入及旅游纪念品销售收入。其中门票价格为50元;游客当中约有80%的人在景区用餐,人均餐饮消费约30元;另约有60%的人在景区使用大型娱乐设施,人均消费约为40元;约有20%的游客会在离开景区时购买旅游纪念品，人均消费约为150元。此外，景区内有一处规模为200间客房的住宿接待设施，年均客房利用率为65%，平均房价为200元/间，按年可游天数300天计算。

景区的营业成本构成因收入来源不同也各有差异，其中门票收入的营业成本约占其收入的20%；住宿收入的营业成本约占其收入的15%；旅游餐饮成本占其收入的40%；娱乐收入的营业成本约占其收入的15%；旅游纪念品收入的营业成本按其收入的45%计算。除此之外，景区的营业费用主要包括员工工资、市场营销费、维护保养费、水电燃油费、保险费、企业管理费等，总计约占营业总收入的15%。

该景区的营业税及其他相关税收按其营业收入的6%缴纳；固定资产按15年折旧，残值率为15%；企业所得税按其税前利润的25%缴纳，税后利润不计提三项基金。

请根据上述条件，回答下列问题：

(1) 计算该旅游投资项目的投资回收期、投资收益率，并分析判断该项目的经济效益如何，是否可行。

(2) 景区在今后的运营管理过程中，需要注意哪些问题？

本章导学

随着旅游竞争的加剧，旅游形象已成为开拓市场和提升核心竞争力的重要工具。国外旅游研究表明，形象是吸引旅游者最关键的因素之一，“形象”使旅游者产生一种追求感，进而驱动旅游者前往，旅游者越来越依赖旅游形象来选择旅游地，旅游地之间的竞争在很大程度上是形象之间的竞争。旅游形象研究在旅游地理学、旅游经济学、旅游管理学等分支学科中占有十分重要的地位。

旅游形象是可以塑造的，其有效的手段就是对旅游地的形象进行策划，如何策划鲜明独特，富有吸引力的旅游特色形象已成为一个旅游地或旅游企业拥有竞争优势的重要条件。正是由于旅游形象已成为区域旅游发展的重要影响因素，当前，几乎所有的旅游地或旅游城市或旅游企业都非常注重旅游形象的塑造和推广，由此可见旅游形象策划的重要性。

通过本项目的学习与实践,要求学生掌握如下专业能力与方法能力:

1. 专业能力目标

- 能有效识别旅游形象的概念、构成;
- 能理解旅游形象策划的概念及意义;
- 能掌握旅游形象策划的理论基础。

2. 方法能力目标

- 能利用多种方法对一个旅游目的地或景区的旅游形象进行调查,并对其进行诊断;
- 能分析旅游地形象定位;
- 能对旅游地形象进行宣传口号及简单的LOGO设计。

重点掌握旅游形象、旅游形象策划;旅游形象调查;旅游形象定位、领先定位、比附定位、逆向定位、空隙定位和重新定位;旅游理念形象、旅游视觉形象、旅游行为形象等关键术语。

任务1 认识旅游形象策划

一、旅游形象的概念

(一) 形象

形象是指能够引起人的思想或感情活动的形状或姿态,往往能够引起人的思想或感情活动。个人形象反映了一个人的本质、文化修养和气质等。城市形象反映城市的自然环境条件、历史文化传统、文化渊源、经济水平以及地域人文特征。

我们认为形象是客观事物在人脑中的反映,它包含两个方面的涵义:其一,形象是一种具体的形态、模样,是事物的外在表象,是有形的、可描述的,是一种客观的物质存在,具有客观性;其二,形象是通过人的主观感受体现出来的,人是形象的感受者,具有主观性。形象的客观性说明,客观物质存在本身是形象的基础,是形象的内在本质;形象的主观性说明,形象是人们认识客观物质存在的入口,是客观事物被人们了解、熟悉以致接受的关键。

客观事物总是不断发展变化的,其外部特征也随之变化。这决定了客观事物的形象是可以变化的,这种变化能够根据某种需要按照一定的发展轨迹进行,这就是形象的可塑性。形象的可塑性使得形象策划成为可能。

想一想 形象的可塑性体现在哪些方面?旅游形象是否具有可塑性?

(二) 旅游形象

对旅游形象的研究始于20世纪70年代。英国学者克罗姆顿(Crompton)将旅游地形象定义为人们对一个旅游地的信任、意见及影响的总和。彭华认为,旅游形象是旅游资源(包括人造景观)的本体素质及其媒体条件(服务环节)在旅游者心目中的综合认知和印象;黄震方将旅游形象定义为人们对一个目的地的信任、意见及印象的总和;程金龙和吴国清指出旅游地形象是一个综合性的概念,是旅游地内外部公众对旅游地总体的、抽象的、概括的认识和评论。

经过了30多年不断深入的研究,国内外学者对旅游目的地形象概念含义的理解经历一个从模糊到具体,从片面到较全面,从宽泛到集约的过程。

我们认为,旅游形象是旅游地及旅游企业文化的综合反映和外部表现,是通过自身的行为、产品和服务在社会公众心目中绘制的图景和造型,是公众以其直观感受对旅游地及旅游企业等作出的总体看法和评价。

这一定义包含以下几方面的涵义。

首先,旅游形象是社会公众的普遍看法或评价,而不是某个人或少数人的偏见或褒奖;

其次,可以从两个角度来理解旅游形象:从旅游地角度看,旅游形象是旅游地资源优势的集中体现和整合提炼;从旅游者角度看,旅游形象是旅游者通过各种传播媒介或实地经历后,对旅游地的总体印象和期望。

最后,旅游形象由形象主体、形象客体和形象本体三个部分构成。其中,形象主体是现实的或潜在的旅游者。形象客体泛指认知的对象,包括旅游企业形象、旅游目的地形象等。形象本体是具体的评价、看法或偏见,是主体对客体认知的结果。

二、旅游形象策划的概念

(一) 形象策划

形象策划又称CI(Corporate Identity)策划,是指通过企业形象创意构思与设计提升实现提高整体竞争力和获得良好的业绩的过程,是最初在美国推出,近几年流行的一种专门的经营技法;我国翻译成"企业形象识别",是指一个企业为了获得社会的理解和信任,将其企业的宗旨和产品包含的文化内涵传达给社会公众,而建立的视觉形象系统。

CI策划的目的不是形象本身,而是通过企业形象的提升,提高整体竞争力,从而获得良好的业绩。CI中的Identity具有统一性和独立性两个基本特征。统一性指企业内外、上下的一致性,例如统一的标志、标准色等,以便集中强化形象,使信息传播更为迅速有效。独立性则要求具备识别于其他行业和部门的特性,使公众能在感觉上感到本企业与其他企业的不同。

(二) 旅游形象策划

旅游形象策划晚于企业形象策划。西方国家于20世纪70年代将CI概念引入到旅游企业和旅游地形象策划中,但也停留在浅层的对旅游产品的统一包装方面。20世纪80年代,我国几个优秀饭店企业运用了非常有特色的商标、标志和标准色等视觉识别形象。例如广州的白天鹅宾馆,以白天鹅的图案作为宾馆的标志,白色作为标准色,在宾馆的设备、设施、文件用具和物品上处处印上白天鹅的图案,突出自己的企业文化和特色。

旅游形象策划是旅游地或旅游企业经过人为干预的形象再造过程,通常可分为旅游地形象策划(Tourism Destination Identity System，TDIS)和旅游企业形象策划(Tourism Corporate Identity System，TCIS)二种。其中，旅游地可以大到一个国家或一个区域，如中国旅游形象策划、新马泰旅游形象策划等，也可以小到某一个特定的景区，如三亚南山旅游形象策划；旅游企业包括旅游社、宾馆酒店、旅游景区、旅游购物商场等。

旅游形象策划是在对旅游地或旅游企业的客观形象和旅游者感知形象认识的基础上，根据旅游地或旅游企业的现实水平和发展前景，针对旅游目标市场系统化地设计和塑造期望形象，并借助公众参与、各种活动及传播媒介的力量，将期望形象传递给旅游者的全过程。其目的是提升旅游地或企业的知名度、美誉度和认可度，达到良好的经济效益、社会效益和环境效益。

三、旅游形象策划的意义

(一) 丰富旅游学及相关学科的理论和实践

旅游形象策划是旅游地理学中旅游流(旅游需求)和旅游者行为方面的重要研究内容，也是企业管理学、市场营销学、心理学、经济学等学科中旅游者行为和满意度研究的重要内容。因此，旅游形象策划的理论和实践能对这些学科的发展起到积极的作用：丰富其研究内容，深化其理论，完善其研究方法。

(二) 引起旅游者的注意

从消费者的消费行为来看，一般消费者首先是对产品产生注意，继而产生兴趣，再是激发购买的欲望，并记住其中的内容，最后是付诸行动。形象在此过程中起着非常重要的作用。特别是现代社会中，产品的竞争已经从价格竞争、质量竞争向形象竞争转变，形象已经成为继人、财、物之后企业的第四种资源。

对于旅游地而言，形象是旅游地引起客源市场注意的关键，只有形象鲜明的旅游地才能更容易被旅游者感知和选择。面对激烈的市场竞争，形象驱动策略已成为旅游地提高自身吸引力和知名度，在众多竞争对手中被大众所识别和接受的重要途径。实际上，旅游地形象策划的作用在于展现旅游地的魅力，引起人们的注意，增加旅游地被选择的机会。

旅游形象策划的最终目的就是，经过策划，要让旅游形象发展到形象阶梯的顶端位置，让旅游地或企业成为旅游者的首选产品。

(三) 塑造区域形象促进区域经济社会发展

旅游形象不仅是区域形象的重要组成部分，而且在很多情况下，旅游形象可以代替区域形象。通常，人们对区域形象的认知首先是通过对其旅游形象的认知开始的。因此，旅游形象的塑造、维护和推广有利于树立良好的区域形象，为区域发展创造良好的“软”环境。例如，三亚能从鲜为人知的小渔村迅速发展成现代化的优秀旅游城市，并吸引了世界著名的企业落户三亚，显然与三亚优良的旅游形象是密不可分的。良好的旅游形象还有利于弘扬地方传统文化，激发建设美好家园的责任心和使命感；有利于提升旅游地居民的整体素质，营造热情好客的社会风气。

1. 良好的形象本身就是一个地区或企业巨大的无形资产和财富

企业商标、企业名称的注册和各种官司能充分说明这一点，有些企业的品牌本身就有数亿甚至数十亿的价值。因此，无论是旅游地还是旅游企业，都十分重视旅游形象策划。

2. 现代旅游者对旅游形象具有依赖性

旅游者选择旅游地时，除考虑距离、时间、交通方式、旅行成本等一般因素以外，愈来愈重视旅游地形象。旅游者习惯采取一般实物商品的选购思维方式来选择旅游地。而对旅游地形象的评价要比对实物产品中那些可见因素的评价更加模糊和依赖。在旅游市场从卖方市场转化为买方市场的今天，旅游者越来越依赖旅游形象来选择旅游地，并决定是否重游。形象驱动策略已成为旅游地和旅游企业提高自身吸引力和知名度，在众多竞争对手中被社会公众所识别和接受的重要途径。因此，树立和维护良好的旅游形象，是开拓旅游客源市场、提高经营效率的重要手段。

3. 旅游形象传播具有“非线性”特点

现代旅游业的发展是以“受众社会”为背景的，因此，现代旅游的显著特征之一便是旅游地或旅游企业与社会事件的联系是“非线性”的。某个地区、某个时刻所发生的事件，甚至一个小的事情都可能引起其他地方和未来时刻发生很大的变化，从而改变旅游地在旅游者心目中的形象认知，进而影响着旅游者的决策。

4. 良好的旅游形象是一种积极的精神力量

这种精神力量对旅游业发展的积极作用是显著的。具体表现在：能鼓励旅游地居民和旅游企业员工朝着共同的信念努力拼搏；能增强旅游地和旅游企业的竞争力，给公众以新的认识、新的感受，提高知名度；有利于形成旅游地对旅游者和社会公众的凝聚力和吸引力；能吸引更多的商贸往来，增加旅游投资；有利于旅游业的综合发展。

四、旅游形象策划的理论基础

（一）旅游形象认知空间理论

旅游形象认知的首要因素是来自于旅游地属于地理空间这一认知客体的属性，旅游空间认知因素是其最不可替代的因素，是旅游形象策划和传播推广的基础。旅游者对旅游空间的认知，首先是旅游者对旅游产品所处位置的认知，即它在哪里？其次，才会认知它是一处什么样的旅游产品，有些什么样的旅游吸引物，是否就是我心目中理想的旅游产品，即对被认知旅游产品与其他旅游产品的空间比较认知。旅游者对旅游形象空间的认知具有等级层次、距离衰减、地域分异的特点。

1. 等级层次性规律

各种地域空间的等级层次性是人们认识地域的基本出发点。在大多人的心中，已经形成了一种地理空间等级层次的阶梯，或者称为地理空间的“认知链”。认知链是由旅游地所从属的不同等级层次的空间构成的一个链条，每当提到一个地方，我们就会自觉地通过这个阶梯、链条来确定它的位置，而这种被意识到的位置，不仅仅是位置而已，还蕴涵着由于位置的确定所带来的有关这个地方的认知内容和对旅游地形象的指示意义。

地域空间的等级层次构成的认知链，是旅游者心中关于旅游的一种形象阶梯，认知链上地域的上下级关系使旅游形象离不开地理文脉，这便构成旅游形象认知的背景律；而从被认知对象与其同级别的地域关系来看，旅游形象的认知符合接近律和相似律，即地理位置的临近和文化、政治、经济、民族和宗教等方面的相似性，容易被旅游者认知为同一形象，从而产生旅游形象认知的替代效应，即背景替代、接近替代和相似替代。

(1) 背景替代

对地方形象的认知依赖于该地的背景形象。比如，一个外国游客要到奉化去旅游，但是不了解该地，只知道奉化是宁波的一个市，而且对宁波有一定的了解和认知，那么他往往就会以宁波的形象代替奉化的形象。

(2) 接近替代

如果两个同等级层次的旅游地在地理空间上相邻，则容易被认知为具有相似形象的旅游地。比如，我们并不了解某个旅游地，但是对与之相邻的那个旅游地非常熟悉，这个时候就容易将已知旅游地形象认知为未知旅游地的形象。

(3) 相似替代

指由于政治、文化、民族、宗教等认知要素的相似，人们容易将已有的旅游地形象认知为与其具有某些相似认知要素的未知旅游地的形象。比如，中国的四大佛教名山，由于都是以佛教文化为主的山岳型旅游地，容易让人们形成相似替代，去过一个山之后，可能就认为其他几座山也与之相似。

2. 距离衰减规律

依据空间等级层次规律确立旅游地所处的阶梯位置，是旅游空间形象认知的一般规律。但在旅游地形象的实际认知过程中，由于不同客源地的旅游者与被认知旅游地存在不同的位置关系，这种位置关系又会导致不同地域的旅游者对同一旅游地的地理位置的理解和认知产生差异。一般来说，来自距旅游地越遥远的旅游者对旅游地的认知水平就越低，甚至发生认知扭曲。反之，人们对所居住的地方及其周围的认知水平较高、较全面。距离衰减规律是一种自然界和人类社会中普遍存在的规律之一，旅游地形象的认知也存在距离衰减规律，目的地与客源地的空间距离越远，认知链就越长，对旅游地的认知程度就越低。

3. 地域分异规律

地理环境的地域分异不仅在自然界，而且在经济和社会人文方面都有表现。旅游景观也存在空间分异，这种分异意味着景观信息的存在。从观光旅游是景观信息的探索和景观的感知过程来看，旅游行为发生的一个重要因素就是人们对地域差异的好奇。正是由于旅游地在自然景观与社会文化等方面与旅游者所居住的地方存在差异，才吸引着人们前往旅游，特别是进行远程旅游。因此，旅游者在旅游前期望目的地具有不同于其居住地的地域性吸引力，而且在实地旅游时，也主要感知那些目的地独有的地方性要素，就是这些地方性的景观和文化使旅游地的形象显现出来，被识别和被认知。

(二) 旅游地形象认知时间理论

人们对旅游地形象的认知不仅受地域空间的影响，还具有一定的时间性，主要表现为阶段性、周期性和季节波动性。

1. 阶段性

我们将一次旅游活动的全部过程分为三个阶段，即旅游前、实地旅游、旅游后，不同阶段对应不同的旅游地形象认知，旅游地形象的意义也会有所不同，从而形成旅游地形象认知的阶段性。

(1) 旅游前阶段

当旅游者由于内心或外在的刺激，而产生强烈的旅游需求时，便出现了具体的旅游购买与消费问题的认定，即明确如何满足该次旅游的愿望。这时旅游者就会进入咨讯搜集的阶段，或从脑中的记忆或通过各种各样的外在渠道来搜集本次旅游所需的信息，特别是可能的旅游目的地的信息。然后对所得的信息进行评价，并作出购买决策，即选定旅游目的地。这一阶段旅游者依据对旅游地的间接认知进行选择决策。

(2) 实地旅游阶段

从旅游者离开住地的那一刻起至其回到住地的那一刻止，是旅游者购买与消费旅游产品、完成外出旅游活动的过程，也是旅游者旅游活动全过程的主体部分和核心内容。旅游者通过实地旅游获得对旅游地的直接认知，形成对旅游地形象的验证。

(3) 旅游后阶段

旅游者回到住地后，还会在一段时间之内回想和评价本次旅游经历，形成满意或不满意的感受，并会将旅游后的感受传达给周围的其他人，或者沉淀为记忆，充实其脑中有关旅游地的旅游形象，从而影响其本人是否重游此地或他人未来的旅游决策。

2. 周期性

一般认为，任何一个旅游地不可能是长盛不衰的，都会具有一个从发生到消亡的过程，这就是所谓的旅游地生命周期。

旅游者对旅游地发展的不同阶段有不同的认知与评价，旅游者知道这是否是一个新开发的旅游地或成熟古老的旅游地，是否是正热的旅游地或温冷的旅游地……这些关于旅游地形象的认知随着旅游地生命周期的变化而变化的规律，可同构为旅游地形象的生命周期模式，对旅游地发展不同阶段的形象设计与传播具有指导意义。

3. 季节波动性

旅游地发展的季节波动性或淡旺季差异，往往是由于旅游地所处地理环境的气候变化影响到旅游需求的变化而产生的，因而在不同的季节，人们对某一旅游地的形象会有所不同。那么在进行旅游地形象的设计和建设时，往往要突出某个季节的形象吸引力，离开季节宣传推广旅游形象，有时会产生形象偏差。

(三) 旅游形象的效应

1. 马太效应

"马太效应"的意思是贫者越贫，富者越富。1968 年，美国科学史研究者罗伯特·莫顿(Robert K. Merton)首次用"马太效应"(Matthew Effect)来描述社会心理现象。

旅游地之间的竞争关系主要以马太效应表现出来。越是形象良好、旅游资源特点突出、旅游资源深度开发、在客源分配和旅游供给等方面具有既定优势、品牌效应和市场竞争力强的旅游地，就越容易得到社会公众的认可，其知名度和美誉度就越高；相反，对于知名度较低、旅游资源特色不突出的旅游地，就越难得到社会公众的认可，就容易笼罩在强势旅游地的阴影之中。

一些原来形象不好的旅游地，即使后期实际形象已经改善和提高了，还是难以得到公众的重新认可。旅游地的这种优劣势虽然有相互转化的现象，但更多的是两极分化，即优势旅游地更优，劣势旅游地更劣。因此，旅游地要想在某个领域保持优势，就必须在此领域迅速做强做大。

2. 替代效应

替代效应(Substitution Effect)，通常表现为人们用某个旅游地突出的局部形象替代整体形象，或用知名度较高的旅游地形象替代知名度较低的旅游地形象。由于人们对旅游地形象的认知规律具有等级层次性。人们一般会用比较了解的、高级别的、空间尺度大的区域的形象替代不太了解的、低级别的、空间尺度小的区域的形象。即对某地的认知或某地的形象依赖于该地的背景(地脉与文脉)形象。我们称之为“背景律”或背景替代。同时还存在接近替代和相似替代。即如果两个同等级的旅游地在地理空间上位置相邻，则容易被认知为具有相似形象的旅游地。比如，中国海南岛、泰国普吉岛、马来西亚的热浪岛等热带度假胜地，都具有清新的空气、宜人的气候、迷人的海岛风光和丰富的度假元素，相似的旅游形象和旅游资源的同质性，使这些旅游地在旅游者心目中所形成的旅游形象是相似的。所以，这些同等级的旅游地旅游业发展的关键就在于树立更突出、更鲜明的旅游地形象，毕竟，旅游者很可能只选择所有相似目的地中的一个。海南的旅游形象要想在这些同质市场竞争中脱颖而出，就必须整合旅游资源，找出独特的吸引点和市场卖点，以最大限度地树立鲜明的旅游地形象。

3. 首因效应和近因效应

首因效应(Primacy Effect)，即人们常说的“第一印象”，是指公众在第一次接触某事物时所产生的印象，以及这种印象对以后进一步认识事物所产生的积极的和消极的作用。第一印象会给旅游者留下鲜明、深刻的印象，形成一种很难改变的心理定势，对后面的认知也会起到指导性作用。

近因效应(Recency Effect)，也称为“最后印象”，是指公众在最后接触某事物时产生的印象。在旅游形象的设计中，特别重视第一印象区的设计。第一印象区是旅游者最先进入旅游景区的视觉领域，例如旅游地机场、火车站、风景旅游区的入口区等。最后印象区是旅游者离开目的地时最后与目的地接触的场所，例如，最后一个旅游观光点、旅游者离开目的地时经过的边界区等。例如，东京迪斯尼乐园和美国好莱坞环球影城的第一印象区，即门景区，标志性建筑虽然都是以地球和水为主题，但设计风格截然不同，给旅游者的认知印象自然也不一样。对于不同类型的旅游者，第一印象区和最后印象区的作用是不一样的，对首游者来说，对第一印象区形象的作用要大于最后印象区，而对重游者而言，最后印象区形象的作用要大于第一印象区。

4. 晕轮效应

日常生活中，当一个人在别人心目中有较好的形象时，他会被一种积极的光环所笼罩，从而也把其他良好的品质赋予他。晕轮效应(Halo Effect)区是指对旅游地整体形象具有决定性意义的地方。晕轮效应区能使游客的印象产生放大作用,因此,旅游形象的设计若能在此得以淋漓尽致的表达,将会比在其他地方的表现更容易产生积极影响和效果。一般而言,城市旅游形象的晕轮效应区是城市中心商务区(CBD),对于有新城、老城之分的城市,还包括历史古迹中心区(HC),有的城市还发展出游憩商务区(RBD)。例如北京的HC是以故宫为中心,CBD是正在兴建的金融区,而RBD则在前门、王府井、西单一带。深圳将发展包括锦绣中华、中国民俗文化村、世界之窗等主题公园在内的华侨城为未来的RBD,而福田中心区将发展为未来的CBD,这些地方都是表达城市旅游形象的重点区位。

任务2 掌握旅游形象策划的技术方法

如果旅游者根本就不知道存在某个旅游地,那他绝不会选择这个旅游地;如果他知道这个旅游地,但在他的意识中,这是一个不好的旅游地,那么他也不会选择这个旅游地。因此,在对旅游地形象进行策划之前,必须要对旅游地形象的现状进行调查和识别。

一、旅游形象调查

旅游形象调查是获取旅游地形象现状信息的主要手段,是进行旅游形象策划的前提和基础。旅游形象调查主要包括三个方面的内容,首先要对旅游形象的现状效果进行调查,其次要对旅游形象构成的要素进行调查,最后还要对旅游者形成旅游形象的信息来源进行调查。

(一) 旅游形象现状效果调查

旅游形象现状效果调查就是要了解旅游者对旅游地的认识程度、喜好程度和是否会将其纳入自己的消费对象,即对旅游地的知名度、美誉度和认可度进行调查。

1. 旅游地知名度

旅游地知名度是旅游者(包括潜在旅游者)对旅游地识别、记忆的状况。旅游地知名度并不代表一定就是好的一方面,它也有坏的一面,但好与坏都可以提高知名度。其测算公式为:

旅游地知名度 = (知晓旅游地的人数 / 被调查人数) × 100%

2. 旅游地美誉度

旅游地美誉度是旅游者(包括潜在旅游者)对旅游地的褒奖、赞赏、喜爱情况。其测算公式为:

旅游地美誉度 = (称赞旅游地的人数 / 知晓旅游地的人数) × 100%

3. 旅游地认可度

旅游地认可度是旅游者(包括潜在旅游者)把旅游地的产品和服务纳为自己消费对象的程度。其测算公式为:

旅游地认可度 =（行为人数 / 知晓旅游地的人数）× 100%

（二）旅游形象构成要素调查

对旅游形象的调查，除了需要了解旅游者对某旅游地知道或不知道以及对该旅游地有好或不好的评价外，还要进一步了解该旅游地在旅游者心中究竟具有怎样的形象内容，旅游地本身有哪些要素使旅游者形成这样的形象内容，或者说，一提起该旅游地，旅游者心中会想起什么。如表 5－1 即是卡尔加里（Kalgary）旅游形象要素的构成情况调查结果（卡尔加里 1988 年举办过冬季奥运会）。

表 5－1 美国人对卡尔加里的旅游形象构成要素调查①

Image Expression(形象描述)	Answer(回答)(%)		
	1987	1988	1989
Olympics(奥林匹克)	17.2	77.4	6.4
Stampede(惊逃)	25.7	10.8	8.4
Hockey(曲棍球)	16.7	7.1	15.6
Cowboys, Houses(牛仔、木屋)	5.6	4.7	3.2
Rodeo(牛马集群)	11.4	4.4	6.2
Skiing(滑雪)	—	4.1	5.4
Mountains(山)	2.2	3.5	6.0
Cold, Snow(寒冷、雪)	3.6	3.3	5.3
Western(西部的)	4.2	3.2	3.0
Friendly(友好的)	—	1.9	—
Oil(石油)	4.0	1.7	—
Beautiful(美丽的)	2.2	1.7	—
Football(橄榄球)	2.2	—	—
Cattle ranching(牧牛场)	2.0	—	—
American city(美国城市)	2.0	—	—

由此可见，美国人对卡尔加里的旅游形象的主要构成要素：1987 年为 Stampede（惊逃）、Olympics（奥林匹克）、Hockey（曲棍球）、Rodeo（牛马集群），1988 年为 Olympics（奥林匹克）、Stampede（惊逃），1989 年为 Hockey（曲棍球）。卡尔加里三年旅游形象的主要构成要素不同说明旅游地在旅游者心中的形象并不是固定不变的，而是处于动态变化之中，这就对旅游形象的更新提出了要求。

（三）旅游者形成旅游形象的信息来源调查

不论旅游地在旅游者心中具有怎样的形象，它都是旅游者对旅游地信息认知的结果，而旅游地信息有时是旅游者主动搜集的，有时是旅游者无意获知的。不论何种情

① 李蕾蕾．旅游地形象策划：理论与实务[M]．广州：广东旅游出版社，1999．

形,信息都有来源和传播的渠道,对其进行调查是旅游地形象传播策划的重要依据。如表 5-2 即是海外旅游者形成中国旅游形象的信息来源和渠道的调查统计结果。

表 5-2 海外旅游者形成中国旅游形象的信息来源和渠道[①]

旅游者	广告信息(%)	亲友介绍(%)	旅行商推荐(%)	其他媒介(%)	合计(%)
外国人	29.6	17.6	31.1	21.7	100.0
团体	23.3	14.9	49.6	12.2	100.0
散客	35.3	20.0	14.7	30.0	100.0
华侨	40.0	26.7	15.6	17.7	100.0
团体	25.0	25.0	45.8	4.2	100.0
散客	45.9	26.4	5.5	22.2	100.0
港澳同胞	52.7	16.2	8.7	22.4	100.0
团体	32.7	11.7	45.2	10.4	100.0
散客	54.9	16.7	4.7	23.7	100.0
台湾同胞	35.7	22.7	20.2	21.4	100.0
团体	28.9	19.1	41.4	10.6	100.0
散客	38.1	23.9	12.9	25.1	100.0
合计	38.1	17.6	22.4	21.9	100.0
团体	24.6	14.9	48.6	11.9	100.0
散客	44.6	18.9	9.9	26.6	100.0

由此可见,海外旅游者了解中国、形成旅游形象的基本途径是广告,其次为旅行商,分别占 38.1%、22.4%。约 1/5 的海外旅游者是通过"其他媒介"获得信息,但此次调查并没有列出"其他媒介"具体包括哪些媒介,因而难以了解所占比例较高的"其他媒介"的内涵。

二、旅游地形象诊断

旅游形象诊断即对现状的旅游形象进行评价,判断现状形象对旅游者的影响效果和旅游地有哪些最能吸引旅游者的要素。

(一) 现状形象对旅游者的影响效果

在对现状形象对旅游者的影响效果进行评判时,常常将旅游地的知名度和美誉度组合来对旅游地的形象进行评价,这样就形成旅游地形象的四种状态:

1. 第Ⅰ象限

处于第Ⅰ象限的旅游地具有较高的知名度和美誉度,相应地,其认可度也较高,是目前发展状态良好的旅游地。对于这类形象良好的旅游地,形象策划的目标是保持和强化良好的形象。

---

① 李蕾蕾.旅游地形象策划:理论与实务[M].广州:广东旅游出版社,1999.

2. 第Ⅱ象限

处于第Ⅱ象限的旅游地美誉度较高，但知名度较低，说明其旅游产品和服务质量较高，但对外宣传促销力度不够。对于这类形象良好但不出名的旅游地，形象策划的目标是如何将旅游地的良好形象快速有效地传播出去。

3. 第Ⅲ象限

处于第Ⅲ象限的旅游地形象知名度和美誉度都较低，这类旅游地可能正处于其生命周期的推出期，旅游产品和服务还不成熟。对于这类形象不好且不出名的旅游地，形象策划的首要目标是改造不良的形象，然后有效地将改造后的良好形象快速有效地传播出去。

4. 第Ⅳ象限

处于第Ⅳ象限旅游地知名度较高，但美誉度较低，这类旅游地很可能已经进入了其生命周期的衰退期，需要及时更新旅游产品，推出新的旅游服务项目，形象策划的目标是如何重塑旅游地形象。

试一试 设计一份问卷，试着对自己家乡的旅游形象进行调查和诊断，针对其所处的象限提出形象策划的目标。

(二) 旅游地对旅游者的核心吸引要素

在对旅游地形象构成要素的调查中，有些景区、景点、景物或要素是游客提及最多或者给游客的印象最深，这些要素往往也就形成了旅游地对旅游者的核心吸引力。在进行旅游形象策划时，就必须要将这些对旅游者最具吸引力的要素纳入其中，唯有此才能实现旅游形象展现旅游地的魅力、吸引人们的注意、增加旅游地被选择机会的功能。

以上分析表明，通过知名度、美誉度和认可度的组合，可以分析出旅游地当前在旅游者心目中的感知形象，从而为进行旅游形象定位和塑造提供一定参考依据。

三、旅游地形象定位

(一) 旅游形象定位的概念

旅游形象定位，就是基于地理环境演变、历史文化传承和社会心理积淀三维时空耦合所塑造的旅游地的地方性(特质性)向旅游者推出最具吸引力的旅游卖点的过程，其基本手法是“去操作已经存在于心目中的东西，去重新组合已经存在的联结关系”。旅游形象定位就是挑选旅游地最具生气的局部形象进行强化和放大，突出个性，以争取公众的指定选择。旅游形象定位不一定要大气磅礴、对仗工整、语言优美、富有底蕴，但是一定要能够深入游客的心，吸引他们前来旅游。它是旅游形象设计的前提，它为形象设计指明方向。旅游形象定位必须根植于当地文化背景，体现资源和地方特色，还要有一定的地域性和较强的排他性。旅游形象定位的最终表述，往往概括为一句简短精练的文字或一句通俗易懂的话。

(二) 旅游形象定位的要素

旅游地形象定位是旅游地形象策划的核心。准确的旅游形象定位需要旅游资源本我特质的释放、旅游者的感知和认知、旅游地之间的空间竞争、旅游市场定位这四大要素的支撑。

1. 旅游资源本我特质的释放

旅游资源的本我特质，即旅游资源自身所具备的价值（历史价值、艺术价值、文化价值、科学价值）、品质、特色，它决定了旅游资源自身的级别，是旅游形象定位的基础。有的资源价值很大，但形不成风景，就更难以转化为旅游产品。因此，旅游资源只具备本我特质还不行，还应兼具本我特质的释放功能。旅游资源存在于这个世界上，以不同的方式释放自己、表现自己和展示自己。资源所表现出来的美感度，它的观赏性、参与性，它释放出来的气质往往决定了它的吸引力大小。旅游资源本我特质的释放，是旅游资源通过地形、气候、气象、山水等形式将其内在特质形象地表现出来，或雄奇、或隽秀、或幽深、或灵雅、或惊险、或神秘、或巧夺天工、或惊天动地，人们置身其景，能被其美丽的景观、迷人的风采、特有的气质所吸引。

2. 旅游者的感知和认知

旅游者的感知是旅游者对旅游资源所释放出来的本我特质的印象。就单个旅游者而言，这对旅游形象的确立也许无足轻重，而且每个游客对旅游的印象因其经历、修养、素质的不同而各有差异；但正是基于旅游资源自身的特色和品质，以及对这些特色、品质的形象表述，才使得经过长年累月、上百越千年来众多游客产生了"共性感知"，这些共性感知经过提炼，就成为旅游形象。

认知是比感知更高一级的认识形式。感知停留在感受、知觉层面上，对被感知对象的认识往往止于印象层面。尽管这种感知印象离理性认识还有差距，但恰恰这一感知印象对对象的感觉很可能切中要害，这正是感知的价值所在。认知比起感知要理性的多，它是在感知对象之后，在游历过程中和旅游行为结束之后，对旅游这一对象的属性、特性、品质深入而理性的认识。经过认知阶段后，就容易在旅游者大脑中对旅游的印象最终定格。这一阶段包括了游历过程中的深入考察、思考，游历结束后的回忆和翻阅大量资料对自己的印象加以判断。所以，认知是对旅游属性、特色、品质的理性认识，它容易提炼出旅游形象，即对旅游形象进行抽象的总结。

3. 旅游地之间的空间竞争

旅游地的空间竞争是指在一定的地域空间范围内，分布着若干的旅游地，由于旅游者的行为规律决定了不可能将这一区域内的所有旅游地作为自己的旅游目的地，因而客观上这些旅游地之间存在着市场竞争，市场竞争首先表现为旅游地之间的形象竞争，其次是产品竞争。

旅游地之间的空间竞争决定了旅游地之间存在着形象竞争。形象竞争的核心是使旅游地自身与其他旅游地的形象区别开来并进而使自身的产品特色与其他旅游地的产品特色区别开来。掌握空间竞争的规律，针对这种空间竞争规律拿出一套可操作性强的方案，是旅游地形象策划能否成功的关键。

4. 旅游市场定位

旅游市场定位就是确定旅游地的目标市场群，对客源市场进行细分，以便针对性地营销，并开发出适应目标市场需求的旅游产品。旅游市场定位对旅游形象定位的影响主要在于旅游市场定位决定了旅游产品特色定位，产品特色定位在某种程度上就会影响甚至改变旅游形象定位。这一切都是由市场的需求决定的。这种情况在旅游地之间发生竞争时和老旅游地发展到一定阶段时，就表现得特别明显。

（三）旅游形象定位的策略

旅游形象定位常用的策略有领先定位、比附定位、逆向定位、空隙定位和重新定位等策略。

1. 领先定位

领先定位即领先法则，它是营销学里的一个著名法则，其基本意思是人们只会记住同一类型的事物当中最领先的那一个，也就是说大家一般都会把注意力放在第一名的东西。比如说，我们可能会记得一个省高考的状元是谁，他考几分，而对第二名第三名等就不太了解了；我们知道北京大学是中国最古老的大学，而对第二古老，第三古老的大学就不太清楚了。

领先定位的方法告诉我们，一个地方的旅游想做好做大，一定要在某个方面有特色和领先的东西。领先定位是最容易的一种定位方法，适宜于那些独一无二、不可替代的事物，比如四川的熊猫之乡、中国的长城、埃及金字塔等，这种情况不需要花大力气就能使形象保持不衰的地位。但如此绝对领先、形象稳固的旅游地毕竟不是多数，大部分要依据其他方法进行形象定位。

2. 比附定位

比附定位是一种紧跟行业领导者的战略，其主要发生在业内竞争品牌领先位置相当稳固，原有位序难以打破重组的情况下，或自己品牌缺乏成为领导品牌的实力和可能的情况下采取的一种定位策略。这种定位方法在旅游形象定位中采用的越来越多，旅游形象可以通过与原有的根植于人们心目中第一位的形象相比附，确定"第二位"的形象，比如苏州的"东方威尼斯"，海南三亚的旅游形象定位为"东方夏威夷"，甘肃的甘南藏族自治州的旅游形象定位为"中国小西藏"，宁夏的旅游形象定位为"塞上小江南"等。这种定位策略能使得自己的品牌与领先品牌发生一定的比附性关系，一般有三种形式：

（1）甘居"第二"

就是明确承认同类中另有最负盛名的品牌，自己只不过是第二而已。这种策略会使人们对公司产生一种谦虚诚恳的印象，相信公司所说是真实可靠的，同时迎合了人们同情弱者的心理，这样较容易使消费者记住这个通常难以进入人们心智的序位。如美国阿维斯出租汽车公司定位为"我们是老二，我们要进一步努力"之后，品牌知名度迅速上升，赢得了更多忠诚的客户。

（2）攀龙附凤

其切入点亦如上所述，首先是承认同类中已卓有成就的品牌，本品牌虽自愧弗如，但在某地区或在某一方面还可与这些最受消费者欢迎和信赖的品牌并驾齐驱，平分秋色。

（3）高级俱乐部

公司如果不能取得第一名或攀附第二名，便退而采用此策略，借助群体的声望和模糊数学的手法，打出限制严格的俱乐部式的高级团体牌子，强调自己是这一高级群体的一员，从而提高自己的地位形象。如可宣称自己是××行业的3大公司之一，10家驰名商标之一，50家大公司之一等等。美国克莱斯勒汽车公司宣布自己是美国“三大汽车公司之一”，使消费者感到克莱斯勒和第一、第二一样都是知名轿车，从而收到了良好的效果。

在采用比附定位方法对旅游形象进行定位的时候，需要注意的是，与被比附的旅游形象之间应该具有不同的客源市场。否则，由于人们在面对同类事物时，习惯选择位于“第一”的事物，在同类旅游地中也会选择知名度较高的旅游地，即被比附者。因此，非但不能借助著名的旅游地提高自己的知名度，反而会误导人们觉得此旅游地是其所比附旅游地的“模仿”而失去吸引力和美誉度。

3. 逆向定位

逆向定位这一策略来自“逆向思维”的启发，即在定位时，一定要有反其道而想的能力。如果每个人都往东走，想一想，往西走能否找到自己想要的东西。逆向定位强调并宣传定位对象是消费者心目中第一位形象的对立面和相反面，同时开辟了一个新的易于接受的心理形象阶梯。例如，美国的“七喜”饮料就宣称自己为“非可乐”，从而将所有的软饮料分为可乐和非可乐两类，“七喜”则自然成为非可乐饮料中的第一位了；河南林州市林滤山风景区的“暑天山上看冰锥，冬天峡谷观桃花”和杭州富阳野生动物园的定位也属于逆向定位，它将人们心目中的动物园形象分为两类：一类是早已为人熟识的普通笼养式动物园，在中国，这类动物园以北京动物园最著名，动物种类最丰富；另一类为开放式动物园，游客与动物的活动方式对调，人在“笼”中，动物在“笼”外，从而建立起城市野生动物园的形象。

4. 空隙定位

比附定位和逆向定位都与游客心中原有的旅游形象阶梯相关联，而空隙定位全然开辟了一个新的形象阶梯。空隙定位的核心是分析旅游者心中已有的形象阶梯的类别，发现和创造新的形象阶梯，树立一个与众不同、从未有过的主题形象。与有形商品相比，旅游点的形象定位更适合于空隙定位，尽管旅游点的数目也呈现爆炸性增长，特别是同类人工景点相互模仿，促使景点数量剧增，但仍然存在大量的形象空隙。旅游者期待着个性鲜明、形象独特的新类型景点出现。例如，中国第一个小人国“锦绣中华”的建立，树立了国内旅游者心中小人国旅游景观的概念，并随着各地微缩旅游景观的大量兴建，产生小人国旅游点形象阶梯。显然，“锦绣中华”比后来者处于强势地位。

5. 重新定位

市场不是静止的，形象的定位也不能一劳永逸，也许一个形象在市场上最初的定位是适宜的，但当“消费者爱好偏移”或“竞争品牌逼近”时，它可能不得不面对重新定位的问题。严格说来，重新定位并非一种独立的定位方法，而是原旅游地采取的再定位策略。旅游发展都会经历产生、成长、成熟、衰落各个阶段，由于旅游发展存在生命周期，如何面对衰落，一直是旅游经营者的一大难题。重新定位，不失为一条可选之路。

重新定位，是目前大多数旅游地采用的定位策略。现在，许多老的旅游地已在旅游者心中建立起稳固而清晰的老形象，再去宣传老形象，已不能适应旅游需求的变化，更难以生发号召力和吸引力，人们总是希望用新的东西去替代旧的东西，重新定位可以促使新形象替代旧形象，从而占据一个有利的心灵位置。比如，美国加利福尼亚在旅游者心目中早已浓缩、简化为空洞的概念——游泳池、沙滩、金门大桥、好莱坞，而且这些形象描述不断为其他旅游地借用，需要重新对其形象进行定位，加州就紧紧围绕其在地理、气候、人种、文化等方面的“多样性”这个核心特点，将其形象定位为“那些加利福尼亚”。再如香港的“万象之都”到“动感之都”；新加坡的“朝气蓬勃新加坡”到“尽情享受新加坡”和“新亚洲”；成都的“休闲之都”到“东方伊甸园”等。

四、旅游形象设计与塑造

旅游形象只有获得公众的认可，才能拥有广泛的影响力和强大的生命力。因此，旅游形象的塑造仅仅靠一个抽象的概念化的定义或几句辞藻华丽的宣传口号是远远不够的，它是一个系统工程，更是一个管理工程，贯穿于旅游地软、硬件建设和开发的全过程。概括各家观点，旅游形象设计和塑造包括七方面的内容：旅游理念形象（TMI）、旅游视觉形象（TVI）、旅游行为形象（TBI）、旅游听觉形象（TAI）、旅游文化景观形象（TCI）、旅游电子形象（TEI）和旅游核心景观形象（CLD）。

（一）旅游理念形象（TMI）

旅游理念形象是指由旅游的经营哲学、宗旨、精神、发展目标、经营战略、道德、风气等精神因素所形成的特殊精神。它一旦被大众所接受，既能对内部公众产生巨大的凝聚力，又能对外部公众产生巨大的吸引力，从而集聚区内外的各种力量，保持旅游良好形象的可持续发展。旅游地的理念形象要具有强烈的个性和明确的识别性，以区别于其他旅游地。比如，海南博鳌将环境建设作为博鳌开发的前提基础，强调人与自然的亲和关系，更多地关注现代人的精神生活和健康疗养，崇尚人与自然的高度和谐，倡导环保的旅游方式。

理念属于思想意识范畴，是旅游经营管理的指导思想。例如，使命和宗旨是旅游发展的最高目标。它要解决的是“旅游业为什么存在和发展”的问题，即旅游业依据何种社会责任而进行活动。旅游业不仅为社会提供产品和服务，而且对人类进步负有使命，以赢得公众普遍而持久的支持和理解。

1. 旅游形象宣传口号

旅游形象宣传口号是旅游形象策划的重要组成部分，也是旅游核心的精辟表达。要搞清楚旅游形象宣传口号的设计要求，首先需要了解它的作用机理。在实际工作中，我们发现，一条优秀的旅游形象宣传口号，即使在宣传和促销过程中最大限度地接触到了目标旅游消费群，也往往只能促使其中很少的一部分群体最终完成购买行为。那么，是什么抑制了众多目标旅游消费者的购买呢？

实际上，我们所有人的头脑中都存在着“屏蔽”或“过滤器”①，它们会压制大多数信息，而只强调其中少数的特定部分。为了更清楚地了解旅游地形象口号作用中的“过滤器”衰减机理，李燕琴和吴必虎引用了维克多·密德尔敦在《旅游营销学》中的一个例

---

① (英)维克多·密德尔敦 著，向萍等译. 旅游营销学[M]. 北京：中国旅游出版社，2001.

子,并针对旅游形象口号的宣传进行了修正。

如图 5-1 所示,假设,一条旅游形象口号已通过多种形式在目标旅游消费者中进行充分的宣传和促销。柱 A 表明,旅游形象口号将首先面临"接触屏障"的挑战,也就是说,由于各种各样客观原因的存在,整个目标群体可能只有 75%的人能够通过宣传单、报纸、杂志、电视、电台等多种媒体接触到该口号。但是,并非所有读者都会耐心地阅读完所有内容,并注意到这条口号,即使注意到或听到过也很可能很快就忘记了,所以柱 B 表明,人们识别信息时大脑中存在着"认知屏障",经过这一层过滤,可能只剩下 30%的目标旅游消费者对该形象口号产生认知,并能在一定时段内回想起该口号。回想起该口号的目标旅游消费者,也不一定都对该旅游地产生兴趣,并考虑到此地旅游,旅游消费者不同的个性使其对旅游地有着各自不同的偏爱。柱 C 表明,通过"个性屏障"的过滤,大约只剩下 20%的目标旅游消费者,仍然对该旅游地保持兴趣。除上述屏障外,现实生活中还存在着各种各样的"客观屏障"的作用,比如时间、财力。柱 D 表明,由于这些"客观屏障"的作用,最终真正成行,也就是实现旅游购买行为的可能只有 12%。而在这 12%的购买者中,又有约一半的人属于原本就对该地感兴趣,即使未接触到该宣传口号,也准备去旅游的忠实旅游者,所以旅游形象口号宣传真正争取到的旅游者可能只有目标旅游消费者的 6%。

图 5-1

旅游形象口号宣传中的"过滤器"

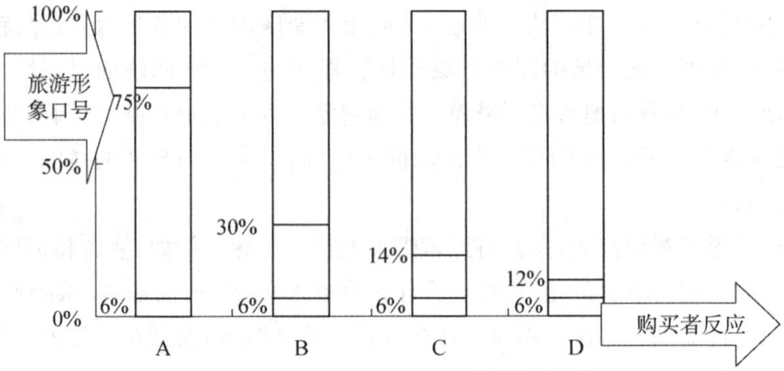

A:75%的人接触到该口号; B:30%的人能回想起该口号;
C:20%的人产生兴趣; D:12%的人购买。

从图 5-1 我们可以看到,旅游形象口号在作用到目标旅游消费者群后,会经历若干"过滤器"的衰减作用。要尽量减少信息损失,就要针对每一阶段,提出具有针对性的设计要求。为了提高 A 阶段的百分比,要求降低旅游形象口号的文字难度。设计时应避免使用生涩的字词,特别是偏文言的词汇,口号要易于读懂,易于识别。通常,在遇到可读性很差的语句时,读者会不自觉地将其跳过,从而使得接触到口号的人群比例下降。此外,在 A 阶段还要注意在传播旅游形象口号的时候,选取目标旅游消费者较为偏好的媒体。增加 B 阶段的百分比,则要求尽量缩短旅游形象口号的文字长度。形象口号必须易于记忆,所以字数不可过多,通常以控制在 10 个字以内为宜,最多不超过 15 个字,读起来要给人以朗朗上口的感觉,以便在经过一段时间后,仍然有较多的读者回想起这条宣传口号以及与之紧密联系的旅游地。要使旅游地形象口号的宣传真正奏效，除识别和记忆之外，还必须引起目标消费群足够的注意和兴趣。因此，C阶段要求所设计的口号最好能切合目标群体的某种需求，如对自然、对精彩生活、对别样风情的一种向往，并通过具有震撼力、吸引力、号召力和启发性的口号体现出来。特别强调的是，旅游形象口号的设计要避免跟风，否则不但不能正确反映旅游资源特色与目标消费群的特点，而且还会引起消费者的厌恶情绪。C阶段的潜在消费者要真正实现其购买行为，在D阶段要求旅游形象口号的宣传维持相应的密度，并与其他促销手段相配合，激发潜在购买者的购买动机。

根据旅游形象口号在宣传中的“过滤器”衰减机理，我们首先必须了解目标旅游者头脑中的“过滤器”，至少要了解其中主要的“过滤器”，然后按目标旅游者最乐于接受的方式设计旅游形象宣传口号。这些“过滤器”会受到多方面的影响，主要包括目标购买者的人口统计特征、社会地位、经济收入、兴趣、性格等，因此，要设计出优秀的旅游形象宣传口号，首先要求设计者对目标旅游者有充分的了解，而了解目标旅游者的前提就是要清楚旅游地的特色，并把握整个时代的潮流所在，简言之，就是要求旅游形象口号能反映时代特征和地区特色。

2. 旅游形象宣传口号设计原则

旅游形象宣传口号是旅游者最易于接受的了解旅游地形象的最有效的方式之一，它好比广告词，一句优秀的广告词往往产生神奇的效果。为了实现这种效果，旅游形象口号的设计需结合以下几个原则：

(1) 地方特征——内容反映特色

口号的实质内容必须来源于地方独特性，来源于旅游地所在的地理文脉，唯有充分挖掘和深刻分析旅游地的地域背景，发现和提取地方性的元素充实到口号中，才能避免过于空泛。特别是对于平淡无奇的旅游地或城市，依据能够反映地方特性的旅游形象口号仍然可以出奇制胜，回味无穷。

(2) 行业特征——表达针对旅游者

旅游形象口号的制定必须充分了解游客的心理需求和偏好，要体现旅游行业的特征，要使旅游者轻易地认识到这是旅游地形象口号，而不是政治口号、招商口号等其他口号。

(3) 时代特征——语言紧扣时代

旅游形象口号在表达方面还要反映时代特征，要有时代气息，要反映旅游需求的热点、主流和趋势。

(4) 广告效果——形式借鉴广告

旅游形象口号首先必须能够打动旅游者的心、激发旅游者的欲望，成为旅游者永久而深刻地记忆，能够广泛迅速地传播，即要有广告效应。因此，旅游形象口号要具有广告词的凝炼、生动和影响力。商品广告词的创意设计已经越来越超越商品自身而成为一门艺术，旅游形象的口号创意也要借鉴这种广告艺术。用浓缩的语言、精辟的文字、绝妙的组合构造一个有吸引魅力的旅游地形象。

表 5-3

部分旅游地形象宣传口号设计

序号	区域名称	旅游形象宣传口号
1	湖南省	神奇潇湘浪漫游
2	四川省	天下四川,熊猫故乡
3	广东省佛山市	狮舞岭南,传奇佛山
4	浙江省	诗画江南,山水浙江
5	山东省枣庄市	江北水乡,运河古城
6	四川省都江堰市	拜水都江堰,问道青城山
7	陕西省西安市	龙在中国,根在西安
8	贵州省贵阳市	爽爽的贵阳
9	宁夏回族自治区	雄浑西部风光,秀美塞上江南
10	香港特别行政区	动感之都:就是香港

(二) 旅游视觉形象(TVI)

旅游视觉形象是人—地感知形象的核心组成部分,以旅游视觉识别符号为载体,反映独特的自然景观与文化。旅游视觉形象是指由旅游的基本标识及应用标识、形象外观包装、品牌形象等构成的旅游形象子系统。其中,基本标识包括旅游地名称、标志、商标、标准字、标准色;应用标识包括象征图案、旗帜、口号、招牌、吉祥物等。一个旅游地区别其他旅游地的视觉识别设计,不仅要做到标准化、统一化,还应做到全面化和特色化。视觉形象是整个旅游形象识别系统中最形象直观、最具有冲击力的部分。

LOGO即标识、商标或标识语,指易于辨认且清晰明了的名字、标志或商标,包括文字、图形、字母、数字、三维标志、颜色组合以及上述要素的组合。不同于古代的印记,LOGO是现代经济的产物,并承载着无形资产,是综合信息传递的媒介。在形象传递过程中,它是应用最广泛、出现频率最高,同时也是最关键的元素。LOGO设计就是将具体的事物、事件、场景和抽象的精神、理念、方向通过特殊的图形固定下来,使人们在看到LOGO标志的同时,自然地产生联想,从而对其表达的主体产生认同。

为了更好地表达LOGO和传播LOGO,往往要借助计算机和设计软件来进行LOGO设计,常用的LOGO设计软件主要包括CorelDRAW、PhotoShop、AutoCAD、Flash、3dMAX等。

图 5-2

部分旅游地或旅游企业LOGO设计

1. 主体名称

旅游地往往以地名为名称,旅游景点的名称比一般地名具有更高的对外知名度。例如,利用张家界的高知名度,原湖南的大庸市改名为张家界市。借助旅游风景区的知名度建立起依托城市与景区一体化的旅游地，有利于旅游地的经济社会发展。

2. 旅游形象标志

旅游标识又称为微标、标志，英文为“LOGO”，它是旅游形象设计中最直观的内容，是应用最广泛的代表符号，体现其地方精神和文化特色。在当今各种信息充斥的时代，作为瞬间传递信息和识别产品的符号，无疑在取得消费者认可方面起着先锋作用。为此，旅游标识设计要在遵从独特性、社会性、吸引性、认同性、整体性、层次性和艺术性原则的基础上，着重反映旅游的核心要素，即地脉和文脉。比如，奥运会形象元素是构建北京 2008 年奥运会形象与景观工程的基本元素，其中包括奥林匹克五环、北京奥运会会徽、色彩系统、主题口号、二级标志、吉祥物、体育图标、核心图形以及一组图片形象。如申办奥运会会徽由奥运五环色构成，形似中国传统民间工艺品的“中国结”，又似一个打太极拳的人形；北京残奥会会标有三个部分组成；北京奥运会二级会标中的北京奥运会环境标志，以绿树为主要形态；两个火红相扣心形的志愿者标志；代表中国传统文化精髓的灯笼作为中心内容的北京奥运会文化标志，以及主题口号和比赛项目的标志。

图 5－3 北京奥运会logo设计

3. 标准字体与标准色

(1) 标准字体

标准字体是视觉识别系统最常见的符号之一，由特殊字体组成，或经过特别设计的文字来体现名称，是富有个性和艺术美的字体。标准字体长期使用，给人以对旅游形象的认同感，与标识一起使用，具有视觉效果的强烈统一性。尤其是文字具有明确的说明性，可直接传达信息，通过视觉、听觉和触觉的同步运用，具有强化旅游形象，补充说明图形标志，增强诉求力的作用。

(2) 标准色

标准色是指经特别设计而选定的代表旅游形象的特殊颜色，广泛用于旅游标志识别、产品广告、旅游商品包装、建筑装饰以及多种项目上。如果颜色运用合理，能给人以强烈的视觉刺激，并留下深刻印象，成为旅游形象视觉识别系统的重要因素。比如，2008 北京奥运会会徽——“中国印・舞动的北京”，以印章作为主体表现形式，将中国传统的印章和书法等艺术形式与运动特征结合起来，采用艺术的手法表现为一个向前奔跑、迎接胜利的运动人形。篆字中国印“京”字，形状酷似汉字的“文”字，蕴涵中国悠久的传统文化。主体颜色选用中国传统喜庆颜色——红色，作为主体图案基准颜色，还是我国国旗的颜色，代表着伟大的中华人民共和国。可见，北京奥运会标志的主体颜色具有代表国家、代表喜庆、代表传统文化的特点。

(3) 旅游形象象征图形

旅游形象象征图形，是指如实地将最富魅力的旅游吸引物直接呈现给旅游者或者借助旅游者的实地体验间接向旅游消费者展现旅游吸引力的图形或抽象。旅游形象LOGO象征图形设计的表现手法主要包括直接展示法、间接表现法和抽象表达法三种：

一是直接展示法。这是一种最常见的运用十分广泛的表现手法。它将某一个或几个独具性的景象作为LOGO的象征图形，如实地将旅游地最富魅力的旅游吸引物直接呈现给旅游者，使旅游消费者对该旅游地产生一种神往的感觉。它要求抓住和强调旅游地与众不同的特征，并把它鲜明地表现出来，将这些特征置于LOGO的主要视觉部位或加以烘托处理，使观众在接触LOGO的瞬间即很快感受到，对其产生注意和发生视觉兴趣。对于那些具有绝对垄断性资源的旅游地，适合于采用这种表现方法。

二是间接表现法。间接表现法是比较内在的表现手法，即LOGO的象征图形上不出现任何景和物，而是借助于其他有关事物来表现旅游者的欢乐，如旅游者的感受。这种表现手法往往将实地旅游者的体验、感受、表情等略加夸张，作为LOGO的象征图形，用于展示旅游魅力，这种表现手法更多地适用于那些以节事活动、主题游乐为主要吸引物的旅游地或企业。

三是抽象表达法。运用抽象表达法设计的旅游LOGO象征图形，往往来源于自然形态并经过提炼得到。通过把形态的“神”紧紧抓住并加以强调，舍弃具象的“形”，抽象是对具体形象的高度概括与升华，抽象的形象更集中，且富有启发性。

4. 象征性吉祥物

吉祥物是视觉形象基础要素的重要组成部分，旅游吉祥物对于视觉形象的塑造和推广具有重要意义。著名的节事活动和主题公园都有自己的吉祥物，生动、有趣、形象的吉祥物容易得到公众的喜爱，达到广泛传播的效果。例如四川卧龙保护区的吉祥物大熊猫，不仅是景区的吉祥物，也是这个地区标志性的视觉载体。2000年澳大利亚悉尼奥运会吉祥物是三种澳洲本土动物：笑翠鸟、鸭嘴兽、针鼹鼠。笑翠鸟代表了奥林匹克的博大精深；鸭嘴兽代表了澳大利亚和澳大利亚人民的精神与活力；针鼹鼠则是一个信息领袖，在它的指尖上有资料和数据。又如，北京奥运会吉祥物由五个“福娃“组成，他们的原型和头饰蕴含着其与海洋、森林、火、大地和天空的联系，其形象设计应用了中国传统艺术的表现方式，展现了中国的灿烂文化。这些吉祥物不但反映了奥运会主办地的特色，而且将团结、友谊、公平竞争等奥林匹克精神固化在可爱的实际形象上，博得了全世界人们尤其是儿童的喜爱。

5. 象征人物(形象代言人)

聘请知名人士作为形象大使代表旅游形象，从而增强旅游形象的感召力，已成为众多旅游地的重要选择。知名人士的良好口碑及其广泛的号召力能影响并带动相关群体，产生名人效应。利用名人效应与旅游形象紧密的结合进行公关推广，有利于增强旅游形象的感召力。例如，香港旅游有准确的定位，邀请成龙担任香港旅游形象大使，进行推广活动的宣传。另外，政治人物也可以成为国家或地区旅游的象征性人物，韩国国家旅游局策划推出了一则“请到韩国来旅游”的旅游广告，其中就有原韩国总统金大中面向镜头发出邀请的画面。

6. 纪念品

旅游纪念品是旅游者从旅游地购买并带走的一种有形产品，有助于旅游者识别目的地形象。毕竟除了照片和留在旅游者记忆的经历和感受，只有纪念品是目的地实地形象体现和延伸的形象符号了。例如，北京奥运期间外国友人都争相购买中国的丝绸、中国字画等，这些纪念品代表中国旅游形象的一部分。旅游纪念品是延伸、传播旅游形象的有效载体和符号，规范发展当地独具特色的旅游纪念品，是树立和传播当地旅游形象的重要过程。只有具有地方特色、工艺质量高和品种类型丰富的旅游纪念品才有竞争优势，才有生命力，才能赢得更多旅游者对旅游形象的认同感。如北京奥运会带动了具有中国元素奥运收藏品的创造发明，如纪念章、纪念钞、邮票、明信片、金币等。这些珍贵的收藏品都融入了奥运元素中的中国传统文化精髓，如青花瓷、祥云、鸟巢、福娃等，突出了鲜明的奥运形象。

7. 旅游从业人员制服

制服是企业、团体或专项活动特别规定式样的限制性服饰，是行业、团体、岗位的形象标志，是其综合素质与实力的缩影。制服具有普通服装的基本功能、职业使用功能，同时也体现企业的性质、功能、理念、职业特点、职位与级别。因此，制服是旅游者视觉直接感知(间接消费)的内容，也是旅游地提供服务的重要组成部分。

8. 户外广告

户外广告主要分布在各个地方，是旅游视觉景观的一部分，并可以最广泛地接触到社会各阶层的公众。户外广告要求组成和制作都必须到位，即内容完整、语言鲜明简练、广告词与色彩的结合恰到好处，只有这样，才能有效地影响旅游者的旅游形象感知。一般而言，旅游户外广告包括广告牌、巨幅招贴画、旗帜、气球广告等，它们不仅构成了旅游形象的重要组成部分，也为旅游者提供直接准确的旅游向导，并具有信息解释功能。

9. 旅游地交通工具

在旅游业高度发达的今天，旅游交通除实现旅游者空间移位的基本功能外，在某种程度上还具有满足旅游者旅行、游览和娱乐需要的多重特殊功能。越来越多的旅游交通工具和设施，如豪华游轮、旅游列车、游览马车等，逐渐发展成为既能满足旅游者物质上的享受，又能实现精神文化观赏价值的旅游吸引物，具有某些旅游资源的特征，而且，独特交通工具能给旅游者留下深刻的印象。例如，四川峨眉山上的人力交通工具——滑竿，几乎成为该风景区独特的形象符号。英国伦敦的双层巴士是城市特征最具代表的形象，双层豪华旅游巴士，来往于伦敦城的各旅游景区间，不仅方便旅游者游览观光，而且可以作为城市一道极具复古气息的亮丽风景线。

想一想　以所学知识，选取你所熟悉的某一旅游地为对象，分析其视觉形象组成。

(三) 旅游行为形象(TBI)

旅游行为识别是由旅游组织及其成员在内部和对外的生产经营管理及非生产经营

性活动中表现出来的员工素质、旅游制度、行为规范等因素构成的旅游形象子系统。旅游行为形象是旅游形象策划的动态识别形式，有别于名称、标志等静态识别形式。

1. 服务行为形象

服务行为主要包括旅游接待服务行为和景区服务行为。旅游接待服务涉及民航、车船、饭店、餐饮、购物、旅行社等行业；景区服务是指旅游者在游览和娱乐时所接受的景区内提供的服务。一般而言，旅游者对旅游地最深刻的感知来自于游览和娱乐过程中所接受的服务。作为塑造旅游形象的重要措施，服务识别除达到旅游行业的基本要求外，还必须注重个性化服务。因此，为树立良好的服务形象，就必须培养和提高员工的服务意识、道德素养、营销意识、礼节仪表、文化修养及业务水平等，使所有从业人员能够自觉树立维护旅游景区的良好形象，为旅游者提供优质的服务。例如，为了维护北京奥运旅游形象，北京的旅游服务人员应该在言谈举止、服务技能、服务态度等方面加强锻炼，提高自身素质和服务技能，为旅游者提供个性化、标准化的服务。北京出租车司机为迎"奥运"学英语，以确保在接待外国游客时，能够顺利传达服务和热情。

2. 居民整体形象

居民是旅游地中人数最多的一类人，长期生活在此地，他们的生活方式、语言、服饰、活动行为等都成为被旅游者所感知和观察的对象，同时，本地居民也会相应地去观赏来自不同地方的旅游者。当地居民的热情友好及良好精神风貌是总体形象的重要组成部分，是旅游者在旅游过程中获得满意的重要基础。北京奥运期间，来自世界各地的旅游者来到北京，北京市民对自身素质的严格要求对北京奥运旅游形象建设相当重要。本地居民对旅游者要表现出一种好客热情的东道主姿态，对旅游者的问询应热情解答，对旅游者的要求要尽力满足，这将给旅游者留下美好的印象。

(四) 旅游听觉形象(TAI)

一般而言，一个旅游地的形象层面涉及的越全面，越丰富，其影响力和感染力就越大。听觉形象设计一般包括旅游宣传歌曲、旅游地的本土方言、地方民歌等方面的策划与制作。比如，海南省的旅游对外宣传歌曲之一为《永远的邀请》，海南形象宣传片《魅力海南》，从听觉感知角度给旅游者传达了具有浓郁地方特色的海南整体形象。北京奥运会形象设计通过北京奥运会主题曲《我和你》(*You And Me*)、北京奥运会倒计时100天主题曲《北京欢迎你》与北京旅游形象宣传片《北京2008》，向海内外的游客展现了北京的古都风貌和现代活力；除此外还有湖南的地方民歌《浏阳河》等。

想一想	你还知道哪些能够代表旅游地的宣传歌曲、民歌或本土方言？

(五) 旅游文化景观形象(TCI)

当地居民的居住、生产、生活等活动构成旅游的社会文化观，它们同样具有对旅游形象具有影响作用。社会文化景观包括地方风俗、民族文化、服务形象、居民行为等。社会文化景观形象的塑造牵扯到许多方面，是一项复杂的系统工程，必须由多部门协调合作、经过多年努力逐步实现。社会文化景观形象设计的总原则就是要突出地方风俗和民族文化，完善旅游服务水平，提高居民文明水准，提高好客度。

(六) 旅游电子形象(TEI)

旅游电子商务蓬勃发展,各地旅游政府部门纷纷建立营销网站开展宣传,将旅游营销竞争延伸到互联网上。如国家旅游局主办的金旅雅途就是一个促进各旅游地营销系统相互竞争的平台。旅游电子形象就显得尤为重要。旅游电子形象是旅游营销组织或企业应用网络技术和网络设计的思想,实现现实要素向网络要素转化,吸引旅游者通过营销网站进行旅游信息的获取和旅游消费的虚拟体验,进而形成对旅游地的各种感知、印象、看法、感情和认识。旅游地应建立和完善旅游网站,对网站进行及时的设计创新,并利用网络进行展示和评选活动,扩大知名度,形成品牌,建立网站咨询服务活动。

(七) 旅游核心景观(CLD)

1. 第一印象区

第一印象区指的是旅游者在实地旅游时,最先到达(进入)的地方。即城市边界出入口,通常是城市对外交通的火车站、机场、港口、码头、高速公路收费站等,这些地方是游客形成城市第一印象的地方,将会影响其进入城市的旅游感受以及离开城市后的旅游记忆。另外,城市内部及周边重要风景名胜区和旅游景点的门景的位置也属第一印象区。

2. 最后印象区

最后印象区指的是旅游者离开目的地时最后与目的地接触的地点。一般来说,对于首次旅游的旅游者,第一印象区的形象意义比最后印象区大,而对于重游者而言,最后印象区的形象意义比第一印象区大。

3. 晕轮效应区

晕轮效应区是对旅游整体形象具有决定意义的地方。如果这些地点具备良好的形象,旅游者对旅游的整体形象都会是满意的,反之,如果旅游者在这些地点得到不良的印象,会扩散成对旅游地整体形象的偏颇认知。因此,晕轮效应区能使游客的印象产生放大的作用,旅游形象的设计若能在此得以淋漓尽致的表达,将会比在其他地方的表现更容易产生积极的影响和效果。

4. 地标区

地标区是旅游地独具特色的标志性景物所在的区域,与第一印象区有着同等重要的地位。例如,建筑高度 492 米的上海环球金融中心和毗邻的金茂大厦一起形成了上海的新地标。台北 101 摩天大楼,高达 508 米,成为台湾的标志性建筑。香港的地标区从原来的中银大厦变为新的香港会议展览中心。一般而言,在现代化的城市,最高建筑往往成为标志性建筑,因此在旅游者心目中容易识别而留下深刻印象。没有地标区的旅游地很难产生鲜明的形象。

(八) 其他感觉形象设计要素

嗅觉和味觉形象也是体现旅游形象的重要方面。旅游美食和特色小吃给旅游者带来美好的味觉感受以及回忆,已成为重要的旅游吸引物。如在四川成都,旅游者不仅能品尝地道的各类川味小吃,还可以观看川菜烹饪表演,从而既满足了味觉需求,又了解了中华民族博大精深的饮食文化,获得了物质上和精神上的双重享受。因此,旅游美食如果给旅游者留下深刻难忘的印象,旅游者对总体旅游形象的评价则会很高。

总之,旅游形象设计越丰富、越全面,它的形象辐射力就越强,就越能迅速提高旅游地的知名度和美誉度。

五、旅游形象的传播策略

旅游发展必需着眼于对潜在旅游者实施有效的促销和引导，并向旅游目标市场提供长期、有效、有吸引力的旅游感知形象，以诱发旅游者的出游动机、增强旅游者的购买信心、缩短旅游者的旅游决策时间。向旅游目标市场提供旅游感知形象的过程，实际上是旅游形象的传播过程，成功有效地传播需要切实可行的传播策略，常用的策略有形象广告、公关宣传、网络宣传、节事推销等。

(一) 形象广告

广告是一种高度大众化的信息传递方式，传播面积广、效率高、速度快。因此，通过广播、电视、报纸、书刊等传媒进行宣传，是目前树立和强化旅游形象的首要途径。要利用好报纸电视的专题报道、专题片的宣传效应，充分利用画册、明信片、挂历、邮票、宣传材料的传播效应，通过组织报纸或电视采访、影视剧的拍摄、有关书籍的出版、户外广告的展示和宣传资料的分发来促进旅游形象的有效传播。

1. 报纸

报纸具有可重复阅读、价格低廉、便于携带、时效性强、信息量大、受众相对稳定等特点。当然，报纸信息的影响力比广播和电视弱。

2. 广播

广播信息的传播影响力非常广泛、渗透力强。广播不依赖文字做媒介，所传播的信息比较直接真实，成本也较低廉。但是，广播宣传要受时间的限制，而且只能通过声音传播信息，缺乏图文并茂的有效结合，具有一定的局限性。

3. 电视

电视以其直观性、普及性、实时性成为当前最具有效力的形象广告媒介之一。电视运用多种艺术手段，如活灵活现的画面，将语言、音响、色彩、人物形象等有机结合起来，对受众具有极强的感染力。传播学的研究证明，阅读文字能记住 10%，收听语言能记住 20%，观看图像能记住 30%，边听边看能记住 50%。因此。电视具体、直观、形象的特点比报纸和广播更能吸引人。但是，电视传播的弱点是费用昂贵，广告成本比较高。例如，马来西亚每年在旅游广告宣传上的投入高达 2 亿美元，在中央电视台旅游广告栏目经常能看到宣传马来西亚多元文化、热带风光、美食为主题的广告。这些广告已经成为吸引中国游客到马来西亚旅游的重要宣传和促销手段。

(二) 公关宣传

公共关系是一种促进与公众建立良好关系的方式，其影响面广、影响力大，有利于迅速塑造并传播良好的旅游形象。因此，要积极参加、组织各种与旅游有关的展览会、交流会、研讨会、演出会、招商引资会、新闻发布会等形式的公关活动，邀请专家学者、旅游企业的管理人员、著名作家、有广泛影响的新闻媒介的记者前来旅游地旅游参观，以扩大旅游地的知名度。

(三) 网络宣传

网络宣传是目前传播信息和文化交流最有效、最便捷的手段之一，网络能把旅游形象信息丰富、翔实、图文声像并茂地传播开来，因此，越来越多的旅游地和企业开始使用电脑建立和传播自己的旅游形象和旅游服务信息。网络是旅游信息传播不容忽视的手段。在采用此手段时，要建立自己的主页，并力争进入各主要网络搜索引擎，与热门站点建立友情连接，利用电子邮件发送传播能树立旅游形象的电子宣传品。

（四）节事推销

节事活动一般来说活动范围大，内容多，旅游者的参与面广。因此，在旅游形象的塑造和传播中，节事具有其他策略不可比拟的效果。如悉尼的“绿色奥运会”，为悉尼乃至澳大利亚塑造了可持续发展的积极形象。澳大利亚旅游委员会认为，悉尼奥运会使澳大利亚的形象塑造向前推进了10年。

（五）口碑传播

口碑是游客在完成一次旅游活动后所获得的体验，以及对旅游产品和基础设施等的综合评价。将这些体验和评价向他人传播的过程即为口碑传播。在现代市场宣传途径里，口碑是大多数出游者获得旅游信息的主要途径，因此，良好的口碑对塑造旅游形象尤为重要。要想获得良好口碑，就应该从涉及游客旅游过程的六大要素着手，努力营造游客满意而归的条件。高品质的旅游产品、参与性强的体验方式、优质的旅游服务等，都是创造游客良好口碑的重要因素。

任务3　旅游形象策划实训

一、实训目的

本实训旨在考查学生对本项目所学内容的理解和掌握情况，培养学生旅游形象策划的技能。要求学生熟悉旅游形象策划的内容和基本方法。

二、实训要求

以团队合作的形式开展旅游形象策划实训。请同学们以小组为单位、以浙江省临安市为实训对象，对该市旅游形象的现状进行调查与评价，并提出新的主题形象、宣传口号与LOGO设计。

三、实训背景材料

（一）临安市旅游发展材料

1. 市域基本情况

临安市域面积3126.8平方公里，辖5个街道13个镇298个行政村，人口52.6万。临安旅游发展主要依托三大基础条件：一是区位紧邻大都市。临安位于杭州半小时交通圈、旅游圈、经济圈、文化圈的核心地带，是名城（上海）—名湖（西湖）—名山（黄山）国际黄金旅游线上的重要节点城市，也是古代徽商通浙的要道，被誉为上海、杭州等大都市的“后花园”、“西郊公园”。二是自然禀赋独特。临安是典型的山区市，山地丘陵占86%，森林覆盖率达76.55%。境内拥有天目山、清凉峰两个国家级自然保护区和青山湖国家级森林公园。由于境内平均海拔较高，森林植被“林阴效应”明显，临安大部分山区气温比杭州城区平均低3—4℃，有些地方甚至更低，具有良好的避暑消夏功能，加上名山、秀水、奇洞、温泉、峡谷汇聚一身，为开展森林、山地、峡谷生态休闲度假旅游创造了良好的条件。三是人文资源丰富。临安是五代十国时期吴越国创始者、“上有天堂、下有苏杭”奠基者钱镠的出生地和归息地，留有钱王陵、婆留井等众多钱王文化的历史遗存。同时，临安儒、释、道文化源远流长，民间民俗文化异彩纷呈。

临安旅游业的发展与周边县市相比具有一定的独特性。改革开放以来，临安历届党委、政府始终把旅游作为战略性产业来发展，旅游业发展实现了从无到有、从小到大、从慢到快，其历程大致经历了三个阶段：一是保护性开发阶段（1982—1996年）。这一阶段临安的旅游开发主要依托天目山和青山湖，基本上属于保护性开发，旅游产品单一，发展速度缓慢，年接待游客量大约10万人次左右。二是生态旅游大发展阶段（1997—2002年）。这一阶段临安根据自身的资源优势与市场需求，把生态旅游确定为旅游产业发展的重点和方向，在市场上成功塑造了“真山真水真空气”的临安生态旅游新形象。在资源开发方面，太湖源景区率先抓住发展生态旅游的契机一举取得成功。在太湖源景区的示范效应下，临安旅游资源开发的热情被点燃，其后五年时间里全市共开发旅游景区15个，游客接待量直线上升，临安旅游规模跨入浙江省旅游大市行列，并成功创建成为中国优秀旅游城市。三是整合提升全面发展阶段（2002年至今）。2002年初，临安提出旅游“二次创业”，通过规划引导、旅游项目推进、景区资源整合和提升改造等手段，形成以天目山、青山湖、太湖源、大明山、浙西大峡谷为核心的、各具特色的五大旅游休闲度假区。

据统计，全市有旅游景区（点）19个，其中AAAA级景区5个，大明山风景名胜区于2011年列入“两江一湖”国家级风景名胜区核心景区；星级饭店7家，旅行社26家，旅游行业从业人员近3万人。2012年，全市游客接待量710.47万人次，实现门票收入1.51亿元，旅游综合收入达68.16亿元；实现旅游增加值24.05亿元，占GDP比重6.29%。

2. 未来发展格局与重点

2013年底，临安市委市政府将旅游业置于优先发展产业的地位与作用。以旅游专项改革为试点，以打造临安旅游升级版为主题，以推进“旅游资源一体化、旅游产品特色化、旅游市场多元化、旅游产业融合化、旅游服务品质化”的“五化”战略为主线，着力打造中国生态养生旅游第一品牌。

力争经过三年的努力，提升一批第一层次的休闲养生旅游项目，增加一批第二层次的休闲养生旅游项目，突破一批第三层次的休闲养生旅游项目，做精一批第四层次的休闲养生旅游项目，基本建成十大休闲养生旅游项目，实现生态医学康复技术、儒释道养生文化与旅游休闲产业实体的有效对接，创造新型生态养生旅游产业模式，把临安建设成为养生特色鲜明、产业要素齐全、配套设施完善、旅游环境优良、服务品质一流的中国旅游强市（县）。2014—2016年，计划接待游客年均增长11%，旅游综合收入年均增长12%。到2016年，旅游接待规模达到1000万人次，旅游综合收入达到100亿元，旅游业增加值占全市GDP达到8%以上。旅游业成为临安国民经济的支柱产业、生态文明的先导产业、惠民富民的民生产业。临安成为全国促进健康服务业发展的典范。

重点推进清凉峰省级旅游度假区的建设，空间上构建三个组团，分别为以青山湖旅游商务区为核心，市区医疗服务体系为支撑的第一组团；以天目山旅游朝圣区为核心，于潜医疗服务体系为支撑的第二组团；以柳溪江旅游休闲区为核心，昌化医疗体系为支撑的第三组团。

（二）资料索引

- 临安市风景旅游局官方网站：http://www.lalyj.com
- 临安市政府官方网站：http://www.linan.gov.cn
- 临安市养生休闲产业调研报告（邮件索取）
- 临安市旅游休闲养生产业发展三年行动计划（邮件索取）

（三）策划案提纲参考

1. 总体概况

1.1 社会经济发展分析

1.2 旅游资源特色分析

1.3 区域竞争情况分析

1.4 旅游形象的推广回顾

2. 临安市旅游形象诊断

2.1 问卷设计与调查

2.2 游客消费行为分析

3. 游客对临安市旅游形象的评价

3.1 临安市旅游形象认知

3.2 临安市旅游形象感知

3.3 临安市旅游核心元素分析

3.4 临安市旅游形象总体评价

4. 临安市旅游形象认知差异及问题分析

5. 临安市旅游形象策划

5.1 临安市旅游形象的重新定位

5.2 临安市旅游形象宣传口号设计

5.3 临安市旅游形象 LOGO 设计

5.4 临安市旅游形象推广新思路

四、实训组织与过程

（一）组建实训组织机构

为了便于各地师生方便开展此项实训，可就近选择相应的旅游景区地或校企合作单位。

1. 指导老师

建议设置校内专业指导老师 1—2 名，企业指导老师 1—2 名。其中，校内专业指导老师具体负责形象策划的技术操作流程，企业指导老师负责帮忙实地调研、分析形象策划的相关元素等。

2. 学生分组

建议将全班划分为若干个实训小组，每个小组设项目组长 1 名，成员 4—6 名。项目组成员宜随机分配，不宜把同寝室、同地区、同性格的同学划归一组。

（二）实训的具体过程

1. 现场调研考察与讨论交流

由专业指导老师带队，至旅游地现场与行业指导老师汇合，并由行业指导老师及其助手带领学生实训团队对旅游地形象进行专题性调研、考察，以尽可能多地搜集资料。

2. 旅游形象的策划与论证

对旅游形象进行诊断并定位，尽可能地从旅游理念形象（TMI）、旅游视觉形象（TVI）、旅游行为形象（TBI）、旅游听觉形象（TAI）、旅游文化景观形象（TCI）、旅游电子形象（TEI）和旅游核心景观（CLD）形象等角度进行旅游形象的设计与塑造。

3. 实训成果的评价与总结

由校内专业指导老师、企业指导老师及学生代表组成实训成果评价小组，对每个实训小组的成果进行综合评价；事后，每个实训小组形成最终的总结报告，提交校企双方。

五、实训成果评价细则

（一）评价主体及其权重

本次实训成果的评价建议由校内指导老师、企业指导老师及学生代表（每个实训小组各选 1 名代表）参加，权重分别为 40%、40%和 20%。

（二）评分细则

表 5-4 旅游形象策划方案评价标准

任务名称:__________ 汇报人:________ 第____组 指导老师:__________

评价内容		评价分值	评价标准	评价得分
策划内容	内容完整性	25 分	包括旅游地形象的调查、诊断、定位、宣传口号及 logo 设计，每缺一项扣 3 分。	
	形象主题及内容策划	25 分	形象策划内容吻合景区营销现状需求得 21—25 分；基本吻合得 10—20 分；不甚吻合或不吻合得 0—9 分。	
	形象设计的科学合理性、准确性	15 分	形象设计合理、准确能够体现景区价值得 12—15 分；基本合理准确得 6—11 分；不甚合理准确得 0—5 分。	
表现方式	PPT 演示稿	15 分	PPT 演示稿条理清晰、表现到位得 12—15 分；条理基本清晰、表现基本得体得 6—11 分；其他方面得 0—5 分。	
	现场演讲	10 分	演讲者形象气质佳、演讲流利、条理清晰者得 8—10 分；形象一般、演讲一般得 5—7 分；其他方面得 0—4 分。	
	现场答辩	10 分	现场答辩流利、回答内容准确得 8—10 分；答辩一般，内容基本准确得 5—7 分；其他方面得 0—4 分。	
评委签名:			合计得分:	

本章小结

旅游形象是旅游地及旅游企业文化的综合反映和外部表现，是通过自身的行为、产品和服务在社会公众心目中绘制的图景和造型，是公众以其直观感受对旅游地及旅游企业等作出的总体看法和评价。

旅游形象策划就是在旅游吸引力要素和旅游市场分析的基础上，通过创造性思维，形成能够吸引旅游者并激发其旅游动机的形象定位和形象识别的过程。旅游形象策划的主要任务是：在对旅游知名度、美誉度、认可度、形象构成要素、信息获取渠道等调查的基础上，对旅游现状形象的效果和旅游核心吸引要素进行诊断，据此对旅游形象进行定位，并设计出具有震撼力的形象宣传口号和富有视觉冲击力的形象 LOGO，制定新颖独特的手段将其有效传播出去。

讨论与思考

1. 如何处理旅游形象策划过程中的形象“替代效应”？
2. 简述城市形象与城市旅游形象的关系。
3. 影响旅游形象塑造的因素有哪些？

扩展技能训练

请以小组为单位为自己的小组设计一个形象宣传口号和 LOGO 标志，并选择一种或几种形式进行推广活动。

本章导学

旅游产业作为一个朝阳产业，需要不断探索更具竞争力的营销方式，寻求更大的竞争优势和发展空间，而互联网的迅速普及正为旅游企业提供了新的营销平台。旅游网络营销是旅游市场营销与网络技术相结合的产物。

随着各行各业对网络的广泛应用，网络营销已成为当下最为行之有效的营销方式之一。随着以互联网为代表的各种新兴媒体不断涌现和个性化消费时代的到来，传统媒体的传播效益受到越来越强烈的挑战，给人们生活的各方面都带来了巨大的变化。在此背景下，各种产品的网络营销开展得如火如荼。

旅游产品的网络营销也在稳步发展。据艺恩旅游咨询的统计数据显示，2010 年旅游电子商务占旅游产业比重为 3.3%，同比 2009 年上升 0.6 个百分点。旅游电子商务市场占整个旅游产业的比重正在稳步上升。旅游目的地营销正在步入一个以网络为媒介的新的营销时代。旅游方式正在由过去的求量型转向为求质型，表现为旅游者需求的个性化和定制化特征越来越明显。旅游电子商务发展十分迅速，比其他类型的产品相比，旅游产品更适宜采用网络营销，更是备受关注，因此运用网络营销来创新旅游的市场营销就成为一种必然。

通过本项目的学习与实践，要求学生掌握如下专业能力与方法能力：

1. 专业能力目标
- 能有效识别网络营销、旅游网络营销的概念与类型；
- 能掌握旅游网络营销的渠道与特征；
- 能理解旅游网络营销的功能与意义。

2. 方法能力目标
- 能够运用网络技术，熟悉多种网络营销手段；
- 能分析旅游企业营销特点；
- 能运用多种网络手段对旅游企业进行网络营销。

重点掌握网络营销、旅游网络营销、搜索引擎营销、许可邮件营销、网络社区营销、博客营销、微博营销、无线营销等关键术语。

任务1 认识旅游网络营销

一、旅游网络营销的概念与类型

（一）网络营销的概念与旅游网络营销

1. 网络营销

“网络营销”在英文中有多种表达方式，e-marketing、online marketing、Internet marketing、net marketing、web marketing、cyber marketing 等。主要是指借助联机网络、计算机通信和数字交互式媒体的力量，实现企业的营销目标。网络营销的产生是科技发展、消费者价值的变革、商业竞争等综合因素促成的。

对网络营销的理解，每个人可能会有不同的方式。比如，有些人认为网络营销就是在网上卖东西，也有些人认为在网上发布一些供求信息或者向潜在用户发送电子邮件就是网络营销。一些学者或网络营销从业人员对网络营销的研究和认识也往往侧重某些不同的方面：有些人偏重网络本身的技术实现手段；有些人注重网站的推广技巧；也有些人将网络营销等同于网上销售。当然，这些活动都和网络营销有着直接的关系，在某些方面反映了网络营销的思想，但并不是网络营销的全部内容，也不可能反映出网络营销的全貌。在互联网发展的不同阶段，网络营销的内容和手段也有所不同。

通过对以上概念的分析，我们发现“网络”一词具有非常丰富的内涵，可以囊括因特网出现前的联机网络和因特网（包括网站）；有线网络和无线网络；因特网和专业网；因特网和数字交互式媒体等。

2. 旅游网络营销

旅游网络营销是旅游业与营销网络相结合的产物，主要是指旅游业借助国际互联网、计算机通信和数字交互式媒体的功能，最大限度地满足目标顾客对旅游信息和旅游产品的需求，从而传播旅游目的地形象，推介旅游产品，促成和引导（线上和线下）交易实现，最终达到提高旅游业知名度，开拓市场，增加地区旅游业收入和促进旅游业持续稳定发展的目的。

因此，可以将“旅游网络营销”定义为：旅游业通过各种形式的网络来分析、计划、执行和控制关于旅游商品、服务和创意的观念、定价、促销和分销，以创造能符合个人和组织目标的交换的管理过程。

（二）旅游网络营销的类型

互联网的价值和影响在不断地延伸和扩展，它已经不单纯只是一种新的媒体形态，更是具有无限包容性和延展性的新型集聚社区。而网络营销也不仅仅是最初作为网络广告的形式，它是建立在信息技术手段上的，以信息共享为基础，以互动和对话为传播形态的一种实践操作中的营销手段，表现形式上呈现多样化的趋势。

1. 搜索引擎营销

搜索引擎营销是指通过具有在线检索信息功能的网络工具进行网站推广营销，采用新型的付费排名推广等方式，为营销主体带来大量点击量。搜索引擎营销在网络营销领域已经成为应用最广泛、发展最快的一种手段。搜索引擎营销涉及搜索引擎、分类目录等多种方式，但其基本原则都是营销主体付费换取搜索结果页面上的显示位置或优先排名。

与传统媒体广告最大的不同点是，用户在互联网上通过搜索引擎告诉广告主和代理商：“这是我想要的，你们有这个产品吗？”搜索引擎营销不是在说服用户，而是用户主动寻找相关的信息和服务。搜索引擎营销极大地改变了传统交易的模式。“推销”的界线变得模糊，因为搜索引擎在恰当的时候、恰当的位置，尽力把最贴近你想要的产品和信息提供给你。搜索引擎营销通常有付费排名、付费收录以及最近新增加的上下文广告三种方式。

在互联网时代，用户不再单纯的满足于被动接受信息，而会根据个人需求主动查找信息。而用搜索引擎借助关键词或检索条件是最常用最方便的一种方式。这就是搜索引擎营销发展迅速的原因。我国在搜索引擎营销领域的发展与互联网发达的美国相比还有很大差距。中国互联网络信息中心（CNNIC）发布的《2011年中国网民旅行及预订行为调查报告》数据显示，38.1%的网民最近半年在网上查找过旅行信息。其中，近九成使用通用搜索引擎，这与使用代理网站、酒店航空官网以及门户的旅游频道查找的比例相对持平，分别为26%，25.6%，23.3%。旅游营销网站的访问量越大，网站的价值也就越大。因此旅游企业开展搜索引擎营销的重点就是如何让网民通过搜索引擎找到旅游营销网站。

2. 许可邮件营销

许可邮件营销是邮件营销的一种，是指营销主体得到用户许可后，向目标客户发送带有相关信息的电子邮件。许可邮件往往是由收件人主动加入邮件列表（Maillist）而收到的，一般是以新闻资讯为主的新闻邮件（Newsletter），附带有广告内容。邮件营销分为许可邮件营销和未许可邮件营销。未许可邮件营销是指未经过收信人的许可，绝大部分被看待成垃圾邮件被有关部门制止。

许可邮件营销一直是效果最好的网络营销手段，甚至超越搜索引擎广告。未来纯粹的商业性邮件广告将越来越少，许可邮件营销将以整合“信息附加型”的邮件为主。

许可邮件营销更大的作用不是销售产品，而是客户关系管理和服务。

3. 网络社区营销

目前很多旅游企业开展的网络营销无非是各种形式的广告，没有认识到网络不仅仅是一个媒体，更是一个平台，提供了整合、互动、参与功能。网络社区营销的核心是"让用户参与"，注重网民间的交流互动，在情感交流中形成口碑效应，从而体现出品牌的核心价值。网络社区的内容正在更加集成，图片、文字、声音甚至视频都会融合在网络社区中。

网络社区营销能够在以下几方面体现价值：由于网络社区能够在熟人之间进行传播，用户之间更倾向于深度浏览和频繁互动，运用其进行旅游目的地营销传播，信息的实用性和易获取性使得旅游者愿意接受和促使网络社区内的信息传播，降低了其获取信息的成本；网络社区的共通性特点使得旅游目的地企业能利用网络社区获取用户数据，有效地锁定目标群体，便于有效地进行数据库营销，提高用户定制水平。网络社区各用户之间容易产生信任和口碑，更扩展了其影响力，对广告传播公信力的导入有利，便于营销主体培养忠实用户群。

社交媒体最典型的特征体现在内容来源方面，即用户生产内容(UGC)，用户的特质将会直接影响网站的风格和品味。高学历用户往往构成了社交媒体中的领袖用户或中坚用户，他们之间的互动交流产生的话题及引发的分享，代表了白领这一群体的关注点与品味。而较低学历用户往往热衷于各类贴图和分享，对话题的探讨及互动上较弱。国外一些精明的旅游营销方已经将热门的网络社区网站，如 Facebook、YouTube、Twitter、MySpace 等，作为重要的网络营销计划的选择。国外旅游组织在网络社区营销方面有很多值得借鉴的地方。

扩展阅读

国际青年学生旅游联盟(STA Travel)

设立于德州路易斯维尔，是专注于学生和年轻人的旅游运营商。国际青年学生旅游联盟于 2006 年 4 月注册了 Facebook，拥有近 24000 位"粉丝"；在 2008 年 9 月开始使用 Twitter，已有 2200 名会员。国际青年学生旅游联盟市场及电子商务副总裁 Kristen Celko 说："除了参与这些网络之外，我们别无选择。"其最成功的网络社区营销是在 YouTube 上开展的，STA Travel 在 YouTube 上为其 2009 年环球旅行实习(2009 World Traveler Interns)免费发布视频作为活动宣传，参赛者需要提交符合要求的视频应用软件，获胜者可以获得免费游亚洲、非洲、欧洲和澳洲的机会。STA Travel 的视频以及参赛作品带来了 35 万次以上的浏览量，这种关注度带来的价值是无法以销售量来衡量的。Celko 说："没有人知道怎样找到从社交网站获得大量流量的办法，可你如果将这项工作当成在创造价值，将其与传统的营销方式和渠道比较一下，就能明白社区网站真的是每个人都应该经营的平台。"近日，国内社交网站人人网推出旅行分享平台"风车网"，全力进军在线旅游。和以机票酒店预订为主要模式的"携程派"，和搜索比价模式的"去哪儿派"不同，人人网这次的目的似乎更集中在挖掘、激活人人网 1.47 亿用户价值，并延伸至社交功能上。

4. 博客营销

博客营销就是通过博客网站或博客论坛，开展网络营销，通过博客分享创意、提供信息，通过作者个人的知识、兴趣和生活体验等传播达到营销信息传递的目的。目前，国内已经有许多旅游企业纷纷开展了博客营销。

博客营销的常见方式有以下几种：直接在博客上做广告，即在设计的时候就要考虑如果让博客成为广告对话的一部分；通过公关公司等组织写博客日记，从而影响主流媒体的报道；在博客上发表专业文章，以某个旅游产品为文章的主角，一方面和公众沟通，一方面建立权威感；通过检测博客网站，时刻关注时下民众最关注的话题和当下谈论最多的人物事件，为潜在的公关危机做好准备。

扩展阅读

成功的博客营销

怒江是云南西北边境的一个少数民族自治区，位于青藏高原的南缘，高山深谷，经济非常落后，过去几乎与世隔绝。景区每年举办网络摄影大赛、网络博客大赛等，吸引了很多知名旅行者、行业名人、驴友，他们在博客中翔实地保存了摄影作品、自助旅游攻略、地图等，这些丰富的信息源源不断地吸引更多的潜在游客关注。

2009 年，南非驻华使馆邀请了徐静蕾、知名博主 Keso、东东枪和徐铁人等访问南非，而作为回报，被邀请者连续一周发了十多篇介绍南非的文章，并配有精心拍摄的图片。这些博客名人本来就拥有几百万忠实的读者，再加上各网站的转载，使南非的旅游目的地形象在网民中做了一次迅速的扩散，很多网友都有了“我想去南非”的想法。

5. 微博营销

微博是微型博客(Micrologl)的简称。微博是一种允许用户及时更新简短文本(通常少于 140 字)并可以公开发布的微型博客形式。随着发展，这些讯息可以被很多方式传送，包括短信、即时讯息软件、电子邮件或网页。

微博营销是新兴起的一种网络营销方式，随着微博的火热而兴起。微博营销以微博作为营销平台，每个听众(粉丝)都是潜在营销对象，企业可以利用更新自己的微博向网友传播企业、产品的信息，树立良好的企业形象和产品形象。微博营销得到了旅游目的地的高度重视，并成为其网络营销的重要渠道之一。微博和旅游目的地营销在受众基础、体验共性和信息需求这三个方面有契合点。旅游是一种体验过程，旅游产品的购买是一种体验的购买。此外，微博信息生成群体庞大、传播速度快，可以在第一时间告诉大家最新动态，时效性强，抢鲜度高，能够满足旅游者对目的地信息的需求。随着微博的传播效益逐步显现，微博已经成为推广旅游的利器。越来越多的旅游目的地开始重视微博营销的作用，通过应用微博这一社会化媒体营销平台提升自身的影响力和竞争力。

6. 无线营销

无线营销是针对手机、平板电脑、掌上电脑等移动客户端进行的营销。随着手机的进一步普及和3G/4G的开通,无线营销将成为旅游网络营销的又一个资源争夺点。根据e-marketing的调研数据显示,现在国外新媒体广告营业收入排在前两位的是无线和视频。而我国的无线营销还有很大的增长空间。移动客户端可使用的旅游业务有旅游搜索、预订、点评业务等类型。旅游预订的移动端潜在用户群体庞大,手机网民中旅游预订用户覆盖率较高,机票和酒店等标准化的旅游产品适宜手机平台展示。目前国内很多旅游目的地营销网站已经开设了WAP版,通过移动客户端即可访问。相信随着移动互联网应用的发展、安全和技术问题的完善,旅游目的地无线营销又有进一步的发展。

二、网络营销的渠道与特征

(一) 旅游网络营销的渠道

就传播媒介的手段来分析,网络营销的渠道主要包括基于web2.0的因特网技术与手机等移动传媒设备。越来越多的新媒体手段成为旅游目的地营销的核心渠道,扮演着愈来愈重要的角色。

1. 官方旅游网站

就目前而言,中国旅游网(www.cnta.gov.cn)是我国最为权威的旅游官方网站,介绍和呈现我国旅游业的整体发展状况。各省市旅游管理部门(如旅游局)纷纷成立了官方网站。在旅游业发展较快的地区,一些市、县级的旅游行政管理部门也都为推广本地旅游整体形象、介绍当地旅游、生活服务信息而建立了相关的网站。官方网站本身的权威性使公众对其产生了较高的信任度,而其推广内容如重点介绍的景区景点往往会被受众以核心代表、旅游目的地整体形象而接受。在做出旅游决策或出游前,旅游者往往会对酒店、旅行社等信息加以核实,旅游官方网站因其权威性就成为不二选择。由此而言,旅游官方网站是旅游目的地新媒体营销中尤为重要的渠道,应受到深度重视。怎样在丰富目的地官网内容的前提下,充分保证官网的权威性、准确性、及时性,是巩固目的地官方网站的重中之重,也是目的地新媒体营销尤为关键的一步。

2. 旅游网络中间商

旅游网络中间商作为目的地新媒体营销的重要渠道,把目的地旅游产品按照类型、地理区位、发展水平等进行分类,直观地为旅游消费者进行呈现,并通过网络这一平台与消费者产生交易活动。随着互联网技术的发展与线上交易的热门,旅游网络中间商的发展速度十分显著。具有代表性的中间商有权威且发展时间较长的携程、艺龙,以及近期的去哪儿网、途牛网、驴妈妈网等,旅游网络中间商如雨后春笋,纷纷涌现。旅游网络中间商的迅速发展,使其行业竞争激烈异常,目前主要竞争的方面为价格与服务,而品牌战略的展现与作用则略显不足。在旅游网络中间商以低廉价格吸引眼球的同时,服务的滞后,品牌的淡化都会为今后的发展埋下隐患。因此,只有加强品牌建设、提高服务的附加值,才可实现旅游网络中间商的长期健康发展。

3. 智能终端设备

在以计算机技术服务商和制造厂商为主导的终端革命风暴中,“以目标用户为中心”的竞争法则被进一步凸显。终端的本质是网络社会的触角与节点，是人类自身的延伸。从18世纪的收音机、电视机，到21世纪的计算机、笔记本电脑、电子阅读器等，终端的演化史，就像是一道不断做着加法的公式。更完美的视觉体验，更持久的续航能力，更多元的交互，更全面的内容都被一一加入。从笨重到轻巧，从呆板到个性，从繁琐到易用，终端正在日渐智能化。

4. 旅游博客

据研究报告统计，截止到2011年12月，我国博客/个人空间（以下简称博客）的用户数量是3.19亿，较之2010年12月用户增长率为8.2%，增加了2414万。而其使用率跌至62.1%，较2010年下降了2.3%。虽然近年来博客使用人数保持了增长的势头，但其使用率在2011年出现了下滑。作为资格最老的web2.0应用产品，博客呈现出较为传统的信息散播特点，其中名人博客依旧受到大众关注，作为意见领袖传播信息和思想的重要媒介而存在。旅游博客营销从产生博客以来，就被纳入到目的地营销的内容之中。具体是指目的地组织抑或个人利用旅游博客进行旅游目的地推广、分享旅游经历从而达到目的地营销效果的活动。因其门槛低、展现方式直观多样、交互性较强，操作简单，逐渐已被游客广泛接受。对于旅游目的地的推广，智能终端的风靡无疑是绝佳的契机。终端掌握着用户的体验，用户也指导着终端自身的营销；另一方面，旅游者通过博客对旅游经历进行分享，俗称“晒”经历，这一“晒”的过程不自觉地成为目的地的二次或N次营销，为目的地的推广宣传作出了贡献。

5. 旅游微博

权威报告数据显示，到2011年12月，我国的微博使用人数高达2.5个亿，用户使用率达到48.7%，呈现出过半的态势。值得关注的是，微博用户较之2010年增长了296.0%。由此发现，微博这一新型产品用短短一年时间发展成为近半数网民青睐有加的互联网应用。在微博迅速崛起的背景下，微博营销以其低廉的拓展成本，主动锁定目标客户的方式引起了众多旅游组织与机构的关注。艺龙网、芒果网等纷纷开发微博应用，并在全国最为风靡的微博应用——新浪微博上开通自身官方微博。开展旅游目的地微博营销的主要方式，可分为旅游组织官方微博与旅游界名人微博，而旅游组织官方微博又分为地方旅游局微博与旅游机构微博两类。

6. 即时通讯工具

即时通讯（Instant Messaging，简称IM）是一个允许两人或多人使用网络即时地传递文字、信息、档案、语音与视频，建立起直接联系并进行实时交流的终端软件。这种网络即时通讯软件的出现极大地拓展了人际传播的时空距离，已经成为人们在互联网上进行沟通交流的主要方式之一。目前在互联网上受欢迎的即时通讯软件有MSN、腾讯QQ、Google Talk、Yahoo Messenger、百度Hi、YY语音、新浪UC、微信等等。在旅游目的地营销活动中，即时通讯工具扮演着沟通、协调、梳理的重要角色。在媒体环境下，即时通讯的营销影响力将新闻媒体、客户呼叫中心、销售平台等集于一身，并通过文字、音频、视频等多样化的传播，实现口口相传的“病毒式营销”效果。

7. BBS

网络论坛作为最为广阔的口碑营销地，已经成为各行各业进行新媒体营销必选的媒介之一。在论坛里,没有官方语言,有的只是草根和影响力。这些年来,网络论坛的讨论和转帖成为制造热点新闻的最佳推手,许多影响较大的新闻都起源于网络,这不得不归功于论坛。论坛的这种对普通网民的直接影响力,使得许多旅游目的地尝试了网络广告、新闻传播等方式之后,也开始对论坛营销这种网民直接参与的互动营销方式产生了浓厚的兴趣。低廉的成本却能得到病毒式营销的效果,是论坛呈现出的最大优势。目的地通过论坛征集形象口号,实现潜在旅游者的交流互动、目的地的免费推广宣传,是最为常见的营销方式。

8. 网络游戏植入

依托于虚拟现实技术、三维多媒体网游技术和互联网技术的旅游目的地网游植入营销,把旅游景区嫁接到网络游戏中,实现现实和虚拟的互动,实现了景区场景的网游植入,在虚拟的世界里打造真实的景点,从而使旅游活动渗透到网络游戏中,形成互相渗透的融合状态。近年来,旅游目的地通过网络游戏这种"天人合一"的境界,以植入达到营销目的的活动比比皆是,玩家自发组织去游戏中涉及的城市中寻找相同风景,并拍照对比,网络游戏营销效果不言而喻。

(二) 旅游网络营销的特征

1. 无形化

Internet 作为传播媒介已是不争的事实,其跨时空、覆盖全球、以多媒体形式双向传送信息和信息实时更新等特点,是其他媒体所无法比拟的。信息时代给传统市场营销带来了发展的契机,其无形化的特点尤其突出,主要表现在:书写电子化、传递数据化,经营规模不受场地限制,支付手段高度电子化。

2. 标准化

网络营销行为的标准性包括:商品信息标准化、商品交易标准化、市场建设的标准化和市场监督的标准化。

3. 低成本

网络营销给交易者双方所带来经济利益上的好处,是显而易见的,主要表现在以下几个方面:没有店面租金成本,没有商品库存压力,很低的营销成本,极低的结算成本。

要注意的是,网络营销不是网上销售,也不是电子商务。网上销售是网络营销发展到一定阶段产生的结果,网络营销是为实现网上销售目的而进行的一项基本活动,但网络营销本身并不等于网上销售。网络营销是企业整体营销战略的一个组成部分,无论传统企业还是互联网企业都需要网络营销,但网络营销本身并不是一个完整的商业交易过程,而只是促进商业交易的一种手段。可以说网络营销是电子商务的基础,开展电子商务离不开网络营销,但网络营销并不等于电子商务。

三、旅游网络营销的功能与意义

(一) 旅游网络营销的功能

网络营销可以在八个方面发挥作用:网络品牌、网址推广、信息发布、销售促进、销售渠道、顾客服务、顾客关系、网上调研。这八种作用也就是网络营销的八大功能。

1. 网络品牌

网络品牌是网络营销的重要任务之一，即如何在互联网上建立并推广自己企业的品牌。知名企业的网下品牌可以在网上得以延伸，一般企业则可以通过互联网快速树立品牌形象，并提升企业整体形象。网络品牌建设是以企业电子商务网站建设为基础，通过一系列的推广措施，达到顾客和公众对企业的认知和认可。在一定程度上说，网络品牌的价值甚至高于通过网络获得的直接收益。随着技术的进步和互联网的发展，不仅给品牌带来了新的生机和活力，而且推动和促进了品牌的拓展和扩散。实践证明，互联网不仅拥有品牌、承认品牌，而且对于重塑品牌形象，提升品牌的核心竞争力，打造品牌资产，具有其他媒体不可替代的效果和作用。

2. 网址推广

网址推广是网络营销最基本的职能之一。所谓网址推广指的是企业在网上利用网络各种服务和功能，向新老顾客推广本企业的网址，以便让更多的人来访问该企业的网站，了解企业的各种信息，达到网络营销之目的。

3. 信息发布

信息发布是网络营销的主要方法之一。网站是一种信息载体，通过网站发布各种信息资源，同时，信息发布也是网络营销的基本职能。所以也可以这样理解，无论哪种网络营销方式，结果都是将一定的信息传递给目标人群，包括新老顾客、媒体、合作伙伴、竞争者等。网络营销可以将信息发布到全球任何一个地方，既可以实现信息的广覆盖，又可以形成地毯式的信息发布链；既可以创造信息的轰动效应，又可以发布隐含信息。信息的扩散范围、停留时间、表现形式、延伸效果、公关能力、穿透能力等都是最佳的。特别要提出的是，在网络营销中，网上信息发布以后，可以能动地进行跟踪，获得回复，可以进行回复后的再交流和再沟通。因此，信息发布的效果明显。

4. 销售促进

销售促进是网络营销的基本目的之一，大部分网络营销方法都与直接或间接促进销售有关，但促进销售并不限于促进网上销售。事实上，网络营销在很多情况下对于促进网下销售十分有价值。

5. 销售渠道

销售渠道是网络营销一个重要的场所之一。一个具备网上交易功能的企业网站本身就是一个网上交易场所，网上销售是企业销售渠道在网上的延伸，网上销售渠道建设也不限于网站本身，还包括建立在综合电子商务平台上的网上商店，以及与其他电子商务网站不同形式的合作等。网络具有极强的进击力和穿透力，传统经济时代的经济壁垒、地区封锁、人为屏障、交通阻隔、资金限制、语言障碍、信息封闭等，都不能阻挡网络营销信息的传播和扩散。新技术的诱惑力，新产品的展示力，图文并茂和声像俱显的昭示力，网上路演的亲和力，地毯式发布和爆炸式增长的覆盖力，将整合为一种综合的信息进击能力，快速地打通封闭的坚冰，疏通种种渠道，打开进击的路线，实现和完成市场的开拓使命。这种快速、坚定、神奇、生动，是任何其他手段都无法比拟的。

6. 顾客服务

顾客服务是网络营销效果的重要手段。网络营销具有和提供的不是一般的服务功能，而是一种特色服务功能，服务的内涵和外延都得到了扩展和延伸。互联网提供了更加方便的在线顾客服务手段，顾客不仅可以获得形式最简单的FAQ（常见问题解答）、邮件列表、BBS、聊天室等各种即时信息服务，还可以获取在线收听、收视、交款等选择性服务；无假日的紧急需要服务和信息跟踪、信息订制直到智能化的信息转移、手机接听服务，以及网上选购、送货到家的上门服务等。这种服务以服务之后的跟踪延伸，不仅极大地提高了顾客的满意度，使以顾客为中心的原则得以实现，而且客户成了商家的一种重要的战略资源。

7. 顾客关系

顾客关系是网络营销能否取得成效的必要条件之一。通过网站的交互性、顾客信息反馈表、用户调查表、对顾客的承诺以及顾客的参与等方式，在开展为顾客服务的同时，也增进了与顾客的情感关系。在传统的经济模式下，由于认识不足或自身条件的局限，企业在管理客户资源方面存在着较为严重的缺陷。针对这种情况，在网络营销中，通过客户关系管理，将客户资源管理、销售管理、市场管理、服务管理、决策管理等融为一体，将原本疏于管理、各自为战的计划、销售、市场、售前和售后服务与业务统筹协调起来。既可跟踪订单，帮助企业有序地监控订单的执行过程，规范销售行为，了解新老客户的需求，提高客户资源的整体价值；又可以避免销售隔阂，帮助企业调整营销策略，收集、整理、分析客户反馈信息，全面提升企业的核心竞争能力。客户关系管理还具有强大的统计分析功能，可以为我们提供"决策建议书"，以避免决策失误而造成的损失，为企业带来可观的经济效益。

8. 网上调研

网上调研是网络营销的主要职能之一。通过在线调查表或者电子邮件等方式，可以完成网上市场调研。相对传统市场调研，网上调研具有高效率、低成本的特点。在激烈的市场竞争条件下，主动地了解商情、研究趋势、分析顾客心理、窥探竞争对手动态是确定竞争战略的基础和前提。通过在线调查或电子询问调查表等方式，不仅可以省去大量的人力、物力、财力，而且可以在线生成网上市场调研的分析报告、趋势分析图表和综合调查报告。其效率之高、成本之低、节奏之快、范围之大，都是以往其他任何调查形式所做不到的，这就为广大商家提供了一种对市场的快速反应能力，为企业的科学决策奠定了坚实的基础。

综上所述，开展网络营销的意义就在于充分发挥各种职能，让网上经营的整体效益最大化，因此，仅仅由于某些方面效果欠佳就否认网络营销的作用是不合适的。网络营销的职能是通过各种网络营销方法来实现的，网络营销的各个职能之间并非相互独立的，同一个职能可能需要多种网络营销方法的共同作用，而同一种网络营销方法也可能适用于多个网络营销职能。

（二）旅游网络营销的意义

网络营销出现之前，大部分旅游目的地的营销活动都是单向的——首先通过各种调查和调研来了解旅游者的需求，然后依靠各种媒体和广告宣传，促进旅游者对目的地的接受。大多数情形下这两个过程是完全分离的。而互联网满足了旅游者与旅游目的地之前的双向沟通，构建了信息交流的桥梁，一方面使得旅游目的地在了解旅游者需求的基础上对旅游产品进行营销成为现实，另一方面提高了旅游者的消费理性，表达了自身的消费需求。

1. 满足了市场的个性化需求

传统的市场营销手段，如宣传册、画报等，只能为旅游者提供旅游目的地最基本的信息。在如今互联网时代，旅游者的信息需求也更加个性化和多元化，与众不同的旅游经历日益成为旅游者的追求，仅仅依靠传统的市场营销手段已经无法满足旅游者的需要。互联网信息存储量庞大，信息传递速度飞快，信息更新和维护方便快捷，信息处理能力强大，信息表现形式多种多样——文字、图片、声音、视频等多种媒体结合。毫无疑问，互联网的发展和应用满足了个性化旅游实现的前提条件。以互联网为载体，旅游者可以通过以下步骤为自己量身定制旅游产品和路线：首先查询感兴趣的单个旅游产品，如景区景点、宾馆酒店、地方饮食、机票火车票、购物广场、娱乐场所等，然后依个人喜好，结合预算、交通、天气等实际情况进行规划，设计自由行行程安排。另一方面，对旅游目的地营销方而言，互联网为旅游目的地信息内容提供了丰富多彩的表现形式，提高获取和处理市场信息的能力，迅速了解旅游者的需求变化，掌握市场动态，对市场变化做出及时的反应，可以提供更加丰富和全面的目的地产品及服务，从而为旅游者提供高效率的需求信息，增加对旅游者的吸引力，扩大对旅游者做决策的影响。

2. 提高了营销活动的效率

从旅游者的角度分析，互联网为旅游决策提供了更多的信息，改变了旅游目的地传统市场营销手段的弊端——旅游者在选择旅游产品和服务时无法独自获取充足的信息。旅游的产品与服务是一个统一体。新媒体技术可以将无形的旅游产品有效的有形化。利用全景透视技术能够使旅游者产生身临其境的感觉；多媒体技术能够使声、光、色、形等都全力为展示某旅游产品而服务……这些都决定了旅游者从互联网上获得的信息将比静止的图片和讲解员描述更加生动。简言之，网络营销可以使无形性的旅游产品有形化。

3. 降低了营销成本

从旅游者的角度分析，通过网络只需花费较低的成本和较少的精力即可获得大量的旅游信息，完全能够较全面地了解旅游目的地的产品、价格和口碑，作为行程安排最终决策的可靠依据，从而大大提高营销的精准性和有效性。从旅游营销主体的角度看，网络营销从两方面提供了营销活动的效率。一方面，网络营销使旅游目的地减少了对收费高昂的相关媒体（如电视）的依赖，为旅游者降低了成本。旅游目的地营销主体能够用较低的成本在网上开展多种形式的在线调查。网络广告“互动式”的创新运作手段彻底转变了传播者和受众之间的关系，双向互动的交流方式拉近了旅游供给者和消费者之间的距离。相对来说，在网络上发布信息费用更低，效果更高，信息受众更精准，还避免了大量无用信息的传递。旅游目的地营销主体通过网络营销可以节约巨额的广告宣传费，降低了市场调研费用，节约了推广费用，且不必支付佣金，降低了售后服务费用，因此能够以最低的营销成本达到营销效益的最大化。另一方面，旅游目的地网络营销可以减少分销环节，产品直销开创了直接对客营销的时代。旅游目的地网络营销解决了旅游目的地在细分市场营销中面对的高成本难题，为旅游者节省了营销费用，削减成本，增加价值，从而获得竞争优势。

任务 2 掌握景区网络营销的技术方法

一、建“网”

实施网络营销是提升旅游企业知名度、美誉度的一个重要手段，关系到旅游企业的进一步发展，需要企业高度重视，做好前期的准备工作。

（一）完善管理体系

旅游企业要想更好地开展网络营销，需要设置专门机构负责此项工作，由企业高层担任负责人，机构人员除包括网络营销人才外，还应有熟悉企业的传统营销人员、专业的信息技术人员。要完善管理，建立一流的经营管理体系、网络营销体系和现代服务体系，全方位提高管理效率和经营效益，使企业发展成为高信息含量、知识密集的现代旅游企业。要转变营销观念，不仅景区领导要转换，景区各级管理者和全体员工都要统一认识，通过宣传、培训，提高员工对网络营销优势的认识水平，增强员工信心，使员工自觉地投入到景区网络营销建设中来。

扩展阅读

旅游目的地营销/管理组织（DMO）

世界各国，几乎所有的旅游目的地都设有旅游目的地管理机构（Destination Management Organization），并设有与政府旅游管理机构合为一体的或相对独立运作的旅游目的地营销组织（Destination Marketing Organization）。在中国，各级政府旅游局承担了相关职能，在此，统一简称为“DMO”。

DMO 的目标：通过维持社会的、文化的、经济的和环境的基本准则来提高目的地的旅游业绩。DMO 须以一种平等的、毫无偏袒的方式来代表目的地的所有旅游企业，并特别对当地的中小旅游企业负有责任。

DMO 的信息职能：收集当地的、区域的或国内的旅游产品信息并在全世界范围内传播；为当地的旅游企业提供信息，让旅游企业了解当前旅游业发展趋势、旅游市场形势和国内外竞争情况。面向旅游者，还有提供信息咨询的职责——一个公正可信的机构为旅游者提供可观的旅游产品信息，以及一些有用的建议。

欧美各国建立 DMO 的历史较早，一直到 20 世纪 90 年代以前，这些国家的 DMO 主要通过遍布各地的旅游咨询中心、旅游问讯网络（以电话、信函为通讯工具）、海外办事处等宣传旅游目的地形象。这一阶段基本没有建立以计算机网络为中心的旅游营销/管理系统，通常每年或半年组织编写一次旅游宣传资料。由于没有一体化的信息技术，其提供的旅游信息只能尽量的简单化，效率也不高，不能全面反映旅游产品的种类和价格的变化。旅游业提供预订服务的历史很早，但是基本上以电话为主要工具。由于电话这种媒体工具本身的局限性，导致电话预订服务不能令消费者满意。

随着计算机网络技术的成熟，DMO开始应用网络技术来建设功能齐全的“旅游目的地信息系统”，其一般模式如下图：

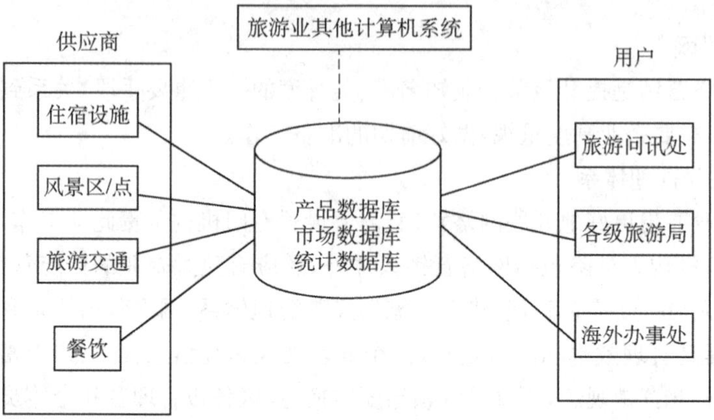

目前世界各国基本都建立了本国的旅游目的地信息系统，如丹麦、芬兰、新加坡、中国等。这些目的地信息系统既有以国家为中心的，也有以主要旅游名胜地为中心的，我国的一些旅游大省(如海南省)也纷纷建立了以本地为中心的旅游目的地信息系统。

当因特网在世界逐渐普及后，旅游目的地信息系统迅速适应了这一变化，各国的DMO纷纷在因特网上建立网站，因特网将DMO的营销能力扩大到全球范围内，同时也通过网络增强其管理的高效率。

(二) 建立企业内部网

网络营销的基础是企业信息化建设。企业只有建立了内部管理信息网络，并具有一定的应用水平后，才具备实施网络营销的条件。因此，旅游企业要想开展全面的网络营销，就要以企业数字化和景区数字化为支撑，以管理智能化和服务现代化为立足点，以互联网、移动互联网、物联网等现代信息技术为基础，建立强大的旅游数据库和信息共享交流平台，实现旅游营销、经营、管理、服务全过程的数字化、智能化，有力提升景区管理服务水平。在建设信息化过程中，需要与专业网络公司合作来共同建设及维护，以保障内部信息网络的正常运行。

(三) 有效整合上下游资源

旅游企业要想通过网络营销吸引更多的游客，实现更大的经济社会效益，从而带动当地经济发展，就必须有效整合上下游资源。要将食、住、行、游、购、娱等六大旅游要素，旅游产品、渠道、价格、促销等旅游营销要素，网络公关、网络广告、网络促销等促销要素，进行有效整合，实现信息共享，并以统一的口径向旅游消费者传递，避免由于传播中的不一致所造成的消极影响。

(四) 大力培养复合型网络营销人才

实现旅游企业由传统营销向网络营销的转型，需要一批综合素质过硬的人才，其从业人员不但要具备较高的网络技术、电子商务知识，同时还应具备较熟练的旅游专业知识，以及市场营销、管理等方面的知识。旅游企业目前非常缺乏这种复合型人才，要结合企业不同层次、不同岗位人员的具体情况，进行有针对性的培训，强化网络营销意识，制定具有吸引力的人力资源开发和管理政策，加强人才培养力度，从根源上提高旅游企业网络营销从业人员的素质，以适应景区网络营销开展和进一步发展的需要。

二、联“络”

单一网络营销已经不能满足市场的需求，整合将是网络营销的核心制胜法则。网络整合营销不是简单的组合，而必须以品牌为核心，构成一个有序的整合营销体系。旅游企业要在对目标市场的需求和特点进行充分分析和了解的基础上进行整合网络营销。将网络整合营销传播应用到旅游业中，是将与旅游目的地产品和服务相关的信息加以整合的过程，其本质是旅游目的地管理者对旅游者认可的价值的整合，以网络整合营销传播手段推动旅游目的地发展。通过与旅游者的沟通，满足旅游者的需求，协调采取不同传播方式，确定旅游目的地营销策略，从而使旅游目的地的营销达到低成本、高效益。

(一) 整合媒体资源

随着信息科学技术的飞速发展，现代传播工具越来越多。我国目前采用的旅游信息传播工具包括旅游目的地信息系统(Destination Information System，DIS)、各种媒体广告、大篷车宣传、旅游商品交易会等。旅游产品是一种综合性产品，涉及食、住、行、游、购、娱等多个方面，内容繁杂。旅游目的地进行旅游产品信息传播时，需要广泛调动各职能部门、新闻媒介和社会团体的积极性，根据不同的营销目的、不同的目标客户接受旅游信息的选择途径，全面评价和综合考虑各种媒体进行组合搭配。传统媒体如电视、广播、报纸等可保存、信息质量高、醒目，受众对其信息质量的信任程度远远超过新媒体，但传统媒体时效性差。传统媒体在很长一段时间内，仍然难以取代。只有深入了解和继承传统媒体，在此基础上，结合新媒体的特质，才可能将其用于旅游目的地营销。各种传播途径都有其优势劣势，要发挥各自优势。有些客户需要以传统媒体为先导，互联网和移动媒体随后跟上；而有些客户，则可以网络为切入点，通过 WAP 等较个性化的方式实现营销沟通。还有些客户，几乎不接触互联网，就要按传统媒体的方式进行营销。总之，寻求最有效的营销传播组合，从而达到营销效果的最优化，节省成本开支，形成前后连线、纵横成网的营销体系，对旅游目的地进行整体营销。

(二) 整合产品内容

随着旅游者闲暇时间越来越多，可自由支配收入不断增加，旅游市场需求日趋个性化、多样化、复杂化。为了适应旅游市场需求与变化，不被旅游市场所淘汰，需要重新审视旅游目的地自身资源的价值，再结合市场情况明晰其发展的优劣势，加强旅游产品开发类型、层次结构与功能定位的整合。对于任何一位旅游者而言，从规划行程开始，到在旅游目的地与当地居民、相关机构和企业的接触，再到回到居住地结束行程，整个过程无时无刻不在接触信息、接收信息。如果旅游者在目的地获得的信息与之前收集的信息相差悬殊，情绪自然会一落千丈。网络整合营销传播要对旅游目的地的产品内容进行充分整合，给旅游者传递客观真实、清晰一致的信息。

(三) 整合品牌形象

网络整合营销是要整合各种资源,广泛调动一切积极因素以达到营销目标,它是构筑旅游目的地品牌形象的最直接有效的方式。网络整合营销传播强调与受众进行多方位接触,从每个接触点向受众传播一致、连贯的品牌形象,继而与受众建立长期稳定的关系。在旅游市场竞争日趋白热化的今天,旅游市场的竞争就是旅游目的地品牌形象的竞争。网络整合营销传播的理念和方法,对于树立旅游目的地品牌形象不失为一种直接有效的方式。旅游目的地品牌形象是其宝贵的无形资产,它在一定程度上能反映旅游目的地的市场份额。旅游者在选择旅游目的地之前,一般都对该地有一定程度的了解,期望它能满足自身某些需求,并对其持积极的态度。因此,树立积极的目的地品牌形象是旅游目的地整合营销传播的基本目标。需要注意的是,品牌形象设计需要对相关因素进行充分整合,这是一项复杂的系统工程。其中最关键的一点就是让旅游者了解旅游产品的特性和核心价值,使其明晰地感知旅游目的地的特别之处,构筑起心目中的品牌形象。旅游目的地品牌形象整合体系包含品牌塑造、包装、传播和管理,在统一的旅游目的地营销诉求基础上,构建统一的旅游目的地品牌形象,寻求高效、最优的营销传播影响力。

(四) 整合营销理念

无论旅游目的地网络营销从哪个角度来传递信息,一定要有一个统一的理念。不同的媒体、不同的活动,都要传达相同的理念。只有统一的理念,才能形成统一的形象。否则,多个营销活动各自为战,大大降低了营销效果。因此,网络整合营销要为旅游目的地进行整体设计,整合营销理念。在营销诉求点的选择上,不能只是一厢情愿的想法,必须以用户为中心,分析旅游者心理。例如,“某某名城”、“某某故里”一类的宣传口号比比皆是。中国历史源远流长,仅仅用故里作宣传口号,号召力很有限,旅游者听多了这类口号,反而会不以为然。这类宣传口号缺乏从旅游者角度考虑他们真正需要什么。与之相比,乌镇的口号“来过,就不曾离开”,只是淡淡的一句,就给人温暖眷恋的感觉,使人无限回味。

综上所述,旅游目的地网络整合营销传播并非单纯地使用各种营销传播工具,它还有更深层次的涵义。鉴于此,笔者综合前文对整合营销传播所作的界定,在这里将旅游目的地网络整合营销传播定义为:一种由旅游目的地营销主体利用网络环境整合各类营销传播的工具、方法、策略和过程。该过程起始于旅游者,即旅游目的地营销主体需以了解市场为基础,整合多种传播工具协同发挥作用,形成全方位、多渠道的宣传体系,向旅游者传播一致、连贯的信息,从而塑造良好的旅游目的地品牌形象,最终达到影响旅游者行为的目标。

三、“营”造氛围

(一) 旅游网络营销策划内容

1. 目标定位

一个旅游目的地通过网络来宣传自己时,首先要确定的是:旗帜鲜明地突出目的地的旅游形象。英国旅游局的“历史文化主题”、苏格兰的“彩虹”和“苏格兰,我的天堂”、香港的“动感之都”、武汉的“水上动感之都”等,都为这些目的地在品牌建立和识别方面贴上了独具特色的标签。设计成功的形象并有效地通过网络展现出来，需要进行详尽的调研，需要对目的地固有的旅游资源有创造性地了解。

2. 信息内容确定

旅游目的地常常会在网络上全方位地展示关于该旅游目的地的信息，一般包括以下内容：旅游目的地常规介绍；根据旅游中间商在回答旅游者咨询时可能遇到的问题，提供关于旅游地的详细而实用的问题解答（内容可涉及签证、货币兑换、语言、当地习俗、宗教、商店或者银行营业的时间、保健常识、小费等）；旅游交通信息（包括主要航班、航船、火车、汽车班次和公路网情况）；官方旅游咨询中心的名录和地址，以及他们提供的服务；预订功能（让旅游中间商能通过网站订购旅游产品）；旅游产品数据库查询（使旅游中间商能查到旅游地的饭店、景区（点）、餐厅、旅游活动等信息，最好能提供报价）；发布旅游促销信息（当旅游地推出优惠活动、免费券时，告知旅游中间商并通过他们推向客源市场）；出版物预订（使旅游中间商能通过网站向 DMO 预订年度旅游手册或培训资料）；提供目的地旅游企业名录（使旅游中间商可通过企业名称、提供产品种类等查询目的地旅游企业，与之建立联系）；提供旅游中间商注册成为会员的机会（注册时提供的全部资料将纳入客户关系管理数据库中）；向本地旅游企业出售网站广告位（因为本地旅游企业希望吸引旅游中间商的注意，通过他们代售旅游产品）；公布 DMO 参加旅游展销会、交易会的计划和安排；公布旅游目的地开放新景点、推出新型旅游产品的信息（这些信息是代理目的地旅游产品的旅游中间商所关注的）；提供不限版权的旅游目的地风景图片、介绍文字和旅游文学作品、多媒体影像资料（使旅游中间商能从网站下载并自由地用于他们自己编制的宣传资料中）。

3. 预算决策

营销任务必须与目标结合在一起，而开展网络营销的预算规模和成本又制约着目标的选择。旅游目的地网络营销的预算包括：开发费用、运行费用。全国性旅游目的地营销系统一般由政府独资开发，地区性的旅游目的地营销系统开发费用来源多样。如瑞士阿彭策尔旅游目的地信息系统的开发基金由当地私营企业提供；奥地利蒂罗尔旅游目的地信息系统的开发基金由蒂罗尔州旅游部门和国家旅游局提供。还有许多公私合营的情况。

运行费用一般由 DMO 承担。如果提供预订、广告则可酌情收费。一般不会要求查询信息的浏览者交费。如果能为浏览者提供增值服务（如旅游短信），则可收费。

（二）旅游网络营销策划策略

1. 微博营销重视加 V、精开、邀名人

要正确使用微博进行目的地营销，必须先了解微博。微博实际上是一个极端平等又极端不平等的矛盾体。140 字的字数简单易满足，但也容易辞不达意，效果不佳。相对于 BBS 发帖、Blog 写博，微博的门槛是非常低的，只要会发短信，便可使用微博。因此，微博的影响力与普及度才会一夜飞涨。而微博带来的信息碎片化也对旅游目的地营销起着重要的作用。

（1）实名加 V

在进行目的地微博营销时，首先要进行实名注册。如在为李时珍 LOHAS 主题旅游区进行宣传时，可注册李时珍 LOHAS 主题旅游区官方微博，名称准确方可获得 VIP 资格，V 字加上，是扩大影响力和获得粉丝的必要保障。

(2) 精选站点

在目标官方微博的选择上，切忌到处撒网，而应当具有针对性地精选一到两个网站进行注册。时下一些主流的微博列举如下：新浪微博、腾讯微博、网易微博和搜狐微博。从人气角度上来说，腾讯微博群众基础最广泛，只因直接沟通了腾讯 QQ 这一即时通讯工具，但转播和讨论的热度略显不足；相对来说，新浪微博发展最为成熟，相对于腾讯微博用户繁杂的成份来说，新浪微博与其美名远播名人聚集的博客一样，用户大多是互联网较为精英和富有代表性的人群。同时，微博并不像博客那样，适合到处撒网开播，而应当精选开播，注重互动性，而不是单一的发布。纵观其他站点的微博，特点并不明显，优点也并不突出。在进行微博营销的媒介选择时，开设腾讯和新浪微博为上上之选。通过腾讯微博打通草根阶层展开营销活动，而新浪微博则可和精英层面以及各类媒体做好精准推广，在此基础上可以让自身的广告信息由微博而辐射到传统意义上的媒体。

(3) 邀请名人

在目的地官方微博注册成功后，应即时关注在该站点注册微博的旅游界名人，并要求名人为自身进行宣传。如著名旅游规划专家吴必虎活跃于新浪微博，并热心于旅游目的地官方微博的推广，便可通过@功能邀请专家协助推广。

2. BBS、SNS 营销要注重广泛、原创、针对性

(1) 广泛注册

旅游目的地在进行 BBS、SNS 营销时，与进行微博营销略有不同。在选择论坛或网络社区进行注册时，应秉承广泛撒网、重点培养的原则，每个论坛应注册 5—10 个不同的账号，以备炒作之用。

(2) 注重原创

为目的地发布高质量的原创文章，是论坛营销软文的动力支持。只有原创才最有吸引力与价值，在泛滥的网络营销广告时代，原创可谓生存之本。目的地的宣传照片、游客的游记散文、与目的地相关的逸闻趣事等，都是原创文章的来源。在进行文章发布后，要注意经常顶帖，保持文章人气，确保营销效果。

(3) 针对重点

BBS、SNS 网站论坛通常都是按照行业建立的，目的地组织应选择专业的旅游论坛，如艺龙、携程、去哪儿网的论坛进行注册，同时关注天涯社区等知名度、影响力最为广泛的媒体。在选择论坛时，应查看该论坛的 IP 访问量与 PR 值，并关注与目的地产品信息相关的对应板块在每天的新帖数量以及论坛帖子的点击量与回复。

3. 网站团购营销要持续、专业、重质量

近几年团购网站发展迅速，在激烈竞争的团购行业中，唯有坚持自身理念，持续的以游客为中心，稳步发展，稳中求进，才能越走越远。伴随着旅游团购的兴起，我国第一家专业旅游限时团购网站——途牛网应运而生。相比其他团购网站，该网站的核心业务为旅游产品的推广，业务内容与团购商品主要包括酒店、机票、景区景点门票等旅游

产品与服务方面。专业的服务与权威性的产品，是专业旅游团购网站获得长远发展的前提。在旅游目的地的新媒体营销活动中，团购营销占据着重要的位置。大量在线旅游网站抓住机遇，将团购的理念与自身产品进行融合，做到“你中我有，我中有你”。不论是专做旅游团购的专业旅游团购网站，还是将团购服务纳入到自身产品线的在线旅游网站，都应当以潜在旅游者提供更多优惠为核心，发挥自身的专业性。同时还要做到保证旅游产品与服务的品质不打折，质量兼备。

四、实现“销”售

网络营销的实施网络营销计划制定完后，就要按照计划去逐步实施，循序渐进地开展网络营销。网络营销一般可分为五个层次，即网上宣传、网上市场调研、开发客户、网上直接销售、网络整合营销等，这五个层次由简到繁，由易到难，逐渐深入。面对这样一项复杂庞大的系统工程，在实施营销计划时，必须根据自身产品或服务的特点、企业规模、资金实力以及人才技术力量等情况，采取总体规划、分步实施的策略，制定分阶段的实现目标，以及各阶段的具体实施办法，有计划、有步骤地开展。

（一）整合沟通策略

沟通是营销的核心内容，多年来旅游业将印刷品和电话作为沟通的主要传播工具。但是时代在变，网络已经成为我们的重要沟通工具，而且随着网络技术的日益成熟，各种各样网络营销手段的不断出现，网络将成为人类的主要沟通工具。

对于旅游目的地来说，如何利用现有的各种网络营销手段来充分与旅游者、旅游企业以及传媒机构沟通是不能忽视的。

1. 电子邮件促销

从数据库或预订记录中挑选出适当的消费者，向它们发送特定目的的电子邮件，例如优惠旅游产品信息或每月简讯。电子邮件可以包含全部信息内容，也可以提供链接地址，让接收者点击地址去查看旅游目的地网站的相关网页。

运用客户关系管理系统。你可以输入一定的标准，检索出符合特征的旅游者作为电子邮件营销的对象。如果发送邮件的对象众多，采用电子邮件列有(Mail-list)服务软件是十分必要的。电子邮件促销的优势在于其信息传递速度和反馈周期大大短于传统广告或直接邮寄。

2. 网上俱乐部

许多目的地网站向访问者提供参加专业俱乐部机会，免费注册成为俱乐部成员可享受增值服务，但需要向 DMO 提供用于客户关系管理的个人详细资料。增值服务包括提前告知旅游优惠信息、定期发送最新新闻和快捷预订服务。

3. 提供个性化主页

有些目的地网站可以根据访问者的需求，为他们设置个性化的主页，用户登录网址就可以看到为他们个人设置的网页：网页通常在上方有一个简单的问候语，如“欢迎你，约翰”；网页呈现的信息栏目是用户最感兴趣的栏目。这通常需要用户回答关于自己的兴趣、喜好及计划等大量问题。这些信息被用于筛选资料以确保在今后有关特别兴趣的内容被以醒目的方式展示出来。

4. 发送贺卡的活动

许多网站向用户提供从站点发送电子贺卡给亲友的机会。用户可选择喜爱的明信片(贺卡上通常是目的地的迷人风景),在“发送方”栏填上自己的姓名和电子邮件地址,在“接收方”填上亲朋好友的姓名和电子邮件地址并附上短信息。贺卡可以两种方式发送:或者是通过电子邮件发送贺卡本身,其中附带目的地网站的链接;或者发一个通知让用户登录网站去收取贺卡。电子贺卡是推广目的地网站的有效方法,它为网站带来了更多的访问者,用户的亲朋好友的电子邮件地址也可以进入旅游目的地网站的客户数据库,成为接收目的地信息的对象。

5. 旅游新闻和评论

由于旅游是个人经历,因此让旅游者写关于他们旅程的短文并在网站上发表让其他人阅读,或者让他们将近期的旅游图片上传到网站是十分有趣的。这些发表游记和评论的游客是旅游目的地的宣传使者。当然,其前提是旅游者的旅游经历是愉快的。但情况并不总是这样,因此网站编辑须对旅游者提供的内容进行适当的筛选和修改。

6. 电子论坛和聊天室

旅游目的地网站可以开辟电子论坛(采用的技术是“电子公告牌”)或聊天室,提供用户之间想聊天或就一些专题进行讨论的场所。网站运营者可以提出一些讨论主题促进用户参与,使板块充满生气。想加入论坛或聊天室的用户要求注册,这是获取用户个人信息的另一个机会。

7. 意见征求表

有些旅游目的地网站通过意见征求表来收集旅游者对旅游经历或对网站本身的意见反馈。设计反馈表格是很重要的,应尽量使采集的信息少而有效,网站还应向填写表格的用户致谢或给予适当的答复。

一些简单的调查表可以“自动弹出窗口”的形式出现(当访问网站的特定页面时调查表窗口会自动弹出)。也可让用户在注册或注销时回答一些问题,所有的信息须存入用户数据库。

8. 销售数据库

许多旅游者通过电话问讯或直接到问讯处获取旅游目的地信息,这也是获取旅游者资料的机会。应对索要宣传资料或进行预订的旅游者进行登记,并输入电脑识别出他们是否已经在客户数据库内。如果还不是,就可以创建新的消费者记录,并在他们回家后跟进电子邮件营销工作。

(二) 旅游目的地网站推广策略

对DMO建立的互联网站,首要的工作就是吸引旅游者个人和同业旅游企业的访问。站点访问者的数量取决于现有的旅游目的地品牌形象的吸引力,网站推广的力量投入和实施技巧。使旅游目的地网站提高知名度和访问量的方式包括:与其他网站(电子商务合作伙伴)建立合作关系,交换链接、投入有偿广告或加入搜索引擎;在每一种旅游目的地的宣传资料和印刷品上都印上网站网址;通过网上和网下的各种宣传方式提高目的地旅游网站知名度。

与电子商务合作伙伴(传媒公司、电信公司、网络服务提供商、相关网站等)建立合作关系将为目的地旅游网带来大量的访问者。应挑选主要在国内客源市场地区相当活跃并富有成效的电子商务合作伙伴。大部分国际知名旅游网站要在DMO网站付费的情况下才与它们建立链接或提供横幅广告(或其他类型的广告)。一些国际旅游组织网站建设成门户网站，提供目的地网站的导航。另外，一些国际知名的搜索引擎，如Google、Alta Vista可以免费登录，效果较好。

(三) 旅游企业网络营销策划方法

1. 网站推广策略

对于大多数企业网站来说，在搜索引擎站点上进行注册一直都是网站推广的最重要的活动。近年来，随着WEB的急剧发展，全球的WEB站点已经达到惊人的规模，仅搜索引擎和目录站点就已经达到数千个之多。因此，网站推广者必须学会注册搜索引擎，到更多的搜索引擎站点去注册。

在某种程度上，网站链接相对于搜索引擎能够更迅速、更有效地吸引访问者，扩大影响力；相对于旗帜广告能更稳定、更长久地影响浏览者，而旗帜广告一旦撤去，其影响就不复存在了。通常每一个行业都会有一个或几个访问量较大的权威性网站，旅游业也是如此。如中国旅游网、搜狐等综合性网站的旅游频道。通过这样的网站加入链接，能够比较准确地圈定访问者类型。同时，一些旅游行业协会也能提供热门链接。

如果说在线推广可以使网站提升知名度，那么离线广告则可以塑造网站的品牌形象。离线广告宣传其实就是运用传统大众媒体来推广网站，以及在名片、宣传册、信笺等一切旅游者能够看到的载体上印上网址。

另外，也可以在热门网站上发布广告，以及通过邮件列表来推广。

2. 网络营销吸引策略

英特尔前总裁安德鲁·葛洛夫说："整个世界将会展开争夺眼珠的战役，谁能吸引更多的注意力，谁就能成为21世纪的主宰。"

互联网改变了公司与顾客之间的沟通性质，过去广告内容由传统广告商设计，在网络上，信息则由消费者选择。过去，信息从卖方向买方单方向流动，在互联网上，信息向相反的方向流动。为此，企业要利用难以模仿的吸引工具，形成自己的竞争优势，这也是旅游网络营销成功的关键因素。独具特色的吸引工具包括：娱乐园、网上俱乐部和网络礼品等。

许多网站利用游戏等娱乐活动去推销产品，强化企业形象。由于这些网站向访问者提出不同程度的挑战，他们可能在创造一种体验，这种网络体验具有强烈的互动性、娱乐性和挑战性，通过这种吸引工具能够赢得大量的潜在旅游者，从而创造和强化充满活力的、有趣的和友好的企业形象。

人们需要成为某个群体的一员，并对其他人的关系感到满意。对于一些人来说，一个网上俱乐部能够满足这种要求。网上俱乐部是个能够与朋友以及志趣相投的人相聚的地方。网上俱乐部是个电子社区，它是自互联网建立以来的一个主要特征。来访者一般必须先注册或成为会员，在进入网上俱乐部后，他们常常扮演电子化的人物形象。网上俱乐部吸引人的原因是它们的互动性和娱乐性。这类吸引工具能够提高对公司的忠诚度，强化顾客回馈，并且通过"会员互助"来改善服务。如携程网的"社区"、"VIP专区"，华夏旅游网的"社区"、"交友"等。

免费几乎总能引起注意。网上的免费礼物包括数字资料，如软件（如荧幕保护程序及工具）、照片、数字绘画、研究报告以及非数字礼物（如T恤）。多数情况下，礼品是作为对参与对话（如统计资料收集）的补偿。如中国旅游网提供了很多旅游统计数据，芬兰的旅游网站上提供了许多非常有特色的数字图片，华夏旅游网上的"摄影天地"栏目提供了许多风景图片等。

扩展阅读

旅游景区网络营销活动策划案例

案例名称：神秘黎坪·"黎兵"探秘网络大赛

广告主：汉中黎坪国家森林公园（景区）

所属行业：旅游行业

活动背景：

汉中黎坪景区开园一周年，为了大力宣传黎坪景区新景点——中华龙山神秘、罕见、奇幻的特点，进一步加深网宠对黎坪景区尤其是中华龙山新景点的了解和认可，加大市场营销力度，提高网宠来黎坪景区的积极性。近期预备举办"首届黎坪景区探秘网络大赛——黎兵探秘活动"，组织不同类型的网络群体，到景区科考、探秘，激发黎兵通过手机WAP和网站网民及时互动。并通过媒体的炒作，取得市场轰动效应，吸引更多的人群到景区观光、游玩。

推广背景：新景区开张一周年

核心目标：打造"黎兵"探秘网络理念，打造神秘黎坪

目标受众：西安市民、网民、旅游自驾爱好者

执行策略：

根据目标受众群特征，选择互动方式运用网络新媒体进行传播。

1. 建立互动网站：打造黎坪活动官方网站，增加网民游宠的参与热情，提升黎坪景区的口碑。

2. 建立WAP网站：通过手机拍照，时时上传探秘照片至WAP活动网站，参加网络评选。

3. 活动策划：网络探秘大赛，通过网络上传照片，将黎兵探索到的最神秘、最奇特、最美的图片上传到网站上进行PK，通过网民投票评选。

大赛流程：官网浏览——选择参团——点击我要报名——提交【真实姓名、联系方式】——线下确认【收取费用】——组织前往——景区接待——发现秘境——上传【图片、文字】——审核——网民点评——评奖——颁奖

网民自愿参加

网民自主提交

网民大众评审

网络媒体直播

黎兵探宝流程：景区集合——深入景区——踏入宝地——黎兵探秘/宝——决战黎明

发现黎明中的黎坪和最美丽的景区

网络媒体选择：西部网、陕视网、好网、通网、中国铁道网、户外吧、中国游、有爱旅游网、各高校网等50家网络媒体，吸引20多家传统媒体现场跟踪报道。

组织及参与方式：

（一）通过网络发起活动

1. 策划独立活动官网，发布“首届黎坪景区黎兵探秘网络大赛”活动细则；

2. 在黎坪官方网站开通官方活动区，组织网民网上报名参加，上传图片和点评，收集网民信息；

3. 通过网络推手在各大网站、论坛、QQ群、博宠等网络媒介上进行大赛话题以及“黎兵”概念炒作，引爆网民的热情，吸引网民眼球；

4. 参赛者通过WAP手机向活动网站上传发现的神秘照片和心得，网民及时点评；

5. 每小时更新一次活动新闻、探秘图片、文章及网评数据。

（二）通过互联网论坛、大型门户发布活动

召集参加者进行报名，再在报名者中挑选出适合的人群，参加发现之旅活动。

（三）线下活动注意事项

1. 通过网络报名采集活动参加者的联系方式并通过线下确认信息，做好统筹工作；

2. 景区安排与人员接待，配备欢迎横幅、标语、导游服务和吃住一条龙服务；

3. 线下活动：负责对此次活动的组织和安排吃住行；在参观景区的同时，“黎兵”将自己的感受通过手机上传至网络，参加评比大赛。

任务3　景区网络营销实训

一、实训目的

掌握不同的旅游网络营销类型，熟练使用各种网络营销手段，能够独立完成旅游企业网络营销方案策划书，并能够使用其中一种或几种手段开展有效的旅游网络营销。

二、实训要求

以团队合作的形式开展旅游网络营销策划实训。以杭州宋城景区为例，对其网络营销现状进行分析，在此基础上，针对选定的目标市场选择一种或几种网络营销手段制定网络营销策划方案，在规定时间内进行实际操作并检验网络营销效果。

三、实训组织与过程

(一) 组建实训小组

为了便于各地师生方便开展此项实训,可就近选择相应的旅游景区或校企合作单位。

1. 指导老师

建议设置校内专业指导老师1—2名,企业指导老师1—2名。其中,校内专业指导老师具体负责网络营销策划的技术操作流程,企业指导老师负责帮忙展开调研、分析网络营销现状等信息。

2. 学生分组

建议将全班划分为若干个实训小组,每个小组设项目组长1名,成员4—6名。项目组成员宜随机分配,不宜把同寝室、同地区、同性格的同学划归一组。

(二) 具体实训过程

1. 调研考察与讨论交流

由专业指导老师带队,至景区现场与企业指导老师汇合,并由企业指导老师及其助手带领学生实训团队对景区的网络营销现状进行调研、考察,以尽可能多地搜集资料。

2. 网络营销的策划与论证

由小组成员共同商定网络营销的目标、明确网络营销的渠道,设计具体的网络营销活动,完成网络营销策划案的编制。

3. 实训成果的评价与总结

由校内专业指导老师、企业指导老师及学生代表组成实训成果评价小组,对每个实训小组的成果进行综合评价;事后,每个实训小组形成最终的总结报告,提交校企双方。

四、实训成果评价细则

(一) 评价主体及其权重

本次实训成果的评价建议由校内指导老师、企业指导老师及学生代表(每个实训小组各选1名代表)参加,权重分别为40%、40%和20%。

(二) 评分细则

表6-1 旅游网络营销评价标准

任务名称:__________ 汇报人:________ 第____组 指导老师:____________

评价内容		评价分值	评价标准	评价得分
策划内容	内容完整性	25分	包括景区网络营销现状分析、目标市场行为特征分析、网络营销渠道、具体方案论证等每缺一项扣5分。	
	网络营销手段的科学合理性、可行性	15分	科学合理性、可行得12—15分;基本合理可行得6—11分;不甚合理准确得0—5分。	
	网络营销方案策划有效性	25分	策划内容吻合旅游地或旅游企业需求得21—25分;基本吻合得10—20分;不甚吻合或不吻合得0—9分。	

续 表

评价内容		评价分值	评价标准	评价得分
表现方式	PPT 演示稿	15 分	PPT 演示稿条理清晰、表现到位得 12—15 分；条理基本清晰、表现基本得体得 6—11 分；其他方面得 0—5 分。	
	现场演讲	10 分	演讲者形象气质佳、演讲流利、条理清晰者得 8—10 分；形象一般、演讲一般得 5—7 分；其他方面得 0—4 分。	
	现场答辩	10 分	现场答辩流利、回答内容准确得 8—10 分；答辩一般，内容基本准确得 5—7 分；其他方面得 0—4 分。	
评委签名：			合计得分：	

本章小结

旅游网络营销是旅游业与网络营销相结合的产物，主要是指旅游业借助国际互联网、计算机通信和数字交互式媒体的功能，最大限度地满足目标顾客对旅游信息和旅游产品的需求，从而传播旅游目的地形象，推介旅游产品，促成和引导（线上和线下）交易实现，最终达到提高旅游业知名度，开拓市场，增加地区旅游业收入和促进旅游业持续稳定发展的目的。表现形式上呈现多样化的趋势。网络营销的渠道主要包括基于web2.0 的因特网技术与手机等移动传媒设备。旅游网络营销可以在八个方面发挥作用：网络品牌、网址推广、信息发布、销售促进、销售渠道、顾客服务、顾客关系、网上调研。做好旅游网络营销不仅要掌握娴熟的网络技术，更要学会根据旅游企业的特点来建“网”、联“络”、“营”造氛围以实现“销”售。

不断改进营销策略，在执行网络营销计划时，需要建立一套比较科学的评价体系，包括：确定评价目标和内容、制定评价指标、评价并撰写评价报告等。然后在执行过程中，对网络营销的过程、效果不断进行评估，总结其中效果比较好的部分，找出存在的主要问题，并不断纠正，使网络营销能发挥出更大的作用。总之，网络营销是一个周而复始、螺旋式上升的周期过程，只有通过不断地完善和改进，才能更好地发挥出作用。

讨论与思考

1. 旅游网络营销和传统的营销方式有何不同？是否可以取代传统营销方式？
2. 旅游网络营销的渠道有哪些？是不是所有的旅游企业都适合采用网络营销？

扩展技能训练

请以小组为单位尝试建设一个营销型微博。

项目七

旅游促销策划

本章导学

促销是现代营销的关键。在现代营销环境中，企业仅有一流的产品、合理的价格、畅通的销售渠道是远远不够的，还需要有一流的促销。市场竞争是产品的竞争、价格的竞争，更是促销的竞争！企业的营销力特别体现在企业的促销能力上。

促销是市场营销组合的四个策略之一，一个企业在开发适销对路的产品、制定出有吸引力的价格和开辟顺畅有效的分销渠道之后，还必须组织实施一系列以说服顾客采取购买行为为最终目的的活动。这些活动使潜在顾客了解产品，引起其注意，激发其购买欲望和购买行为，从而实现扩大销售的目的，这就是销售促销。为了使这一过程更具科学性，实现更大的经济效益和社会效益，必须对这一过程的一切活动做出策划。

通过本项目的学习与实践,要求学生掌握如下专业能力与方法能力:

1. 专业能力目标
- 能有效识别旅游促销的概念和分类;
- 能理解旅游促销的作用;
- 能理解旅游促销组合和影响旅游促销组合的因素;

2. 方法能力目标
- 能掌握促销策划的步骤;
- 能理解不同促销工具的特点,并选择有效促销工具及工具组合;
- 能对旅游地进行促销方案策划。

重点掌握旅游促销,旅游促销策划,促销组合;广告,人员推销,营业推广,公共关系等关键术语。

任务1　认识旅游产品促销

促销(promotion)是指企业通过人员和非人员的方式把产品和服务的有关信息传递给顾客,以激起顾客的购买欲望,影响和促成顾客购买行为的全部活动的总称。

在市场经济中,社会化的商品生产和商品流通决定了生产者、经营者与消费者之间存在着信息上的分离,企业生产和经营的商品和服务信息常常不为消费者所了解和熟悉,或者尽管消费者知晓商品的有关信息,但缺少购买的激情和冲动。这就需要企业通过对商品信息的专门设计,再通过一定的媒体形式传递给顾客,以增进顾客对商品的注意和了解,并激发起购买欲望,为顾客最终购买提供决策依据。因此,促销从本质上讲是一种信息的传播和沟通活动。

一、旅游促销

(一) 旅游促销的概念

由于旅游产品具有不同于一般产品的无形性特征,绝大多数旅游产品的买卖很难做到供需直接见面,非一般意义上的"一手交钱,一手交货",且其使用价值不像一般产品那样容易被感知,对其使用价值的判断带有很强的个人主观性。因此,旅游企业更应重视与旅游消费者的沟通,尤其是沟通方式的选择及沟通内容的确定。旅游企业应首先通过市场调查掌握旅游者的需求及偏好,在此基础上,以最恰当的方式与消费者进行交流与沟通,以扩大销售,这就是旅游促销。

想一想　促销,营销,推销,有什么不同?

旅游促销是指旅游企业通过各种传播媒介向目标旅游者传递有关旅游企业和旅游

产品的信息、帮助旅游者认识旅游产品所能带来的利益，引起旅游者的注意、了解和兴趣、刺激旅游者的需求、影响旅游者的购买行为，从而达到促进旅游产品销售的目的。简言之，旅游企业促使旅游者对旅游产品产生消费愿望的行动，就是旅游促销。

旅游促销的实质是旅游企业与购买者之间的信息沟通。其原理是通过各种方式不断向购买者传递企业及产品或服务的信息，以形成外界刺激，激发购买者的欲望，促使其采取购买行动。旅游营销者为了有效地与购买者沟通信息，可通过发布广告的形式广为传播有关旅游产品的信息；可通过各种营业推广活动传递短期刺激购买的有关信息；也可通过公共关系手段树立或改善自身在公众心目中的形象；还可通过派出推销员面对面地说服潜在购买者。广告、营业推广、公共关系和人员推销四种因素的组合和综合运用就称为促销组合。

（二）旅游促销的分类

1. 人员推销

人员推销是指推销员与消费者直接交流，促成买卖交易的实现。人员推销成功率高，但费用大，在我国，旅行社的外联部、旅游饭店的销售部工作多属此类。但它们很少面向游客，而是与外国旅行商或旅行代理人打交道。

2. 非人员推销

非人员推销包括大众推广和营业促销。大众推广包括做广告、出版各类宣传品以及邀请外国记者来访等，一系列的公共关系工作，主要向大众传递信息，提高知名度。营业促销包括为了刺激需求所采取的能较快产生作用的促销措施。例如，举办或参加展览会、开展有奖销售、示范表演。

非人员推销活动的覆盖面较广，但促成实际成交的效果不如人员推销活动。在我国这部分工作一般由国家旅游局国际市场开发司统筹安排，各省市区旅游局以及各旅行社、旅游饭店的市场开发或促销部门分别承担这些工作。

（三）旅游促销的作用

对于旅游企业来说，旅游促销就是要通过各种不同的促销组合手段向旅游者传递旅游产品能够为旅游者带来怎样的利益，激发旅游者的需求，从而达到诱发旅游行为的目的。一般来看，旅游促销的作用有以下几个方面。

1. 提供旅游信息，沟通供需关系

旅游促销的直接作用是进行信息传递，实现旅游产品生产者与旅游最终消费者之间的沟通。旅游地或旅游企业在何时、何地和何种条件下，向何种消费者提供何种旅游产品，显然是旅游促销活动所要传递的基本信息。旅游企业通过各种促销手段，将旅游产品、旅游企业和旅游地的信息传送到消费者那里。潜在旅游消费者正是通过这些信息，了解、熟悉旅游地或旅游企业的何种旅游产品能够满足其需求，以及在何种条件下才能满足其需求。

2. 刺激旅游需求，引导旅游消费

旅游产品作为高层次的非一般生活必需品，其消费需求弹性大，波动性强，具有一定的潜在性和朦胧性。通过生动、形象、活泼、多样的旅游促销手段，可以唤起旅游消费需求，强化旅游消费需求，甚至创造和引导特定旅游产品的消费需求。从而增加旅游企业的市场销售量，获取更多利润。如回归大自然旅游热、漂流热的兴起，可以说都与相应的旅游促销活动有关。

3. 突出产品特点,强化竞争优势

相互竞争的同类产品往往差别不甚明显,尤其是作为无形服务的同类旅游产品的差别更不易被旅游消费者所分清。旅游促销恰恰是传播旅游产品市场定位特色的主要手段,它通过对同类旅游产品某些差别信息的强化传递,对不同具体产品(服务)的特色起到聚焦、放大的作用;即使对于没有实际差别的同类旅游产品,也可赋予其不同的象征性形象差别,以使潜在旅游消费者认识到何种旅游产品更可能带给自己实际所需和精神所需的特殊效用和利益,并由此对某种旅游产品形成购买偏好。

4. 树立良好形象,加强市场地位

由于旅游是一种高层次的消费与审美活动,通过生动而有说服力的旅游促销活动,往往可以塑造友好、热情、安宁、服务周到以及其他人格化的良好旅游服务形象,赢得更多潜在旅游消费者的厚爱。旅游市场风云多变,一旦出现有碍旅游地或旅游企业发展的因素时,就可通过一定的宣传促销手段,改变自身的消极印象,重塑自身的有利形象,以达到恢复、稳定甚至扩大其市场份额的作用。

5. 冲销淡旺季差异,稳定销售

旅游产品的脆弱性决定了旅游产品较易受到各种因素的影响,诸如政治因素、自然条件等。旅游产品在淡季和旺季的需求差别较大。如果旅游营销主体经营多种旅游产品,而这些产品又分布在不同的季节,就可以在不同的季节都有适时的旅游产品供应,并对其进行大规模的宣传、促销,使淡季与旺季需求差别缩小,稳定销售,并且促进自身经营活动发展。

想一想 促销是如何激发潜在需求的?旅游促销的对象主要是谁?

二、旅游促销组合

(一) 旅游促销组合的概念

旅游促销组合是指旅游企业有目的、有计划地将人员推销、广告、公共关系、营业推广等促销手段,进行灵活选择、有机组合和综合运用,形成整体的促销攻势。由于各种促销手段都有其不可避免的利弊之处,因此在整个促销过程中,旅游企业必须根据自己的营销目标和所处的营销环境,灵活地选择、搭配各种促销手段,制定旅游促销组合策略,以期提高促销的整体效果。

扩展阅读

宋城千古情、印象西湖、西湖之夜营销渠道分析

1. 宋城千古情营销渠道分析

《宋城千古情》在开始宣传阶段,营销的主要方式为媒体宣传、地毯式的传

单发送、市场人员的大力推进等方式。在市场进入阶段，为刺激市民的消费，市场人员进入社区为社区人民提供包场的专场表演，形成了“杭州市内天天有包场”的现象，扩大和增强了《宋城千古情》的影响力。而《宋城千古情》的“无形营销”，通过导游的大力推荐和游客的由衷称赞保证了产品的知名度和影响力，既降低了营销成本，也提高了被关注度。

2. 印象西湖营销渠道分析

“印象西湖”营销者首先分析了杭州入境旅游者客源。其次，营销者分析了杭州夜游市场的状况。据相关统计，杭城每晚参加既有夜游项目的观众为8000人次。因此，可以得出杭州夜游市场还具备巨大的开发潜力，而“印象西湖”可以很好地满足该市场。

“印象西湖”营销者根据客户特性不同对各个客户群的来源渠道进行了归类和分步开发：

(1) 团体客户，与江浙沪旅行社拓展合作，定制杭州旅游线路产品，并给予旅行社足够诱惑的利益分成；

(2) 散客和商务客户，在江浙沪设立直销网点，在酒店大量推出DM宣传单；

(3) 与各大旅游电子商务组织合作，拓展网络客户。

3. 西湖之夜营销渠道分析

“西湖之夜”利用其有利的地理位置，营销者分析了杭州夜游市场的状况与游客的出游心理，介于与旅行社多年的合作关系，利用低价销售，吸引旅游者及导游，并给予旅行社足够的利益诱惑，吸引导游加点。

(二) 影响旅游促销组合的因素

旅游促销策略作为一个系统化的整体策略，为最大限度地发挥整体效果，在制定具体的促销策划之前，不仅要考虑各种促销手段的特点，而且要考虑以下影响促销组合的主要因素，分析它们的影响范围和程度，为下一步策划提供依据和基础。

1. 促销目标

旅游企业的促销目标不同，促销组合策略也应不同。例如某旅游企业的促销目标是扩大销售量，获得最大的销售利润，而另一个旅游企业的促销目标是树立企业形象，为其旅游产品今后占领市场赢得有利的竞争地位奠定基础。前者在促销组合中将更多地使用广告和销售促进以实现短期效益；而后者在促销组合中将更多地使用营销公关，以实现长期目标。

2. 市场特点

旅游目标市场的大小。一般而言，如果目标市场地域范围大，旅游者分散，应多采用广告进行促销；反之，则可以人员推销为主。市场营销的对象不同，促销组合策略也不同，如果旅游企业销售的对象是旅游者，各种促销方式的重要性依次为广告、销售促进、人员推销和营销公关；如果销售的对象是旅游中间商，则各种促销方式的重要性依次为人员推销、销售促进、广告和营销公关。

3. 产品特点

影响促销组合的产品因素主要体现在旅游产品性质和旅游产品生命周期两个方面。

首先，旅游产品的性质不同，旅游者购买的需求也不同，因此需要不同的促销组合。一般而言，价格昂贵、购买风险较大的旅游产品，旅游者往往不满足于一般广告所提供的信息，而倾向于理智性购买，希望得到更为直接可靠的信息。对这类旅游产品，人员推销、营销公关往往是重要的促销手段。对于购买频繁、价值不高以及季节性较强的旅游产品，旅游者倾向于品牌偏好，对这类旅游产品，广告往往是重要的手段。一些风俗节日旅游，如我国傣族的泼水节、彝族的火把节等，广告促销的效果十分明显。

其次，在旅游产品生命周期的不同阶段，旅游企业促销重点不同，所选择的促销方式也应有所不同。①导入期。促销的重点目标是使潜在旅游者认识、了解产品，因此，促销的主要方式应当是各种广告和营销公关。广告和公共关系能够帮助公众建立对产品和企业的良好认知，营业推广则能有效刺激鼓励旅游者购买新的旅游产品。②成长期。促销的重点目标是增进旅游者的兴趣与偏爱，以扩大产品销售量。这时，旅游广告和营销公关仍需加强，但广告的侧重点就在于宣传产品的品牌和特色，销售促进可相应减少。在成长期，企业应继续加大广告宣传的力度，但宣传内容应有所改变，要以树立企业及产品形象、品牌为主；进一步加强人员推销对渠道企业的作用；因为消费者对企业及其产品已经有了一定的认知，营业推广在这一阶段可以适当减少。③成熟期。这时竞争者增多，为了扩大产品销售，以便与竞争者争夺客户，广告宣传仍需加强，但广告侧重点应在于突出本产品区别于竞争产品的优点。营业推广继续发挥其强大的刺激作用，以激发市场人气，扩大销售，给旅游者以优惠，配合使用人员推销和营销公关，特别是人员推销应大力加强，加大访问客户的频率，维系与旅游中间商的关系等。④衰退期。市场上已出现优于本产品的竞争产品，广告的作用仍然是帮助消费者保持对企业及其产品的记忆，以便尽可能多地回笼资金，投入新的旅游产品，公共关系的作用减弱，人员推销的效益性下降，营业推广仍能发挥作用，以吸引偏爱本产品的老顾客继续购买。

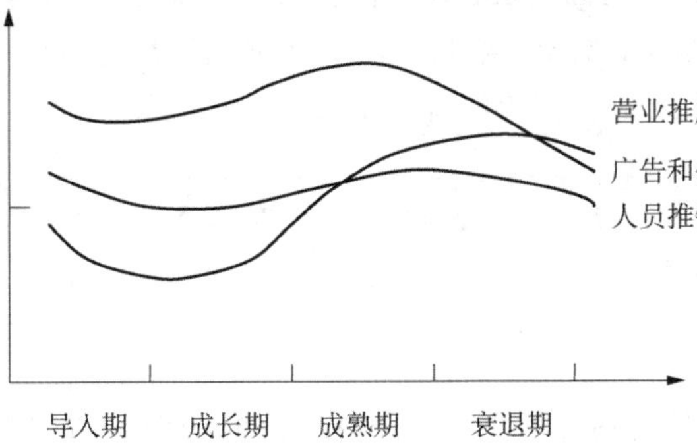

图 7－1 各种促销方式在产品不同生命周期的表现

4. 旅游者购买准备过程的阶段

旅游者的购买准备过程一般分为六个阶段，即知晓、认识、喜欢、偏好、确信和购买。

对处于不同阶段的旅游产品，营业推广和营销公关的作用变化不大，而人员推销和广告的作用则变化很大。越是在准备过程的初期，广告的作用越大，人员推销的作用越小；反之，越是在准备过程的后期，广告的作用越小，人员推销的作用越大。旅游企业应根据这一特点采用不同的促销组合方式。

5. 促销策略的类型

旅游企业促销方式的选择，也取决于其已定的策略类型。按照旅游企业促销力量作用的方向，可把旅游促销策略从总体上分为“推式”与“拉式”两类。

“推式”策略是一种以旅游中间商为促销目标，以人员推销和营业推广方式，把旅游产品推进销售渠道，最终推向旅游市场的策略。这种策略适用于资金短缺、规模较小的旅游企业销售知名度较低的旅游产品，产品销售地域较集中的旅游产品，处于成熟阶段的旅游产品，购买频率较低及专业性较强的旅游产品等。实行“推式”策略，要求推销队伍力量雄厚、素质较高，能针对不同的旅游产品、不同的旅游中间商采用不同的方式。

“拉式”策略与“推式”策略相反，是以旅游者为主要促销对象，以广告方式为主，设法吸引潜在旅游者对旅游产品产生兴趣和需求，进而对销售渠道施加压力，使旅游中间商感受到该旅游产品现实营销市场的存在，最终促进旅游产品的生产、供给。这种策略运用于潜在旅游者较广泛的旅游产品，也适应处于导入期的旅游产品。

任务2 掌握旅游促销的技术方法

一、促销策划的步骤

(一) 确认目标受众

目标受众是指接受促销信息的人群。在制定促销组合策略时，首先应该考虑促销组合主要针对的人群，以便选择需要传递的信息，确定信息传递的方式以及传递信息量的大小，保证目标受众能及时、准确地收到信息，做出相应的购买决策。

企业在促销开始时就要明确目标受众是谁，是潜在购买者还是正在使用者，是老人还是儿童，是男性还是女性，是高收入者还是低收入者。确定目标受众是促销的基础，它决定了企业传播信息应该说什么(信息内容)，怎么说(信息结构和形式)，什么时间说(信息发布时间)，通过什么说(传播媒体)和由谁说(信息来源)。

想一想 旅游促销的目标市场如何确定？在确定目标市场时要考虑哪些影响因素？

(二) 制定促销目标

促销目标是为未来的促销计划提供一个总体构想，为下一步选择具体的促销形式、制定具体的促销活动实施计划提供依据；然后，要在广泛的比较分析各种促销方式的优劣后，依据目标对促销方式和促销工具进行筛选，确定适合促销目标的若干促销形式。

促销目标包括通过促销要解决的问题以及预期的旅游者的反应。促销的实质是信息的沟通，但是旅游企业和旅游购买者的沟通过程并不总能顺利地进行，如派不懂业务的推销员进行推销会导致沟通的失败。因此必须明确通过促销要解决的关键问题，才能选择合适的促销组合以达到最终的营销目标。促销要解决的问题归纳起来分为认识、感觉和行动三个方面。

(三) 设计促销信息

设计促销信息，需要解决四个问题：信息内容、信息结构、信息形式和信息来源。

1. 信息内容

信息内容是信息所要表达的主题，也被称为诉求。其目的是促使受众作出有利于企业的良好反应。一般有三种诉求方式：

(1) 理性诉求(Rational Appeals)

针对受众的兴趣指出产品能够产生的功能效用及给购买者带来的利益。如洗衣粉宣传去污力强，空调宣传制冷效果好，冰箱突出保鲜等。一般工业品购买者对理性诉求的反应最为敏感，消费者特别在购买高价物品时也容易对质量、价格、性能等诉求作出反应。

(2) 情感诉求(Emotional Appeals)

通过使受众产生正面或反面的情感，来激励其购买行为的一种诉求方式。如使用幽默、喜爱、欢乐等方式促进购买和消费，也可使用恐惧、羞耻等促使人们去做应该做的事(如刷牙、健康检查等)或停止做不该做的事(如吸烟、酗酒)等。

(3) 道德诉求(Moral Appeals)

诉求于人们心目中的道德规范，促使人们分清是非，弃恶从善，如遵守交通规则，保护环境，尊老爱幼等。这种诉求方式特别用在企业的形象宣传中。

2. 信息结构

信息结构也就是信息的逻辑安排，主要解决三个问题：一是是否作出结论，即是提出明确结论还是由受众自己作出结论；二是单面论证还是双面论证，即是只宣传商品的优点还是既说优点也说不足；三是表达顺序，即沟通信息中把重要的论点放在开头还是结尾的问题。

3. 信息形式

信息形式的选择对信息的传播效果具有至关重要的作用。如在印刷广告中，传播者必须决定标题、文案、插图和色彩，以及信息的版面位置；通过广播媒体传达的信息，传播者要充分考虑音质、音色和语调；通过电视媒体传达的信息，传播者除要考虑广播媒体的因素外，还必须考虑仪表、服装、手势、发型等体语因素；若信息经过产品及包装传达，则特别要注意包装的质地、气味、色彩和大小等因素。

4. 信息来源

由谁来传播信息对信息的传播效果具有重要影响。如果信息传播者本身是接受者信赖甚至崇拜的对象，受众就容易对信息产生注意和信赖。比如玩具公司请儿童教育专家推荐玩具，高露洁公司请牙科医生推荐牙膏，长岭冰箱厂请中科院院士推荐冰箱等，都是比较好的选择。

(四) 选择信息沟通渠道

信息沟通渠道通常分为两类:人员沟通与非人员沟通。

1. 人员沟通渠道

人员沟通渠道是指涉及两个或更多的人相互间的直接沟通。人员沟通可以是当面交流,也可以通过电话、信件甚至QQ网络聊天等方式进行。这是一种双向沟通,能立即得到对方的反馈,并能够与沟通对象进行情感渗透,因此效率较高。在产品昂贵、风险较大或不常购买及产品具有显著的社会地位标志时,人员的影响尤为重要。

人员沟通渠道可进一步分为倡导者渠道、专家渠道和社会渠道。倡导者渠道由企业的销售人员在目标市场上寻找顾客;专家渠道通过有一定专业知识和技能的人员的意见和行为影响目标顾客;社会渠道通过邻居、同事、朋友等影响目标顾客,从而形成一种口碑。在广告竞争日益激烈、广告的促销效果呈下降趋势的情况下,口碑营销成为企业越来越重视的一种促销方式。

2. 非人员沟通渠道

非人员沟通渠道指不经人员接触和交流而进行的一种信息沟通方式,是一种单向沟通方式。包括大众传播媒体(mass media)、气氛(atmosphere)和事件(events)等。大众传播媒体面对广大的受众,传播范围广;气氛指设计良好的环境氛围,如商品陈列、POP广告、营业场所的布置等,促使消费者产生购买欲望并导致购买行动;事件指为了吸引受众注意而制造或利用的具有一定新闻价值的活动,如新闻发布会、展销会等。

(五) 制定促销预算

促销预算是企业面临的最难作出的营销决策之一。行业之间、企业之间的促销预算差别相当大。在化妆品行业,促销费用可能达到销售额的20%—30%,甚至30%—50%,而在机械制造行业中仅为10%—20%。

旅游企业制定促销预算的方法有许多,常用的主要有以下几种:

1. 量入为出法(affordable method)

这是一种量力而行的预算方法,主要是旅游企业根据特定时期内的收入进行促销预算,一般是根据销售额或者利润的百分比来确定。这种方法能够保证促销资金的到位,但是在资金的运用上缺乏针对性,如在资金较少时造成促销效果不好,资金充裕时造成资源的浪费。

2. 销售额百分比法(percentage-of-sales method)

即依照销售额的一定百分比来制定促销预算。

3. 竞争对等法(competitive-parity method)

主要根据竞争者的促销费用来确定企业自身的促销预算。这种方法运用起来很简单,但是没有考虑本企业的具体情况,具有很大的盲目性,而且也很难判断竞争者的预算是否科学、合理。

4. 目标任务法(objective-task method)

根据旅游企业具体的促销目标和促销方式确定所需的预算。企业首先确定促销目标,然后确定达到目标所要完成的任务,最后估算完成这些任务所需的费用。这种方法效果最好,但是制定难度较大。

(六) 选择促销组合

促销的方式很多,在具体选择促销组合时应对各种促销方式进行分析,选择最有效的促销方式。企业在确定了促销总费用后,面临的重要问题就是如何将促销费用合理地分配于四种促销方式的促销活动。四种促销方式各有优势和不足,既可以相互替代,更可以相互促进,相互补充。所以,许多企业都综合运用四种方式达到既定目标。这使企业的促销活动更具有生动性和艺术性,当然也增加了企业设计营销组合的难度。企业在四种方式的选择上各有侧重。因此,设计促销组合,必须注意以下几点。

1. 了解各种促销方式的特点。

各种促销方式在具体应用上都有其优势和不足,都有其实用性。所以,了解各种促销方式的特点是选择促销方式的前提和基础。

(1) 旅游广告

广告是一种高度大众化的信息传播方式。其优点是:辐射面广,信息传递速度快;可多次重复宣传,提高产品的知名度;形式多样,艺术表现力强,可树立旅游产品的整体形象。缺点是:信息停留时间短,说服力较弱;传递信息量有限,购买行为具有滞后性;某些广告媒体成本高。因此,广告策略主要适用于一般消费者。

(2) 公共关系

公共关系的主要目的是为了和公众达成良好的关系。其优点是:借助于第三者传递信息,可信度较高,容易赢得公众信任;信息传递方式多样,影响力大,有利于建立旅游企业形象。缺点是:着重于与公众建立良好的关系,所以不能直接达到销售效果;活动设计有难度,组织工作量较大。公共关系策略主要适用于一般公众。

(3) 人员推销

人员推销是最直接的促销方式。其优点是:能与顾客面对面,有利于沟通;针对性强,可直接促成交易;易培养与顾客的感情,建立长期稳定的联系。缺点是:覆盖面小,传播效率低,平均销售成本较高;对推销人员的要求较高,需要经过专业培训。人员推销策略主要适用于目标市场和旅游中间商。

(4) 营业推广

营业推广是一种短期内刺激销售的促销方式。其优点是:对顾客的吸引力大,刺激性强,迅速激发顾客需求,能在短期内改变顾客的购买习惯。缺点是:注重短期销售利益;使用不当可能导致顾客的不信任。营销推广策略主要适用于现实及潜在的旅游者。

2. 充分考虑影响促销组合的因素

企业的促销组合受到多方面因素的影响:

(1) 产品的类型

一般而言,按照促销效果由高到低的顺序,消费品企业的促销方式为广告、营业推广、人员推销和公共关系;产业用品则为人员推销、营业推广、广告和公共关系。

(2) 促销总策略

企业的促销总策略有“推式策略”和“拉式策略”之分。推式策略是企业把商品由生产者“推”到批发商,批发商再“推”到零售商,零售商再“推”到消费者。显然,企业采取推式策略，人员推销的作用最大。拉式策略是以最终消费者为主要促销对象。企业首先设法引起购买者对产品的需求和兴趣，购买者对中间商产生购买需求，中间商受利润驱动向厂商进货。可见，企业采用拉式策略，广告是最重要的促销手段。

(3) 购买者所处的阶段

顾客的购买过程一般分六个阶段，即知晓、认识、喜欢、偏好、确信和行动。在知晓阶段，广告和公关的作用较大；在认识和喜欢阶段，广告作用较大，其次是人员推销和公共关系；在偏好和确信阶段，人员推销和公共关系的作用较大，广告次之；在行动阶段，人员推销和销售促进的作用最大，广告和公共关系的作用相对较小。

(4) 产品所处的生命周期阶段

产品所处的生命周期阶段不同，促销的重点不同，所采用的促销方式也就不同。一般来说，当产品处于投放期，促销的主要目标是提高产品的知名度，因而广告和公共关系的效果最好，营业推广也可鼓励顾客试用；在成长期，促销的任务是增进受众对产品的认识和好感，广告和公共关系需加强，营业推广可相对减少；到成熟期，企业可适度削减广告，应增加营业推广，以巩固消费者对产品的忠诚度；到衰退期，企业的促销任务是使一些老用户继续信任本企业的产品，因此，促销应以营业推广为主，辅以公共关系和人员推销。

(5) 促销费用

四种促销方式的费用各不相同。总的说来，广告宣传的费用较大，人员推销次之，营业推广花费较少，公共关系的费用最少。企业在选择促销方式时，要综合考虑促销目标、各种促销方式的适应性和企业的资金状况进行合理的选择，符合经济效益原则。

(七) 评估和控制促销活动

促销活动策划经具体实施调整，预设目标是否实现要通过科学、客观的评估予以确定。促销活动策划实施结果评估的目的是：确定取得的成果；确定取得的进展；避免日后的失误，以利日后的促销活动策划；积累总结促销实践经验。促销活动策划实施结果评估的内容包括：

1. 传播媒介报道情况

与策划实施相关报道出现的频度、占据版面、反映的观点、媒介的态度等。

2. 言论

有关人士发表的言论和演说的频度、收听对象的构成、言论发表者情况等。

3. 受众人数

哪些人、在哪个层面接受相关信息的频度。

4. 反应

信函、电话、问询等。

5. 结果分析

公众对产品/服务/品牌的知晓情况、程度，他们是否仍记得促销活动的内容与问题，产生的消费/预约等；

6. 态度分析

目标公众对企业实施促销活动策划前后的态度变化。

二、促销策划的目标

在开始策划促销活动方案前，企业首先要明确的是促销活动的目的和任务。不同的促销目标需要不同的促销手段来完成。概括地看，促销目标总体分为两大类：一是追求短期效果，二是追求长期效果。

（一）短期效果促销活动

这类促销活动的目的是通过短时促销立即提高产品销量，使从未使用本产品的消费者尝试使用本产品，使习惯消费者增加购买量或购买次数，刺激吸引潜在消费者变为现实消费者。这类促销如能通过中间商的配合则使产品销售更顺畅，短期内能提高本产品的竞争能力。一般可通过提高购买人数、提高人均购买次数和增加人均购买量三种途径来实现。

（二）长期效果促销活动

此种促销活动是配合广告活动而做的促销工作，以提高广告的效果，建立良好的品牌形象和企业形象，广告、公共关系对于此目标的实现是比较好的手段，其他促销方式也要配合广告来实施。要实现这种促销目标，需要花费较高的成本，而且效果不是短期内就可以显现的。

（三）促销的六种基本目标

1. 增加市场销售额

旅游企业有时为了充分利用旅游资源和旅游设施设备，或在面对直接竞争时为了能争取到更多的消费者，就要为消费者提供更多附加利益或优惠，以刺激消费者的购买欲。

2. 发展新的顾客

在竞争激烈、需求变化快的市场中，一个旅游企业无论它是否已经拥有了很高的市场份额，只要还有接待能力，就要不断开拓新市场，挖掘市场潜力，扩大接待规模，这对于企业保持持续发展的势头非常重要。

3. 培养和强化市场美誉度

企业产品在市场上拥有了一定的美誉度后，市场对产品就形成了偏爱，这种偏爱往往带有很强的感情色彩，一经形成，市场对这个产品的购买就具有某种惯性，不会轻易改变这种消费习惯。企业通过促销提高市场美誉度，可收到长期的效益。

4. 提高公众的兴趣

在日常生活中，人们需要各种休闲娱乐方式丰富自己的生活。为消费者和潜在消费者提供参与性、趣味性较强的促销宣传活动，有意识地将休闲娱乐与宣传促销融为一体，可以吸引很多潜在消费者前来参与，在休闲娱乐活动的过程中了解产品和企业的信息，对企业和产品产生兴趣和好感。

5. 争取中间商的支持

有些产品和服务的促销是针对中间商的，通过优惠计划、奖励计划等刺激中间商，使他们对销售本企业产品有更强的动力，通过系列公关活动得到中间商的帮助和支持。

6. 建立良好的品牌形象

促销在树立企业形象和提高品牌意识方面有重要作用，但一旦把塑造企业或产品的公众形象作为现阶段的促销目标，就要暂时放弃其他的目标和利益，并且几种促销方式要相互配合，以企业长远的品牌效益为重，尽量避免进行短期促销行为。

三、选择促销工具和工具组合

(一) 影响选择促销工具的因素

在明确促销目标后，需要选择促销工具。促销工具多种多样，各有其特点和使用范围，在选择工具时要考虑以下几个因素：

1. 必须与促销目标一致

制定促销目标往往为促销工具的选择提供了较为明确的依据和范围，不同的促销工具适应于不同的促销目标。

表 7-1

针对不同促销目标选择不同促销工具

	促销工具	POP 推广	折价券	免费门票	赠品	减价
促销目标	提高销量	★	★	★	★	★
	增强中间商接受度					★
	建立品牌形象 巩固品牌形象				★	★

2. 市场的类型

不同的产品需要不同的促销工具，所选的促销工具必须适应企业所处市场类型的特点和相应的需求。

3. 竞争条件和环境

包括企业自身的状态、资金、人力、优点和不足，也包括外部竞争者的数量、实力、竞争策略等，还要考虑客观环境方面的制约因素、社会的政治经济水平、人们的消费习惯和政府的法规政策等。

4. 促销预算

任何企业用于促销的资金总是有预算，有限度的。为了达到企业促销的目的，使有限资金发挥最大效益，就需要充分考虑各种促销工具的促销效果，这些往往对工具的选择有很大的制约。

5. 促销管理者态度的影响

每种促销工具各有优缺点与适用范围，促销管理者从不同的角度出发分析会有不同的见解，管理者的经验分析，事先的消费者调查，都可能给管理决策者的选择带来影响。

在比较了各种促销工具的优缺点后，从企业的资源条件和经营管理水平出发，选择出既能达到预期的促销目标，又能降低企业促销成本，节约人力、物力的促销工具，尽量追求效用的最大化和成本的最小化。在一次促销活动中，往往采用的不只是一种促销工具，把各种促销工具组合在一起，形成互补，往往会达到1+1>2的效用，这就是促销组合在实际中广泛应用的原因。

（二）旅游广告

旅游广告是旅游目的地国家或地区、旅游组织或旅游企业以付费的方式，通过非人员媒介传播旅游产品及企业自身的有关信息，扩大产品影响，提高其知名度，树立企业形象，最终达到促进销售目的的一种沟通形式。旅游广告有着其他促销形式不可替代的优点。它不仅生动形象、覆盖面广，而且可以长期高密度地进行，效果持久，效力强大。尤其在今天旅游市场竞争日益激烈的情况下，旅游企业更重视广告的作用。

1. 广告的含义和类型

广告是广告主以付费的方式，通过一定的媒体有计划地向公众传递有关商品、劳务和其他信息，借以影响受众的态度，进而诱发或说服其采取购买行动的一种大众传播活动。

(1) 按广告的内容分

按广告的内容分，可以分为经济广告和非经济广告。非经济广告是为了达到某种宣传目的而不是赢利所作的广告。经济广告也称狭义广告，广告策划中所指的广告主要是狭义广告。

(2) 按广告所使用的媒体分

按广告所使用的媒体分，可分为报刊广告、广播广告、电视广告、户外广告（如广告牌、灯箱、车身、条幅、霓虹灯等户外载体）、自办宣传品广告（如招贴、手册、音像材料等）等传统的媒体广告，以及网络广告、短信广告、电梯广告、公交车辆视频广告等新型媒体广告。

2. 旅游广告的功能

在当代社会，广告既是一种重要的促销手段，又是一种重要的文化现象。广告对企业、消费者和社会都具有重要作用。

(1) 广告对企业的功能

首先是传播信息，沟通产销。广告对企业的首要功能是沟通产销关系。所以，一个企业不善于做广告，就好像在黑暗中向情人暗送秋波。其次是降低成本，促进销售。从绝对成本的角度看，上述四种促销方式中广告的成本是最高的。但如果从相对成本的角度看，因为广告的大众化程度高，广告的成本又是比较低的。比如可口可乐，每年的巨额广告费平均分摊到每一个顾客身上只有0.3美分，但如果用人员推销成本则需60美元。据统计，在发达国家，投入一元广告费，可收回20—30元的收益。最后广告可以塑造形象。广告是塑造企业形象的重要手段。

(2) 广告对消费者的功能

第一，广告可以指导消费。消费者获取商品信息的来源主要有四种，即商业来源、公共来源、人际来源和个人来源。广告即是消费者最重要的商业来源。可以说，在现代社会，面对琳琅满目的商品，如果离开了广告，消费者将无所适从。第二，广告能够刺激需求。广告的一个重要功能就是刺激消费者的购买欲望，促使消费者对商品产生强烈的购买冲动。广告刺激的需求包括初级需求和选择性需求。初级需求是指通过广告宣传,促使消费者产生对某类商品的需求,如对电脑、汽车等的需求;选择性需求是指通过广告宣传,促使消费者产生对特定品牌的商品的需求,如联想电脑、红旗汽车等,引导消费者认牌购买。第三,广告可以培养消费观念。广告引导着消费潮流,促使消费者树立科学的消费观念。

(3) 广告对社会的功能

首先,广告能够美化环境,丰富生活。路牌广告、POP广告、霓虹灯广告等,优化了城市形象,使都市的夜晚变得星光灿烂,绚丽多姿。因此,广告被称为现代城市的脸。优美的广告歌曲、绚丽的广告画、精彩的广告词,也无不给人以艺术的享受。其次,广告能够影响意识形态,改变道德观念。据调查,一个美国人从出生到18岁在电视中看到的广告达1800多个小时,相当于一个短期大学所用的学时。所以,广告对社会的价值观念、文化传承都具有非常重要的影响。

3. 旅游广告促销方案的制定

对于广告在促销中的作用尽管存在争论,尽管中国的企业家对做不做广告表现得非常无奈,发出"不做广告是等死,做广告是找死"的感叹。但在市场上,中国企业对广告却始终情有独钟。这从中央电视台每年黄金时段的广告招标金额节节攀升可见一斑。

当代企业所要考虑的并不是要不要做广告的问题,而是如何做出精品广告,从而赢得消费者对广告的信任问题,这需要企业进行科学的广告决策。

企业的广告决策,一般包括五个重要的步骤,简称"5M"。

(1) 确定广告目标(Mission)

企业广告决策的第一步是确定广告目标。广告目标是企业通过广告活动要达到的目的,其实质就是要在特定的时间对特定的目标受众完成特定内容的信息传播,并获得目标受众的预期反应。

企业的广告目标取决于企业的整体营销目标。由于企业营销任务的多样性和复杂性,企业的广告目标也是多元化的。美国市场营销专家罗希尔·科利在《确定广告目标、衡量广告效果》一书中曾列举了52种不同的广告目标。

根据产品生命周期不同阶段中广告的作用和目标的不同,一般可以把广告的目标大致分为告知、劝说和提示三大类:①告知性广告。主要用于旅游产品的导入期,通过广告信息将旅游企业和产品介绍给消费者,给消费者留下一个良好的第一印象,起到激发消费者的购买欲望,或者激发消费者对新旅游产品的兴趣的作用。告知性广告的主要目标是为了促使消费者产生初始需求。②劝说性广告。一般用于旅游产品的成长期,旨在提高消费者对旅游产品或服务的喜好,强调旅游产品的使用价值及其差异化优势,说服消费者购买旅游产品。具体包括,劝说顾客购买自己的产品,鼓励竞争对手的顾客转向自己,改变消费者对产品属性的认识,以及使顾客有心理准备乐于接受人员推销等。劝说性广告一般通过现身说法、权威证明、比较等手法说服消费者。③提示性广告。经常用于产品的成熟期和衰退期,用来保持旅游产品在消费者心目中的形象,保持消费者对旅游产品的忠诚度,引发消费者的记忆,使他们注意到旅游产品或服务的存在以及它的销售地点、时间等信息。比如提醒消费者购买本产品的地点，提醒人们在淡季时不要忘记该产品，提醒人们在面对众多新产品时不要忘了继续购买本产品等。

（2）制定广告预算（Money）

广告目标确定后，旅游企业一般会有一个总的市场营销和促销预算，应该在这个前提下再进行广告或其他单项促销活动预算。确定广告预算的方法，主要也是前述的四种方法，即量入为出法、销售额百分比法、目标任务法和竞争对等法。基本操作如前所述，但企业在确定广告预算时必须充分考虑以下因素：①产品生命周期。产品在投放期和成长期前期的广告预算一般应该较高，在成熟期和衰退期的广告预算一般较低。②市场占有率的高低。市场占有率越高，广告预算的绝对额越高，但面向广大消费者的产品的人均广告费用却比较低；反之，市场占有率越低的产品广告预算的绝对额也较低，但人均广告费并不低。③竞争的激烈程度。广告预算的多少与竞争激烈程度的强弱成正比。④广告频率的高低。广告频率的高低与广告预算的多少成正比。⑤产品的差异性。高度同质性的产品，消费者不管购买哪家企业生产的都一样，广告的效果不明显，广告预算低；高度差异性的产品，因为具有一定的垄断性，不做广告也会取得较好的销售效果。而具有一定的差异性但这种差异又不足以达到垄断地位的产品，因为市场竞争激烈，广告预算反而应该比较多。

（3）确定广告信息（Message）

在设计和表达广告信息之前，应对广告的内容做出周详的考虑和设计，它是开展广告活动的基础。广告的效果并不主要取决于企业投入的广告经费，关键在于广告的主题和创意。广告主题决定广告表现的内容，广告创意决定广告表现的形式和风格。只有广告内容迎合目标受众的需求，广告表现具有独特型，广告才能引人注意，并给目标受众带来美好的联想，并促进销售。广告的信息决策一般包括三个步骤：①确定广告的主题。广告主题是广告所要表达的中心思想。广告主题应当显示产品的主要优点和用途以吸引消费者。对于同一类商品，可以从不同角度提炼不同的广告主题，以满足不同消费者的需要和同一消费者的不同需要。②广告信息的评估与选择。一个好的广告总是集中于一个中心的促销主题，而不必涉及太多的产品信息。“农夫山泉有点甜”，就以异常简洁的信息在受众中留下深刻的印象。如果广告信息过多过杂，消费者往往不知所云。广告信息的载体就是广告文案。对广告文案的评价标准有许多，但一般要符合三点要求：其一，具有吸引力，即广告信息首先要使人感兴趣，引人入胜；其二，具有独特性，即广告信息要与众不同，独具特色，不要人云亦云；其三，具有可靠性，广告信息必须从实际出发，实事求是，而不要以偏概全，夸大其词，甚至无中生有，只有全面客观的广告传播，才能增加广告的可信度，才能持久地建立企业和产品的信誉。③信息的表达。如果说旅游广告主题的设计基本上确定了旅游广告信息的主要内容的话，那么旅游广告的表达就要为旅游广告内容找到恰当的表现形式。旅游广告内容的表达，是指通过什么样的表现形式向消费者传递旅游信息。旅游广告要抓住消费者的注意力，旅游企业或组织就要善于运用独有的广告表现手法，使目标消费者对旅游产品产生兴趣，并最终促成购买。因此，旅游广告的表达是旅游广告创意中最富有挑战性的环节。

(4) 选择广告媒体(Media)

广告表现的结果就是广告作品。广告作品只有通过恰当的广告媒体投放才能实现广告传播的目标。旅游广告媒体选择策略的内容包括决定广告覆盖范围、传播频率和影响,选择广告媒体类型和具体传播工具、决定广告的传播时间等。

(5) 评估广告效果(Measurement)

广告的效果主要体现在三方面,即广告的传播效果、广告的促销效果和广告的社会效果。广告的传播效果是前提和基础,广告的销售效果是广告效果的核心和关键,企业的广告活动也不能忽视对社会风气和价值观念的影响。

(三) 人员推销策略

人员推销是一种古老的推销方式,也是一种非常有效的推销方式。

1. 人员推销及要素

根据美国市场营销协会的定义,人员推销是指企业通过派出销售人员与一个或一个以上的潜在消费者通过交谈,作口头陈述以推销商品,促进和扩大销售的活动。推销主体、推销客体和推销对象构成推销活动的三个基本要素。商品的推销过程,就是推销员运用各种推销术,说服推销对象接受推销客体的过程。

2. 人员推销的特点

相对于其他促销形式,人员推销具有以下特点:①注重人际关系,与顾客进行长期的情感交流。情感的交流与培养,必然使顾客产生惠顾动机,从而与企业建立稳定的购销关系。②具有较强的灵活性。推销员可以根据各类顾客的特殊需求,设计有针对性的推销策略,容易诱发顾客的购买欲望,促成购买。③具有较强的选择性。推销员在对顾客调查的基础上,可以直接针对潜在顾客进行推销,从而提高推销效果。④及时促成购买。人员推销在推销员推销产品和劳务时,可以及时观察潜在顾客对产品和劳务的态度,并及时予以反馈,从而迎合潜在消费者的需要,及时促成购买。⑤营销功能的多样性。推销员在推销商品过程中,承担着寻找客户、传递信息、销售产品、提供服务、收集信息、分配货源等多重功能,这是其他促销手段所没有的。

3. 旅游企业的人员推销决策

旅游企业进行人员推销,必须做好以下决策。

(1) 确定推销目标

人员推销的目标主要包括以下几个:①发现并培养新顾客;②将企业有关产品和服务的信息传递给顾客;③将产品推销给顾客;④为顾客提供服务;⑤进行市场调研,搜集市场情报;⑥分配货源。

人员推销具体目标的确定,取决于企业面临的市场环境,以及产品生命周期的不同阶段。

(2) 选择推销方式

推销主要有以下方式:①推销员对单个顾客。推销员当面或通过电话等形式向某个顾客推销产品。②推销员对采购小组。一个推销员对一个采购小组介绍并推销产品。③推销小组对采购小组。一个推销小组向一个采购小组推销产品。④会议推销。通过洽谈会、研讨会、展销会或家庭聚会等方式推销产品。

(3) 确定推销队伍的组织结构。

一般说来,可供选择的推销组织形式有以下几种:①区域性结构。指每一个(组)推销员负责一定区域的推销业务。这适用于产品和市场都比较单纯的企业。主要优点是:第一,推销员责任明确,便于考核;第二,推销员活动地域稳定,便于与当地建立密切联系;第三,推销员活动范围小,节约差旅费用;第四,容易熟悉当地市场,便于制定有针对性的推销策略;第五,售后服务能做得比较到位。②产品型结构。每个推销员(组)负责某种或某类产品的推销业务。其最大优点是能为顾客提供相对比较专业的服务。这种结构比较适用于产品技术性比较强、工艺复杂、营销技术要求比较高的企业。③顾客型结构。主要根据不同类型的顾客配备不同的推销人员,其主要优点是能更深入地了解顾客的需求,从而为顾客提供差异化的服务。④复合式结构。即将上述三种结构形式混合运用,有机结合。如按照"区域—产品"、"产品—顾客"、"区域—顾客",甚至"区域—产品—顾客"的形式进行组合,配备推销员。其优点是能吸收上述三种形式的优点,从企业整体营销效益出发开展营销活动。这种形式比较适合那些顾客种类复杂、区域分散、产品也比较多样化的企业。

(4) 建立推销队伍。

一是确定推销队伍的规模。企业推销队伍的规模必须适当。西方企业一般采用工作负荷量法确定推销队伍的规模。设某企业有 250 个客户,若每个客户每年平均需要 20 次登门推销,则全年就需要 5000 次登门推销。若平均每个推销员每年能上门推销 500 次,则该企业就需要 10 名推销员。

二是选拔、培训推销员。企业的推销员主要有两个来源,即企业内部选拔和向外部招聘。不管推销员来自何方,一个合格的推销员都要具备良好的思想政治素质、文化修养、较强的实际工作能力以及适宜的个性素质。西方营销专家麦克墨里给超级推销员列出了五项特质:"精力异常充沛,充满自信,经常渴望金钱,勤奋成性,并有把各种异议、阻力和障碍看作是挑战的心理状态。"企业必须对推销员进行专业培训。推销员培训的一般内容包括:企业历史、现状、发展目标,产品知识、市场情况、推销技巧、法律常识和有关产品的生产技术、设计知识等。

三是推销员的评价和激励。对推销员的合理评价决定了推销员的积极性。企业必须建立一套合理的评估指标体系,并随时注意收集有关信息和资料。合理的报酬制度是调动推销员积极性的关键。确定推销员的报酬应以推销绩效为主要依据,一般有以下几种形式:固定工资制、提成制、固定工资加提成制。由于推销工作的复杂性,固定工资加提成制是一种比较理想的选择。调动推销员的积极性除了对推销员绩效的合理评价以及合理的报酬制度外,对推销员的激励也必不可少。一般而言,对推销员的激励手段主要有:奖金、职位的提升、培训机会、表扬及旅游度假等。

4. 人员推销的步骤及策略

人员推销一般经过七个步骤。

(1) 寻找潜在顾客

寻找潜在顾客即寻找有可能成为潜在购买者的顾客。潜在顾客是一个"MAN",即具有购买力(Money)、购买决策权(Authority)和购买欲望(Need)的人。寻找潜在顾客线索的方法主要有：①向现有顾客打听潜在顾客的信息；②培养其他能提供潜在顾客线索的来源，如供应商、经销商等；③加入潜在顾客所在的组织；④从事能引起人们注意的演讲与写作活动；⑤查找各种资料来源（工商企业名录、电话号码黄页等）；⑥用电话或信件追踪线索等等。

(2) 访问准备

在拜访潜在顾客之前，推销员必须做好必要的准备。具体包括了解顾客、了解和熟悉推销品、了解竞争者及其产品、确定推销目标、制定推销的具体方案等方面。不打无准备之仗，充分的准备是推销成功的必要前提。

(3) 接近顾客

接近顾客是推销员征求顾客同意接见洽谈的过程。接近顾客能否成功是推销成功的先决条件。推销接近要达到三个目标：给潜在顾客一个良好的印象；验证在准备阶段所得到的信息；为推销洽谈打下基础。

(4) 洽谈沟通

洽谈沟通是推销过程的中心。推销员向准客户介绍商品，不能仅限于让客户了解你的商品，最重要的是要激起客户的需求，产生购买的行为。养成良好的商品说明习惯，能使推销事半功倍。

(5) 应付异议

推销员应随时准备应付不同意见。顾客异议表现在多方面，如价格异议、功能异议、服务异议、购买时机异议等。有效地排除顾客异议是达成交易的必要条件。一个有经验的推销员面对顾客争议，既要采取不蔑视、不回避、注意倾听的态度，又要灵活运用有利于排除顾客异议的各种技巧。

(6) 达成交易

达成交易是推销过程的成果和目的。在推销过程中，推销员要注意观察潜在顾客的各种变化。当发现对方有购买的意思表示时，要及时抓住时机，促成交易。为了达成交易，推销员可提供一些优惠条件。

(7) 事后跟踪

现代推销认为，成交是推销过程的开始。推销员必须做好售后的跟踪工作，如安装、退换、维修、培训及顾客访问等。对于 VIP 客户，推销员特别要注意与之建立长期的合作关系，实行关系营销。

(四) 营业推广策略

1. 营业推广及其适用性

营业推广是刺激消费者迅速购买商品而采取的各种促销措施。其目的是扩大销售和刺激人气。由于市场竞争的激烈程度加剧、消费者对交易中的实惠日益重视、广告媒体费用上升、企业经常面临短期销售压力等原因，营业推广受到企业越来越多的青睐。

营业推广比较适合于对消费者和中间商开展促销工作，一般不太适用于产业用户。对于个人消费者，营业推广主要吸引三类人群：一是已经使用本企业产品的消费者，促使其消费更多；二是已使用其他品牌产品的消费者，吸引其转向本企业的产品；三是未使用过该产品的消费者，争取其试用本企业的产品。对于中间商，营业推广主要是吸引中间商更多地进货和积极经销本企业的产品，增强中间商的品牌忠诚度，争取新的中间商。

在产品处于生命周期的投放期和成长期时，营业推广的效果较好；在成熟阶段，营业推广的作用明显减弱。对于同质化程度较高的产品，营业推广可在短期内迅速提高销售额，但对于高度异质化的产品，营业推广的促销作用相对较小。

一般来说，市场占有率较低、实力较弱的中小企业，由于无力负担大笔的广告费，对所需费用不多又能迅速增加销量的营业推广往往情有独钟。

有时，企业也可以将营业推广与广告、公共关系等促销方式结合起来，以营业推广吸引竞争者的顾客，再用广告和公共关系使之产生长期偏好，从而争取竞争对手的市场份额。

2. 营业推广的实施

企业进行营业推广活动，应重点做好以下工作。

(1) 确定推广目标

企业在进行营业推广活动之前，必须确定明确的推广目标。推广目标因不同的推广对象而不同。对消费者来说，推广目标主要是促使他们更多地购买和消费产品；吸引消费者试用产品；吸引竞争品牌的消费者等。对中间商而言，推广目标主要是吸引中间商经销本企业的产品；进一步调动中间商经销产品的积极性；巩固中间商对本企业的忠诚度等。对推销员来说，推广目标就是激发推销员的推销热情，激励其寻找更多的潜在顾客。

(2) 选择恰当的营业推广工具

企业可以根据市场类型、营业推广目标、竞争情况、国家政策以及各种推广工具的特点灵活选择推广工具。①生产商对消费者的推广形式。如果企业以抵制竞争者的促销为推广目的，企业可设计一组降价的产品组合，以取得快速的防御性反应；如果企业的产品具有较强的竞争优势，企业促销的目的在于吸引消费者率先采用，则可以向消费者赠送样品或免费试用样品。②零售商对消费者的推广形式。零售商促销的目的是吸引更多的顾客光临和购买。因此，促销工具的选择必须能够给顾客带来实惠。实惠就是吸引力。在推广中，零售商经常采用商品陈列和现场表演、优待券、特价包装、交易印花、抽奖、游戏等推广形式。③生产商对中间商的推广形式。生产商为了得到批发商和零售商的合作与支持，主要运用购买折扣、广告折让、商品陈列折让和经销奖励等方式进行推广。④生产商对推销员的推广形式。生产商为了调动推销员的积极性，经常运用销售竞赛、销售红利、奖品等工具对推销员进行直接刺激。

(3) 制定合理的营业推广方案

一个完整的营业推广方案必须包括以下内容：①诱因的大小。即确定使企业成本/效益最佳的诱因规模。诱因规模太大，企业的促销成本就高；诱因规模太小，对消费者又缺少足够的吸引力。因此，营销人员必须认真考察销售和成本增加的相对比率，确定最合理的诱因规模。②刺激对象的范围。企业需要对促销对象的条件作出明确规定，比如赠送礼品，是赠送给每一个购买者还是只赠送给购买量达到一定要求的顾客等。③促销媒体选择。即决定如何将促销方案告诉给促销对象。如果企业将要举行一次赠送礼品的推广活动的话，可以采用以下方式进行宣传：一是印制宣传单在街上派送；二是将宣传单放置销售终端供顾客取阅；三是在报纸等大众媒体上做广告；四是邮寄给目标顾客等等。④促销时机的选择。企业可以灵活地选择节假日、重大活动和事件等时机进行促销活动。⑤确定推广期限。推广期限要恰当，不可太短或太长。根据西方营销专家的研究，比较理想的推广期限是三个星期左右。⑥确定促销预算。一般有两种方式确定预算：一种是全面分析法。即营销者对各个推广方式进行选择，然后估算它们的总费用；一种是总促销预算百分比法。这种比例经常按经验确定，如奶粉的推广预算占总预算的30%左右，咖啡的推广预算占总预算的40%左右等。

(4) 测试营业推广方案

为了保证营业推广的效果，企业在正式实施推广方案之前，必须对推广方案进行测试。测试的内容主要是推广诱因对消费者的效力、所选用的工具是否恰当、媒体选择是否恰当、顾客反应是否足够等。发现不恰当的部分，要及时进行调整。

(5) 执行和控制营业推广方案

企业必须制定具体的实施方案。实施方案中应明确规定准备时间和实施时间。准备时间是指推出方案之前所需的时间，实施时间是从推广活动开始到95%的推广商品已到达消费者手中这一段时间。

(6) 评估营业推广的效果

营业推广的效果体现了营业推广的目的。企业必须高度重视对推广效果的评价。评价推广效果，一般可以采用比较法(比较推广前后销售额的变动情况)、顾客调查法和实验法等方法进行。

(五) 公共关系

1. 公共关系的要素及特征

从营销的角度讲，公共关系是企业利用各种传播手段，沟通内外部关系，塑造良好形象，为企业的生存和发展创造良好环境的经营管理艺术。

(1) 公共关系的要素

公共关系的构成要素分别是社会组织、传播和公众，它们分别作为公共关系的主体、中介和客体相互依存。社会组织是公共关系的主体，它是指执行一定社会职能、实现特定的社会目标，构成一个独立单位的社会群体。在营销中，公共关系的主体就是企业，公众是公共关系的客体。公众是面临相同问题并对组织的生存和发展有着现实或潜在利益关系和影响力的个体、群体和社会组织的总和。企业在经营和管理中必须注意处理好与员工、顾客、媒体、社区、政府、金融等各类公众的关系，为自己创造良好和谐的内外环境。

社会组织与公众之间需要传播和沟通。传播是社会组织利用各种媒体，将信息或观点有计划地对公众进行交流的沟通过程。社会组织开展公关活动的过程实际上就是传播沟通过程。

(2) 公共关系的特征

作为一种促销手段，公共关系与前述其他手段相比，具有自己的特点：①注重长期效应。公共关系是企业通过公关活动树立良好的社会形象，从而创造良好的社会环境。

这是一个长期的过程。良好的企业形象也能为企业的经营和发展带来长期的促进效应。②注重双向沟通。在公关活动中,企业一方面要把本身的信息向公众进行传播和解释,同时也要把公众的信息向企业进行传播和解释,使企业和公众在双向传播中形成和谐的关系。③可信度较高。相对而言,大多数人认为公关报道比较客观,比企业的广告更加可信。④具有戏剧性。经过特别策划的公关事件,容易成为公众关注的焦点,可使企业和产品戏剧化,引人入胜。

2. 公共关系的实施

公共关系活动需要经历以下步骤。

(1) 确定公关目标

进行公共关系活动要有明确的目标。目标的确定是公共关系活动取得良好效果的前提条件。企业的公关目标因企业面临的环境和任务的不同而不同。一般来说,企业的公关目标主要有以下几类:①新产品、新技术开发之中,要让公众有足够的了解;②开辟新市场之前,要在新市场所在地的公众中宣传组织的声誉;③转产其他产品时,要树立组织新形象,使之与新产品相适应;④参加社会公益活动,增加公众对组织的了解和好感;⑤开展社区公关,与组织所在地的公众沟通;⑥本组织的产品或服务在社会上造成不良影响后,进行公共关系活动以挽回影响;⑦创造一个良好的消费环境,在公众中普及同本组织有关的产品或服务的消费方式等等。

(2) 确定公关对象

公关对象的选择就是公众的选择。公关的对象决定于公关目标,不同的公关目标决定了公关传播对象的侧重点不同。如果公关目标是提高消费者对本企业的信任度,毫无疑问,公关活动应该重点根据消费者的权利和利益要求进行。如果企业与社区关系出现摩擦,公关活动就应该主要针对社区公众进行。选择公关对象要注意两点:一是侧重点是相对的。企业在针对某类对象进行公关活动时不能忽视了与其他公众沟通;二是在某些时候(如企业出现重大危机等),企业必须加强与各类公关对象的沟通,以赢得各方面的理解和支持。

(3) 选择公关方式

公共关系的方式是公共关系工作的方法系统。在不同的公关状态和公关目标下,企业必须选择不同的公关模式,以便有效地实现公共关系目标。一般来说,供企业选择的公关方式主要有以下两类:

一是战略性公关方式。下列五种公关方式,主要针对企业面临的不同环境和公关的不同任务,从整体上影响企业形象,属于战略性公关。①建设性公关。主要适用于企业初创时期或新产品、新服务首次推出之时,主要功能是扩大知名度,树立良好的第一印象。②维系性公关。适用于企业稳定发展之际,用以巩固良好企业形象的公关模式。③进攻性公关。企业与环境发生摩擦冲突时所采用的一种公关模式,主要特点是主动。④防御性公关。企业为防止自身公共关系失调而采取的一种公关模式,适用于企业与外部环境出现了不协调或摩擦苗头的时候,主要特点是防御与引导相结合。⑤矫正性公关。企业遇到风险时采用的一种公关模式,适用于企业公共关系严重失调,从而企业形象严重受损的时候,主要特点是及时。

二是策略性公关方式。下列五种公关方式，属于公共关系的业务类型，主要是公共关系的策略技巧，属于策略性公关。①宣传性公关。运用大众传播媒介和内部沟通方式开展宣传工作，树立良好企业形象的公共关系模式，分为内部宣传和外部宣传。②交际性公关。通过人际交往开展公共关系的模式，目的是通过人与人的直接接触，进行感情上的联络。其方式是开展团体交际和个人交往。③服务性公关。以提供优质服务为主要手段的公共关系活动模式，目的是以实际行动获得社会公众的了解和好评。这种方式最显著的特征在于实际的行动。④社会性公关。利用举办各种社会性、公益性、赞助性活动开展公关，带有战略性特点，着眼于整体形象和长远利益。其方式有三种：一是以企业本身为中心开展的活动，如周年纪念等；二是以赞助社会福利事业为中心开展的活动；三是资助大众传播媒介举办的各种活动。⑤征询性公关。以提供信息服务为主的公关模式，如市场调查、咨询业务、设立监督电话等。

(4) 实施公关方案

实施公共关系方案的过程就是把公关方案确定的内容变为现实的过程，是企业利用各种方式与各类公众进行沟通的过程。实施公关方案是企业公关活动的关键环节。再好的公关方案，如果没有实施，都只能是镜花水月，没有任何价值。

实施公关方案，需要做好以下工作：①做好实施前的准备。任何公共关系活动实施之前，都要做好充分的准备，这是保证公共关系实施成功的关键。公关准备工作主要包括公关实施人员的培训、公关实施的资源配备等方面。②消除沟通障碍，提高沟通的有效性。公关传播中存在着方案本身的目标障碍，实施过程中语言、风俗习惯、观念和信仰的差异以及传播时机不当、组织机构臃肿等多方面形成的沟通障碍和突发事件的干扰等影响因素。消除不良影响因素，是提高沟通效果的重要条件。③加强公关实施的控制。企业的公关实施如果没有有效的控制，就会产生偏差，从而影响公关目标的实现。公关实施中的控制主要包括对人力、物力、财力、时机、进程、质量、阶段性目标以及突发事件等方面的控制，由制定控制标准、衡量实际绩效、将实际绩效与既定标准进行比较和采取纠偏措施等四个环节组成。

(5) 评估公关效果

公共关系评估就是根据特定的标准，对公共关系计划、实施及效果进行衡量、检查、评价和估计，以判断其成效。需要说明的是，公共关系评估并不是在公关实施后才评估公关效果，而是贯穿于整个公关活动之中。

公共关系评估的内容包括：①公共关系程序的评估。即对公共关系的调研过程、公关计划的制定过程和公关实施过程的合理性和效益性作出客观的评价。②专项公共关系活动的评估。主要包括对企业日常公共关系活动效果的评估、企业单项公共关系活动（如联谊活动、庆典活动等）效果的评估、企业年度公共关系活动效果的评估等方面。③企业需要从企业内部和企业外部两个角度对企业的舆论状态和关系状态两个方面进行评估。

四、促销方案策划

促销方案的制定已是促销策划系统过程中的第二个阶段。这里所指的促销方案是促销活动的计划书和行动步骤。促销方案的制定一般包括六个方面的内容。

(一)确定促销形式

促销有两种不同的分类形式:即期价值和远期价值;价格优惠和价值附加。

即期价值是消费者购买后可以马上受益,而远期价值是指消费者在购买一次甚至多次购买后才有所受益。即期价值对于刺激消费者购买欲望,提高销售量的作用较大。而远期价值对于立即购买的影响力较弱,但从长远看,促销的效果也是明显的,特别是针对那些品牌忠诚度很高的消费者来说,作用更大。在经过一段长时间的认知、反应后,消费者才可以真正获得好处,由此消费者对品牌也产生了深刻的印象。如饭店常采用的"常客计划"就是利用远期价值加深消费者与饭店感情的促销手段。

价格优惠是指通过打折等形式把产品价格降低到能刺激消费者短期购买行为的水平。而价值附加则指在保持产品价格不变的情况下,增加产品的附加利益。通过降低价格可以使消费者获取更多的利益,但就同一价格而言,增加产品的附加价值也可以使消费者获利。降价容易引起恶性竞争,而增加产品附加值即可以使产品具有更多的差异性,同时有利于维护产品和企业的形象。

(二)明确促销产品范围

在促销时一定要具体明确促销产品的范围,以利于促销实施。对于旅游产品来说,产品范围通常是指不同时段、不同档次、不同服务的产品。产品范围的选择还必须考虑中间商、消费者、竞争者的影响。

(三)明确实施促销的范围

同一项产品在不同的市场中,所处的生命周期阶段也可能不同,目标市场中消费者的消费习惯和消费偏好也有差异。因而不能同时对所有市场采用同一促销形式,必须选择此次促销活动的促销范围,有目的有针对性地选择适当的市场范围,不仅可以达到良好的促销效果,而且对于竞争来说,也增加了保护性。

(四)确定促销时间

时间的确定包括什么时候开始促销,促销持续的时间,频率如何等问题。

旅游需求的季节性是影响旅游促销开始时间的重要因素,如每年的黄金周和寒暑假都是出游高峰期,所以这两个时段之前一到半个月都是旅游促销最频繁的时候。

促销持续时间的长短取决于目标市场中较多数的人接受促销活动所需要传达信息的时间。一项促销活动期限的长短也须考虑到其他促销活动开始及持续时间,避免造成相互重叠,降低刺激效果。促销的频率需要考虑中间商对产品感兴趣的程度、消费者购买意向、对意外竞争性促销做出的反应、活动本身的持续时间和效果等因素。

(五)制定折扣率

无论是降低价格的促销,还是增加附加值的促销,都要牵扯到价格的折扣率问题。确定折扣率依据以下几点:以吸引中间商和目标消费者注意的最底限;价格与销量的对比情况;参照同一价格档次的其他产品的折扣率情况;本次促销活动的费用预算。

(六)明确促销的期限和购买者条件

任何促销在实施时都必须明确促销活动结束的时间,以及能够享受促销优惠的购买者条件。如中间商付款的期限和购买产品的数量等。促销时间太短和太长都会影响促销的效果。时间太短，会使潜在的消费者错过机会而无法获得促销的利益，时间太长则增加促销成本，对消费者的后期购买行为带来负面影响。具体促销活动的期限还要综合考虑产品促销信息传播的速度、消费者购买习惯、促销目标和竞争者可能的反应等。

任务3 旅游广告促销实训

一、实训目的

掌握旅游营销过程中的旅游促销组合的影响因素，促销策划的步骤，不同促销工具的选择等知识点。熟悉促销策划的一般步骤和各种促销工具的基本内容，能够协同完成旅游企业或产品促销方案策划书。

二、实训要求

以团队合作的形式开展广告促销策划实训。以杭州烂苹果乐园为例，以年卡销售为核心，有组织地开展前期的基础调研与分析工作，设计相应的促销方案。

三、实训背景资料

(一) 烂苹果乐园基本资料

1. 基本情况

宋城烂苹果乐园是宋城股份自主创新建设的全室内高科技亲子乐园，融汇了近百项世界领先的高科技互动体验项目。宋城烂苹果乐园里，没有作业，没有烦恼，只有最好看的表演，最好玩的游戏，伴随孩子们的成长。一年四季活动不断，有奇幻泡泡节、玩具总动员等。

烂苹果乐园由海盗大街、四季花园、水母广场、深海广场、水果部落、荒诞小镇、爱的故事屋、魔法丛林、糖果小镇、黄金海岸十大梦幻主题区域组成，超3万平方的室内游乐场馆里拥有XD虚拟过山车、环境4D、暴风眼、地震屋、体感互动影院、魔法小火车、深海沉船听音室、史前海域、海底2亿年等众多以前卫高科技手段为依托的视听娱乐互动体验类项目。

烂苹果乐园以其光怪陆离的主题效应、如梦如幻的视听特效、不可思议的科技手段、身临其境的人画互动带给大人和孩子日常生活里想象不到的奇幻感受。园内近百项高科技互动游乐既能考验孩子们的勇气和智慧，从中获得知识和欢笑，又能让平日工作繁忙的大人陪着孩子一起探索一起欢乐，手牵手一起成长。

2. 门票政策

(1) 园区门票价格

- 门市价：150元/张(1.1米以下免票，1.1米以上按成人票价收取)；
- 套票：230元/套(亲子套票，1大1小，小孩身高1.1—1.5米)；
  300元/套(家庭套票，2大1小，小孩身高1.1—1.5米)；
- 年卡：598元/张(亲子年卡，1大1小，小孩身高1.1—1.5米)；
  798元/张(家庭年卡，2大1小，小孩身高1.1—1.5米)；

● 夜游票(17:00—21:00):70元;

(2) 散客门票执行政策

● 身高1.1米以下(不含1.1米)的儿童免票。

● 身高1.1米至1.5米(不含1.5米)的儿童需要购买全票(也可购买亲子套票)。

● 办理年卡的孩子身高在1.1—1.5米之间。

● 散客门票的有效期以票面打印日期为准。

(二) 资料索引

● 烂苹果乐园官方网站:http://www.songcn.com/LanPingGuo

● 百度百科.杭州烂苹果乐园

● 杨欢.凡事总关风月——中国旅游演艺导演第一人黄巧灵与"千古情"系列[M].北京:中国戏剧出版社,2013.

(三) 策划案提纲参考

1. 市场现状分析

1.1 近三年市场变化情况

1.2 客源结构分析

1.3 消费行为分析

1.4 销售渠道分析

1.5 促销效果评估

2. 促销策划总纲

2.1 促销策划思路

2.2 促销策划目标

3. 促销策略

3.1 促销主题定位

3.2 促销信息设计

3.3 促销渠道选择

3.4 促销工具组合

3.5 促销行动计划

4. 促销监督与管理

4.1 促销成本管理

4.2 促销监督体系

4.3 促销保障体系

四、实训组织与过程

(一) 组建实训小组

为了便于各地师生方便开展此项实训,可就近选择相应的旅游景区或校企合作单位。

1. 指导老师

建议设置校内专业指导老师1—2名,企业指导老师1—2名。其中,校内专业指导老师具体负责促销策划的技术操作流程,企业指导老师负责帮忙实地调研、分析促销的影响因素等。

2. 学生分组

建议将全班划分为若干个实训小组,每个小组设项目组长1名,成员4—6名。项目组成员宜随机分配,不宜把同寝室、同地区、同性格的同学划归一组。

(二) 实训的具体过程

1. 现场调研考察与讨论交流

由专业指导老师带队,至景区现场与企业指导老师汇合,并由企业指导老师及其助手带领学生实训团队对景区历史游客接待情况、促销情况等进行专题性调研、考察,以尽可能多地搜集资料。

2. 年卡促销策划与论证

由小组成员共同确定年度促销主题、促销目标以及促销的核心内容,并完成策划案的编制与论证。

3. 实训成果的评价与总结

由校内专业指导老师、企业指导老师及学生代表组成实训成果评价小组,对每个实训小组的成果进行综合评价;事后,每个实训小组形成最终的总结报告,提交校企双方。

五、实训成果评价细则

(一) 评价主体及其权重

本次实训成果的评价建议由校内指导老师、企业指导老师及学生代表(每个实训小组各选1名代表)参加,权重分别为40%、40%和20%。

(二) 评分细则

表7-2 旅游促销策划方案评价标准

任务名称:__________ 汇报人:________ 第___组 指导老师:__________

评价内容		评价分值	评价标准	评价得分
策划内容	内容完整性	25分	包括旅游地或旅游企业市场现状、历年促销措施评估、促销主题、促销目标、促销渠道选择、促销行动计划、促销保障措施等,每缺一项扣3分。	
	促销策划内容	25分	策划内容吻合特定旅游企业或景区实际得21—25分;基本吻合得10—20分;不甚吻合或不吻合得0—9分。	
	促销策划合理性、准确性	15分	方案设计合理准确得12—15分;基本合理准确得6—11分;不甚合理准确得0—5分。	

续 表

评价内容		评价分值	评价标准	评价得分
表现方式	PPT 演示稿	15 分	PPT 演示稿条理清晰、表现到位得 12—15 分；条理基本清晰、表现基本得体得 6—11 分；其他方面得 0—5 分。	
	现场演讲	10 分	演讲者形象气质佳、演讲流利、条理清晰者得 8—10 分；形象一般、演讲一般得 5—7 分；其他方面得 0—4 分。	
	现场答辩	10 分	现场答辩流利、回答内容准确得 8—10 分；答辩一般，内容基本准确得 5—7 分；其他方面得 0—4 分。	
评委签名：			合计得分：	

本章小结

促销是企业通过人员和非人员的方式把产品和服务的有关信息传递给顾客，以激起顾客的购买欲望，影响和促成顾客购买行为的全部活动。促销的实质是信息的传播和沟通。广告、公关、人员推销和销售促进是促销的基本方式。确定目标受众、确定沟通目标、设计促销信息、选择信息沟通渠道、制定促销预算和确定促销组合是促销的基本步骤。

在当代社会，广告既是一种重要的促销手段，又是一种重要的文化现象。广告对企业、消费者和社会都具有重要作用。确定广告目标、设计广告信息、选择广告媒体、制定广告预算和评估广告效果是企业的主要广告决策。人员推销是一种非常有效的促销方式。企业进行人员推销，必须确定合理的推销目标、选择恰当的推销方式、建立有效的推销队伍并加强对推销队伍的管理。营业推广是企业刺激消费者迅速购买商品而采取的各种促销措施。进行营业推广，企业必须确定明确的推广目标、塑造适宜的商业氛围和选择恰当的推广工具、制定科学的推广方案并保证方案的实施。公共关系是企业利用各种传播手段，沟通内外部关系，从而为企业的生存和发展创造良好环境的经营管理艺术。企业在公关活动中，必须明确公关目标、选择合适的公关对象和公关方式，有效地实施公关方案并重视对公关效果的评估。

影响促销工具选择的因素有很多，旅游企业应该充分考虑这些因素，选择有效的促销组合。

讨论与思考

1. 旅游产品促销组合策划中根据什么选择促销方式和工具的组合？
2. 旅游促销组合中有哪些工具？各有何优缺点？
3. 促销、营销、推销有何区别？

扩展技能训练

请以小组为单位选择某一种产品进行模拟促销，要求有策划方案和表演剧本，并最终展开实战演练。

参考文献

[1] 卢良志，吴耀宇，吴江. 旅游策划学(第二版)[M]. 北京：旅游教育出版社，2013.3.
[2] 熊大寻. 谁在策划旅游[M]. 广州：广东经济出版社，2011.10.
[3] 肖星. 旅游策划教程[M]. 广州：华南理工大学出版社，2005.8.
[4] 陈扬乐. 旅游策划——原理、方法与实践[M]. 武汉：华中科技大学出版社，2009.10.
[5] 王衍用，曹诗图. 旅游策划理论与实务[M]. 北京：中国林业出版社，2008.2.
[6] 张丽梅. 冰雪旅游策划[M]. 哈尔滨：哈尔滨工业大学出版社，2011.1.
[7] 张祖群，张宏. 旅游地策划——文化创意空间[M]. 北京：化学工业出版社，2007.1.
[8] 李庆雷. 旅游策划论[M]. 天津：南开大学出版社，2009.6.
[9] 沈刚，吴雪飞. 旅游策划实务[M]. 北京：清华大学出版社，2008.7.
[10] 李锋，李萌. 旅游策划理论与实务[M]. 北京：北京大学出版社，2013.6.
[11] 沈祖祥，张帆. 现代旅游策划学[M]. 北京：化学工业出版社，2013.8.
[12] (美)朱迪·艾伦，王向宁(译). 活动策划完全手册[M]. 北京：旅游教育出版社，2006.6.
[13] 刘嘉龙. 会展策划与管理[M]. 北京：中国旅游出版社，2011.7.
[14] 王衍用，宋子千，秦岩. 旅游景区项目策划(第 2 版)[M]. 北京：中国旅游出版社，2012.1.
[15] 保继刚等. 旅游区规划与策划案例[M]. 广州：广东旅游出版社，2005.1.
[16] 牟红，杨梅. 休闲活动策划与管理[M]. 北京：中国物资出版社，2010.1.
[17] 刘嘉龙. 休闲活动策划与管理[M]. 上海：上海世纪格致出版社，2011.5.
[18] 卢晓. 节事活动策划与管理[M]. 上海：上海人民出版社，2012.8.
[19] 黄翔. 旅游节庆策划与营销研究[M]. 天津：南开大学出版社，2008.6.
[20] 唐秀丽. 小城镇旅游产品绿色策划研究[M]. 北京：中国物资出版社，2010.12.
[21] 肖星. 旅游开发与规划策划案例研究[M]. 广州：华南理工大学出版社，2010.10.
[22] 李学芝，宋素红. 旅游市场营销与策划——理论实务案例实训[M]. 大连：东北财经大学出版社，2012.2.
[23] 赵刘. 旅行社策划文案编制[M]. 上海：复旦大学出版社，2012.4.
[24] 张素娟，宋雪莉. 饭店大型主题活动的策划与运行[M]. 北京：化学工业出版社，2012.8.
[25] 孙国学，赵丽丽. 旅游产品策划与设计[M]. 北京：中国铁道出版社，2012.9.
[26] 王庆生. 旅游项目策划教程[M]. 北京：清华大学出版社，2013.7.
[27] 熊元斌. 旅游营销策划理论与实务[M]. 武汉：武汉大学出版社，2005.1.
[28] 伍海琳. 城市旅游形象策划与提升研究[M]. 上海：上海交通大学出版社，2011.7.
[29] 伍鹏. 休闲活动策划与管理[M]. 北京：清华大学出版社，2013.6.
[30] 陈来生. 旅游创意与专项策划[M]. 天津：南开大学出版社，2013.9.
[31] 欧阳斌. 中国旅游策划导论[M]. 北京：中国旅游出版社，2005.9.
[32] 傅建祥. 旅游策划实录[M]. 北京：中国旅游出版社，2010.6.
[33] 沈祖祥. 世界著名旅游策划实战案例[M]. 郑州：河南人民出版社，2004.3.
[34] 沈祖祥. 旅游策划学[M]. 福州：福建人民出版社，2000.8.
[35] 沈祖祥. 旅游策划——理论方法与定制化原创样本[M]. 上海：复旦大学出版社，2007.6.
[36] 武彬，龚玉和. 旅游策划文化创意[M]. 北京：中国经济出版社，2007.8.

[37] 吕志墉.中国旅游策划创意攻略[M].上海:文汇出版社,2009.9.
[38] 陈世才.玩家杂谈——旅游策划的理论与实务[M].北京:北京理工大学出版社,2009.8.
[39] 李晓琴,朱创业.温泉体验旅游策划与规划——理论方法与实践[M].北京:科学出版社,2010.9.
[40] 李蕾蕾.旅游地形象策划:理论与实务[M].广州:广东旅游出版社,1999.11.
[41] 李蕾蕾.旅游目的地形象策划:理论与实务[M].广州:广东旅游出版社,2006.1.
[42] 卢云亭.旅游研究与策划[M].北京:中国旅游出版社,2006.5.
[43] 杨振之.旅游原创策划[M].成都:四川大学出版社,2005.6.
[44] 戴光全.节庆节事及事件旅游理论案例策划[M].北京:科学出版社,2005.9.
[45] 尹隽.旅游目的地形象策划[M].北京:人民邮电出版社,2006.2.
[46] 杨振之.旅游项目策划[M].北京:清华大学出版社,2007.8.
[47] 陈世才.玩家创意——旅游产品的设计与创新[M].北京:北京理工大学出版社,2010.8.
[48] 马山.旅游建设策划规划案例集[M].南昌:江西美术出版社,2010.12.